기독교문서선교회 (Christian Literature Center: 약칭 CLC)는 1941년 영국 콜체스터에서 켄 아담스에 의해 시작되었으며 국제 본부는 미국 필라델피아에 있습니다.
국제 CLC는 59개 나라에서 180개의 본부를 두고, 약 650여 명의 선교사들이 이동 도서차량 40대를 이용하여 문서 보급에 힘쓰고 있으며 이메일 주문을 통해 130여 국으로 책을 공급하고 있습니다. 한국 CLC는 청교도적 복음주의 신학과 신앙 서적을 출판하는 문서선교기관으로서, 한 영혼이라도 구원되길 소망하면서 주님이 오시는 그날까지 최선을 다할 것입니다.

간추린 한국교회사

A Brief History of Churches in Korea
Written by Kim Dae Yeon
All rights reserved.
Korean Edition Copyright ⓒ 2021 by Christian Literature Center, Seoul, Korea.

간추린 한국교회사

2021년 7월 26일 초판 발행

지 은 이	|	김대연
편　　집	|	전희정
디 자 인	|	박성숙, 서민정
펴 낸 곳	|	(사)기독교문서 선교회
등　　록	|	제16-25호(1980.1.18.)
주　　소	|	서울특별시 서초구 방배로 68
전　　화	|	02-586-8761~3(본사) 031-942-8761(영업부)
팩　　스	|	02-523-0131(본사) 031-942-8763(영업부)
이 메 일	|	clckor@gmail.com
홈페이지	|	www.clcbook.com
송금계좌	|	기업은행 073-000308-04-020 (사)기독교문서 선교회
일련번호	|	2021-78

ISBN 978-89-341-2315-6 (93230)

이 책의 저작권은 저자와 (사)기독교문서 선교회가 소유합니다. 신저작권법에 의하여 한국 내에서 보호받는 저작물이므로 무단 전재와 무단 복제를 금합니다.

간추린

한국교회사

김대연 지음

CLC

/목/차/

머리말 6
일러두기 12

제1장 왜 한국교회사를 알아야 하는가 13
제2장 잃은 양 - 욕단계 선민 한민족 19
제3장 기독교 복음 전파의 개척자들 29
제4장 한국 선교에 관한 미국 교회 역할 57
제5장 한국에 입국한 초기 선교사 63
제6장 기독교 선교 활동의 진전 106
제7장 선교 지역 분할과 선교 정책 123
제8장 원산 회개부흥 운동 134
제9장 이승만과 한성감옥 예배당 142
제10장 1907년 평양 대부흥 운동 150
제11장 신학교 설립과 교회 조직 169

제12장 겨레와 함께 멍에를 메는 교회	**176**
제13장 신사 참배를 거부한 교회	**193**
제14장 8·15 해방과 대한민국 건국	**223**
제15장 공산 세력의 교회 핍박	**235**
제16장 6·25 전쟁과 교회의 구국 운동	**251**
제17장 전란을 극복하는 교회	**265**
제18장 장로교단 분립과 신학교	**278**
제19장 한국 교회의 민족 복음화 운동	**294**
제20장 한국 교회의 위기	**301**
제21장 한국 교회의 사명	**317**

머리말

김 대 연 목사
성곡교회 담임, 동아신학교 교수

창조주 하나님께서는 역사의 주인으로서 개인의 생사화복과 나라의 흥망성쇠를 섭리하고 계십니다. 한국 교회의 역사도 하나님의 섭리 안에 있습니다. 부족한 종은 1997년부터 지금까지 하나님의 허락하심으로 신학교 강단에 서서 선지 생도들을 가르치는 사역을 감당해 왔습니다. 하나님께서 한국교회사를 강의하도록 하셔서 교재를 준비하게 되었고, 교회사에 관한 저서와 논문, 강의, 증언들을 통한 자료를 준비하면서 깊은 감동을 받았습니다.

최초의 우리나라 고조선을 건국한 단군은 신화적 인물로 알려져 있는데, 실제로는 성경 창세기 10장에 나오는 욕단이라는 역사적 인물임을 확인했습니다. 대홍수 심판 후에 노아의 아들 셈의 증손자인 에벨은 두 아들을 낳았습니다. 그의 첫째 아들 벨렉은 오늘날 하나님의 선민 아브라함, 이삭, 야곱 즉 이스라엘 민족의 조상이 되었습니다. 그리고 그의 둘째 아들 욕단이 우리 한민족 대한민국의 조상이 되었습니다.

단군 욕단이 세운 나라는 한반도뿐만 아니라, 만주 대륙, 시베리아에 걸친 드넓은 영토를 가진 대제국이었습니다. 고조선 8조금법 제1조에 이렇게 기록되어 있습니다.

오직 한 분이신 하나님을 섬기라.

그러나 삼국 시대에 불교를 받아들여 하나님을 섬기는 데서 멀어져 우상을 섬기는 나라가 되었고, 국력은 약화되어 늘 다른 나라의 침략을 받아 왔습니다.

하지만 언약에 신실하신 하나님께서 잃은 양 욕단계 선민인 한민족에게 찾아 오셨습니다. 19세기 말 선교사들이 복음을 들고 주자 성리학이 지배하던 우리나라에 들어 왔습니다. 그때는 힘도 없고 실력도 없는 나라였고, 백성들은 불의한 통치를 받고 있었습니다. 위로는 임금에서 아래 말단 고을 원님까지, 부패한 탐관오리가 많아 관직을 돈 받고 파는 지경에 있었습니다. 백성들은 부패한 관리에게 곤장을 맞으며 "네 죄는 네가 알렸다"라는 식으로 증거도 없이 막무가내로 정죄당한 후 구금되고 재산을 착취당했습니다. 궁궐부터 시골 마을까지 무당이 있어 나라와 백성들의 영혼을 파멸로 끌어갔습니다.

이렇게 어둡고 캄캄하며 무지한 미지의 나라에 선교사들이 들어와 복음을 전하기 위해 의료, 교육 선교 사역을 했습니다. 구한말 나라는 망해 가고 있었지만, 복음을 받아들인 사람들은 하늘나라를 바라보게 되었습니다. 선교사들이 교회, 학교, 병원을 세웠고, 복음의 빛을 받은 사람들은 신분 제도를 폐지하고 미신도 타파하기 시작했습니다.

또한, 그들은 남녀가 똑같이 하나님의 자녀이며, 평등한 존재임을 깨달았습니다. 교회의 장로와 집사를 다수결 원칙의 자유 투표로 선출하면서 민주주의 제도를 경험했습니다.

그리고 개인은 왕의 신민으로서의 봉건적 개념의 백성이 아니라, 근대 시민사회의 주체라는 개인의 정체성을 갖게 되었습니다. 성령의 역사로 위로부터는 양반과 선비들의 개종이 일어났는데, 특히 한성감옥에 있던 민족 지도자들의 개종이 일어났습니다. 또 아래로는 가장 천민이었던 백정 같은 하층민들의 개종이 일어났습니다. 성령의 강력한 역사로 원산 회개부흥, 평양 대부흥이 일어나 회개의 열매가 교회 밖에서 맺어져 교회 전도의 문이 활짝 열렸습니다.

나라는 망해서 민족의 소망이 보이지 않을 때, 전국적 조직을 가진 교회를 중심으로 3·1 독립 만세 운동이 일어났습니다. 그로 인해 유능한 교회 지도자들이 구속되어 교회는 곤경에 처했고 일본은 교회를 말살하려 했습니다. 그러나 핍박을 받을수록 교회는 굴곡은 있었지만 지속적으로 성장했습니다.

그러나 사탄의 세력은 다시 신사 참배 문제로 교회를 무너뜨리려 했습니다. 이에 '거짓' 교회와 목사는 타협했습니다. 하지만 예수 그리스도의 터 위에 세워진 교회, 사도들의 신앙을 본받은 정통보수 신학과 개혁주의 신앙을 굳건하게 지키려는 '참' 교회와 목사는 신사 참배를 결사반대했습니다.

너는 나 외에는 다른 신들을 네게 있게 말찌니라(출 20:3)

하나님의 말씀을 지키기 위해 목숨까지 걸어야 했고, 교회가 폐쇄되기도 했으며, 기독교 학교는 폐교되는 일도 있었습니다.

하나님의 섭리로 일제의 압제에서 1945년 8월 15일 해방되었습니다. 해방 후 미 군정 아래 국민 78퍼센트가 사회주의 또는 공산주의를 지지하는 혼란스런 상태였습니다. 이런 위기에 하나님께서 개입하심으로 마침내 1948년 5월 10일 자유총선거가 있었고, 5월 31일 제헌국회가 열렸습니다. 한민족 최초의 국회가 시작되어 자유민주주의와 시장경제체제를 골격으로 제정된 제헌헌법을 7월 17일 공포하고, 마침내 8월 15일 대한민국이 건국되는 과정에서 아래와 같은 기도를 드렸습니다.

이 우주와 만물을 창조하시고 인간의 역사를 주관하시고 섭리하시는 하나님이시여….

그러나 대한민국을 공산화하려는 공산 세력은 1950년 6·25 전쟁을 일으켰습니다. 나라는 순식간에 모두 북한 인민군에게 점령당하고 낙동강 방어선 이남만 남은 상태가 되었습니다. 이때 부산으로 피난을 온 목사와 장로들이 구국기도회로 모여 하나님께 간절히 부르짖었습니다.

"한 번만 살려 주세요!"

신사 참배의 죄, 개인의 죄, 교회의 죄를 회개할 때에 교회의 마룻바닥은 눈물과 콧물로 범벅이 되었습니다. 이 구국기도회를 기점으로 낙동강 방어선이 지켜졌고, 성공률 5,000분의 1이라는 인천 상륙 작전이 기적적으로 성공해서 전세가 일순간에 역전되었습니다.

국군을 포함한 유엔군이 압록강까지 진격했으나 중국이 개입해서 후퇴하게 되었습니다. 이때 북한 지역에 살던 기독교인의 80퍼센트 이상이 남한으로 피난을 왔습니다. 훗날 이들이 교회와 대한민국을 재건하는 데 앞장섰습니다. 이 또한 하나님의 섭리가 있는 것입니다.

6·25 전란 후에 미국 교회의 도움과 한미동맹으로 우리나라는 부국강병의 길을 걷게 됩니다. 더욱이 교회는 주일예배, 수요예배, 새벽기도회, 금요철야기도회, 정기적 심령부흥회뿐만 아니라 7-80년대 민족 복음화 대형 전도집회를 열어 교회가 급속도로 성장했습니다. 그리고 미국 다음으로 외국에 선교사 파송을 많이 하는 나라가 되었습니다. 하나님께서는 나라도 부요하게 하셔서 인구 5천만 명 이상의 국민소득도 3만 달러 이상 되는 나라들 중 일곱 번째가 되는 세계 강국이 되게 하셨습니다.

그런데 어둠의 세력이 집요하게 교회를 공격해서 우리나라의 교단과 단체는 종교다원주의 영에 사로잡힌 세계교회협의회(WCC)나 세계복음주의연맹(WEA)에 거의 다 가입하고 말았습니다. WCC와 WEA는 로마 가톨릭 및 다른 종교들과 통합을 이루고자 하며, "예수님 밖에도 구원이 있다"는 변질된 복음으로 영혼들을 사냥하고 있습니다. 이런 배도자의 길을 가는 교계 지도자들은 천국에 대한 소망 없이, 이 땅의 것만을 추구하고 하나님의 심판을 두려워하지 않습니다. 외형적으로는 크게 성장했으나, 내면적으로는 세속화와 인본주의 신앙으로 변질된 지금 한국 교회에 적용되는 말씀은 다음과 같습니다.

> 너희가 이같이 어리석으냐 성령으로 시작했다가 이제는 육체로 마치겠느냐 (갈 3:3).

참으로 우리는 지금 배도의 종말 시대에 살고 있습니다. 참된 그리스도인은 이 악한 배도의 단체 WCC와 WEA를 가증히 여기고, 저들의 죄에 참여하지 말아야 합니다. WCC와 WEA에 가입한 교단과 단체는 회개하고 탈퇴해야 합니다. 그렇지 않으면 예수 그리스도께서 재림하실 때 불신자들이 받을 심판보다 더 큰 심판을 받을 것입니다.

교회가 진리에서 떠나 타락함으로, 대한민국은 풍전등화의 위기에 빠졌습니다. 우리는 한국교회사를 통해 어디서 무엇이 잘못되었는지를 발견하고, 앞으로 바르게 나아갈 길을 찾아야 할 것입니다. "역사를 통해 교훈을 받지 못하는 나라는 망한다"라는 격언처럼, 교회 역사의 거울을 통해 참 교회와 거짓 교회를 분별해야 합니다.

만물의 마지막 때, 주님이 다시 오실 때가 임박한 이때에 한국 교회는 복음에 빚진 자로서 참 교회의 정체성을 회복하여야 합니다.

부디 이 책을 읽는 분들은 하나님께서 한국 교회를 어떻게 세우시고 일으키셨는지 그리고 어떻게 지키셨는지를 살펴보기 원합니다. 그리고 하나님 앞에 '참 교회'로서 하나님께서 찾으시는 의인이 되어 의의 병기로 쓰임 받기를, 남은 인생을 허비하지 않고, 예수 그리스도께 헌신된 삶을 살다가 주님이 부르시는 날에 천국에 들어가기를 소망합니다.

끝으로 이 책이 나오기까지 힘써 주신 모든 분께 깊은 감사의 말씀을 드립니다. 특히 출간을 해 주신 기독교문서선교회(CLC)의 대표 박영호 목사님과 직원들에게 감사를 드립니다. 아울러 지금까지 한국교회사를 연구하며 헌신하신 모든 분께 하나님의 은혜가 충만하기를 두 손을 모아 기도합니다.

2021년 6월

일러두기

* 성경 인용은 개역한글판 성경전서를 기본으로 했다.
* 성경과 국내 단행본은 겹낫표(『』), 정기간행물에는 홑낫표(「」), 논문에는 따옴표(" ")로 표시했다.
* 우리나라 사람을 지칭할 때 조선 시대에는 조선인, 대한제국 시대에는 대한(제)국인이라고 불렀고, 일제치하에서는 조선인이라 불렀다. 1948년 8월 15일 대한민국 건국 후에는 한국인이라 불렀다.
* 이 책에서는 용어 통일을 위해 우리나라를 지칭할 때 현재 사용하고 있는 '대한민국'(약칭 한국)이라 했다. 또 '조선인', '대한(제)국인' 대신 '한국인'으로, '조선어'는 '한국어'로 용어를 통일했다.
* 그러나 '조선', '조선인', '조선어'라는 용어를 사용하는 것이 본문에 적절한 경우에는 그대로 표기했다.
* '한양', '경성'은 현재 지명인 '서울'로 통일했다.
* 중국 지명은 당시 통용하던 한자 지명을 사용했고, 일본 지명은 발음대로 한 것이 많다(예. 산동의 지푸, 일본의 요코하마).

제1장

왜 한국교회사를 알아야 하는가

1. 하나님의 섭리 안에 있는 한국 교회 역사

성경은 인간의 언어로 기록된 살아 계신 하나님의 계시 말씀이다. 우리는 성경을 하나님의 말씀으로 믿고 한국교회사를 하나님의 살아 계심과 섭리를 믿는 입장에서 이해해야 한다. 하나님께서 태초에 천지만물을 창조하시고 지금까지 그것을 섭리하고 계신다. 역사(History)는 히즈 스토리(His Story)로서 '그분의 이야기', '예수님의 이야기'이다. 하나님께서는 한국의 교회 역사 가운데에서도 예수님의 십자가 죽음과 부활의 구원 이야기 즉, 하나님 나라의 복음을 말씀하신다.

예수 그리스도의 복음이 한국에 들어와 복음의 빛을 비춤으로써 어떻게 죄와 죽음의 권세가 물러가고, 어떻게 교회가 세워지고 부흥되었는지, 어떻게 나라와 민족이 부유하게 되었는지를 살펴보고자 한다. 세계 교회 역사에서 한국만큼 짧은 선교 역사로 교회가 부흥하고 나라가 부강해진 국가는 유일무이하다.

그런데 2000년대를 넘어가면서 한국 교회는 위기를 맞았다. 교회가 세속화되고 인본주의적 신앙생활을 하며 종교다원주의를 따르므로 신앙의 순결성을 잃어버렸다.

하나님을 향한 신앙의 순수성과 우리의 유일한 구원자이신 예수 그리스도의 복음을 변질시킨 것은 무엇 때문인가?

지금 한국 교회에서 일어나는 문제는 교회사적 안목이 너무 부족하다는 데서 나타난다.

그러면 한국 교회를 어떻게 바라보아야 하는가?

먼저 교회(敎會)가 무엇인가를 정의(定義) 해야 한다. 교회(히브리어로 קהל[카할], 헬라어로 ἐκκλεσια[에클레시아])는 그냥 건물이 아니라 주님의 몸 된 지체로서 지상에 세워진 거룩한 공동체이다. 에베소서 1:23과 골로새서 1:18에서 교회는 주님의 몸임을 분명히 밝히고 있다. 땅의 것만을 생의 가치로 두고 살아가는 비참한 인간들에게 하나님의 영광과 인간의 고귀한 삶을 알게 하는 영적 기관이다. 교회는 모든 그리스도인에게 하나님의 말씀을 선포하고 가르치는 거룩한 공동체로서 정체성을 드러내야 한다.

오늘의 한국 교회는 여기에 초점을 별로 맞추지 않은 것 같다. 교회의 거룩함에는 관심이 없고 오직 예배당 건물의 웅장함과 교인 숫자가 늘어나는 데 초점을 맞춘 것이 한국 교회의 현실이다. 거룩함을 잃어버려 하나님의 영광이 떠난 교회는 이미 교회가 아니다. 교회는 즐기기 위해 사용되는 유람선 같은 것이 아니라, 지옥으로 끌고 가는 사탄의 세력을 영적 전투로 물리쳐서 영혼들을 천국으로 인도하는 전투선 같은 것이다.

그렇기에 하나님께서 인정하시는 한 명의 의인(義人)을 길러 내지 못하는 것이 교회의 가장 근본적 문제이다.

> 너희는 예루살렘 거리로 빨리 왕래하며 그 넓은 거리에서 찾아보고 알라 만일 공의(משפט [미쉬파트], '정의', '공평', '올바름'이란 뜻도 있음)를 행하며 진리(אמונה[에무나], '신실', '성실', '진실', '충성'이란 뜻도 있음)를 구하는 자를 한 사람이라도 찾으면 내가 이 성을 사하리라 (렘 5:1).

하나님께서는 의인 한 사람을 찾고 계심을 선포하고 계신다. 더 많은 교인의 숫자와 더 큰 규모의 예배당 건물에 관심을 가질 것이 아니라, 하나님의 마음에 합한 심령에 관심을 가져야 한다.

실로 '참 교회'(*ecclesia vera* [에클레시아 베라])의 정체성을 회복해야 한다. 참 교회의 표지(標識)는 '영원하신 예수 그리스도의 진리'에 있다. 교회의 머리가 되신 그리스도만이 교회의 '주인'이 되신다. 교회는 이 땅 위에서 하나님 구원 방주의 역할을 해야 한다. 그래야 이 시대를 향한 하나님의 긍휼을 얻게 되는 것이다. 교회가 타락하여 빛과 소금의 역할을 감당하지 못 하면 이것은 사라지게 된다.

교회가 정체성을 상실하면, 표면적으로 화려하더라도 어떤 것으로도 회복할 수 없는 상태에 놓이게 된다. 한국 교회의 참된 부흥은 교회의 근원적 정체성을 회복하는 것이다. 이런 이유 때문에 한국교회사를 알아야 한다. 교회가 이 땅 가운데 있어야 할 가장 근원적 이유를 확인하는 차원에서 한국교회사를 알아야 한다. 한국 교회의 문제들은 교회의 사건, 교회의 유지와 성장 추구만이 아니라, 교회가 본질적으로 추구해야 할 신앙 정신과 관련하여 교회를 교회답게 하는 그 신앙정체성과 맞물려 있다.

교회사는 과거의 교회를 평가하면서 과거의 잘못을 버리고, 현재의 교회를 직시해서 바른 길을 제시하며, 다시 오실 예수 그리스도를 맞이할 준비를 하고, 사탄의 세력을 물리쳐 하나님 나라를 세우는 참 교회를 만들어 가는 '교훈적 거울'이다.

2. 한국교회사를 배우는 유익

전도서에서는 이렇게 말하고 있다.

> 이미 있던 것이 후에 다시 있겠고 이미 한 일을 후에 다시 할찌라 해 아래는 새 것이 없나니 무엇을 가리켜 이르기를 보라 이것이 새 것이라 할 것이 있으랴 우리 오래 전 세대에도 이미 있었느니라(전 1:9-10).

한국교회사를 배우면서 교회의 사건, 연도, 인물을 보는 것만이 아니라, 역사를 보게 하는 안목을 갖게 된다. 현재 일어나는 문제에 대한 이유, 진단, 방향을 제시해 준다. 즉, 현재의 문제에 관한 해답을 역사를 통해 일해 오시는 하나님의 섭리로부터 찾을 수 있는 안목을 갖게 한다.

1) 교회사는 바른 진리(眞理)의 기준을 갖게 한다

교회는 성도들이 올바른 원리로 성경(聖經)을 해석하도록 가르쳐야 한다. 참 교회는 우리가 믿어야 할 바와 행하여야 할 바를 가르쳐 왔다. 거짓된 이단(異端)은 교묘하게 교리를 변질시킨다. 그렇기에 교회는 이에 대응하기 위해 하나님의 진리를 옳게 분별해야 한다. 그리고 기독교 정통 교리, 그것의 공적 표현으로서의 신조와 신앙고백서를 통해 이단을 정죄해야 한다. 신조와 신앙고백서는 성경을 바르게 이해하도록 안내하고 거짓된 가르침을 분별하고 이단으로부터 참 교회를 방어하도록 한다. 좋은 교회는 성도들에게 한 손에는 성경을, 한 손에는 신조 또는 신앙고백서를 쥐어 준다.

2) 교회사는 바른 교회(敎會)의 기준을 갖게 한다

교회는 그 규모로 바른 교회가 정해지는 것이 아니다. 하나님께서 보시기에 큰 교회는 예배당 건물이 크고 출석 교인이 많은 교회가 아니라, 사람들을 천국에 많이 들여 보내는 교회이다. 예를 들면 3천 명이 출석하는 교회에서 3명이 천국에 들어가고, 10명이 출석하는 교회에서 7명이 천국에 간다면, 후자가 하나님께서 보시기에 큰 교회이다.

교회는 정확무오한 하나님의 말씀인 성경과, 정통 교리와 참 교회의 신조들을 통해 자신이 가르치는 내용을 검증받아야 한다. 교회에서 가르치는 신앙의 내용이 '성경적'이어야 한다.

교회사를 바르게 알면 거짓된 교회의 다음과 같은 특징을 발견할 수 있다.

① 하나님보다 사람을 기쁘게 하도록 강요하는 교회
② 하나님의 말씀보다 교회의 관습과 전통을 중요시하는 교회
③ 성도의 신앙생활을 미신적으로 가르치는 교회

3) 교회사는 바른 신앙생활(信仰生活)의 기준을 갖게 한다

교회사를 통해 진정한 구원의 의미와 인생의 바른 목적을 깨닫는다.
끊임없는 교회 행사를 통해 교인들의 감성과 열심을 자극하며 개인적

성공을 추구하게 하면, 창조주이며 구원자이신 하나님을 깊이 있게 알도록 하는 바른 신학, 깨끗한 양심, 기독교 윤리 그리고 성경의 가르침을 통한 본질적 신앙생활의 기회를 놓치게 할 수 있다.

아무 생각도 개념도 없는 맹목적 교인을 만들어 낸다. 그냥 개인적 관심사에 따라 편안한 신앙생활을 하게 한다.

교회사를 바로 알면 신앙의 뿌리를 찾게 되고, 자기가 사는 시대를 위해 어떻게 하는 것이 유익한 것인지, 정말 하나님을 영화롭게 하는 것이 무엇인지에 관심을 가지고 기도하며, 성령께서 인도하는 대로 행하는 사람이 된다.

그리스도인은 고상한 인격, 영성과 윤리적인 삶 그리고 하나님 나라를 이루는 성경적 세계관을 가진 사람들이다. 진정한 그리스도인은 예수님을 나의 주인(主人)으로 모시고, 예수 그리스도의 형상(形像)을 본받아 온유(溫柔)와 겸손(謙遜)으로 십자가(十字架)에 죽도록 충성(忠誠)하는 자이다. 그리스도인은 각자 삶의 영역에서 세상의 빛과 소금으로서의 사명을 감당해야 한다.

한국 교회는 하나님 나라를 완성하시기 위해 다시 오실 주님의 길을 준비하며, 제사장 나라가 되고 거룩한 백성이 되어야 한다. 더 나아가 만물의 마지막 때인 이때 주님의 지상명령(至上命令)을 따라 온 천하에 다니며 만민에게 복음을 전파해야 한다.

제2장

잃은 양 – 욕단계 선민 한민족

1. 노아 아들들의 후예

대홍수 후에 방주는 아라랏산에 머물렀고 지면에 물이 걷힌 다음에 노아는 여호와를 위해 단을 쌓아 번제를 드렸다. 그런 후에 창세기 10장에 보면 노아의 세 아들의 후예들이 기록되어 있다.

현대 인류학은 셈의 후손이 황인종, 야벳의 후손이 백인종, 함의 후손이 흑인종의 근간이 되었다고 말한다. 셈은 서아시아 지역에 거주하는 셈계 민족 및 시베리아를 거쳐 북만주 일대에 산재한 우리 한민족(韓民族)의 원류, 그리고 베링해협을 건너간 남북미 원주민들의 조상이 되었다.

야벳은 그리스, 러시아 등으로 이주해 유럽인의 조상이 되었으며, 함의 족속은 지금의 이집트, 리비아, 에티오피아 등으로 이동해 주로 아프리카인의 조상이 되었다.

2. 셈의 후손 – 벨렉과 욕단

셈의 후손 가운데 주목해야 할 두 사람이 있다. 그들은 셈의 4대손 '에벨'의 두 아들 '벨렉'과 '욕단'이다. 두 형제는 셈에게서 선민의 거룩한 가계(家系)를 함께 계승한 특별한 사람이다. 창세기 10장 21절에서 "셈은 에벨 온 자손의 조상"이라고 말씀하고 있다.

이 말씀의 의미는 무엇인가?

그것은 셈의 후손 가운데 특별히 셈의 셋째 아들 아르박삿의 손자이며 셀라의 아들 '에벨의 혈통'이 하나님께 선택된 백성이라는 것이다. 에벨의 자손이 셈의 많은 자손 가운데 하나님께 선택된 백성이 되었다.

그러면 에벨의 자손이란 누구인가?

성경에 에벨의 자손으로 '벨렉'과 '욕단' 두 형제가 기록되어 있다.

> 에벨은 두 아들을 낳고 하나의 이름을 벨렉이라 했으니 그때에 세상이 나뉘었음이요 벨렉의 아우의 이름은 욕단이며(창 10:25).

따라서 하나님의 선택을 받은 백성인 '에벨의 온 자손'이란 곧 '벨렉 자손'과 '욕단 자손'을 말하는 것이다.

무엇 때문에 하나님께서 에벨의 두 아들 벨렉과 욕단 자손을 셈족의 현저한 가지로 함께 택하셨을까?

이는 아주 중요한 계시이다. 하나님의 선민은 '벨렉계 자손'과 '욕단계 자손', 두 계열의 백성이 있게 되었다. 하나님의 특별한 섭리가 있기 때문에 그들은 셈족의 현저한 두 가지(Branch)이다.

3. 벨렉계 선민 유대 민족

벨렉 족속은 바벨탑에 대한 하나님의 개입으로 인류가 달라진 언어를 따라 사방으로 각기 분산될 때 바벨론에서 비교적 가까운 지역으로 이주했다. 그들은 유프라테스강 동쪽 현(現) 이라크 남단 우르 지역에 거주했는데, 그의 5대손으로 아브라함이 출생했다(창 11:10-32). 하나님께서는 벨렉의 5대손 아브라함을 택하시며 다음과 같이 말씀하셨다.

> 여호와께서 아브람(하나님이 아브라함으로 바꾸어 주시기 전의 이름임)에게 이르시되 너는 너의 본토 친척 아비 집을 떠나 내가 네게 지시할 땅으로 가라 내가 너로 큰 민족을 이루고 네게 복을 주어 네 이름을 창대케 하리니 너는 복의 근원이 될찌라 너를 축복하는 자에게는 내가 복을 내리고 너를 저주하는 자에게는 내가 저주하리니 땅의 모든 족속이 너를 인하여 복을 얻을 것이니라 하신지라(창 12:1-3).

> 내가 너와 내 언약을 세우니 너는 열국의 아비가 될찌라 이제 후로는 네 이름을 아브람이라 하지 아니하고 아브라함이라 하리니 이는 내가 너로 열국의 아비가 되게 함이니라 내가 너로 심히 번성케 하리니 나라들이 네게로 좇아 일어나며 열왕이 네게로 좇아 나리라 내가 내 언약을 나와 너와 네 대대 후손의 사이에 세워서 영원한 언약을 삼고 너와 네 후손의 하나님이 되리라(창 17:4-7).

> 여호와께서 가라사대 나의 하려는 것을 아브라함에게 숨기겠느냐 내가 그로 그 자식과 권속에게 명하여 여호와의 도(תורה, 토라)를 지켜 의(צדקה, 쩨다카, '공의'의 뜻으로도 번역됨)와 공도(משפט, 미쉬파트, '정의'라고 번역되기도 함)를 행하게 하려고 그를 택했나니 이는 나 여호와가 아브라함에게 대하여 말한 일을 이루려 함이니라(창 18:17-19).

아브라함은 이삭을 낳고, 이삭은 야곱을 낳고, 야곱은 열두 아들을 낳았으며 이들에게서 언약 백성 이스라엘이 탄생했다. 그리하여 이스라엘은 선민이 된 것이요, 하나님께서는 이스라엘 백성 가운데 특별히 임재하셨던 것이다.

하나님께서 아브라함을 택하신 것은 세계 만민을 위한 것이었으니, 아브라함 시대 이후 줄곧 이스라엘 땅과 백성은 모두 하나님의 구원 계획의 중심이 되어 왔다. 하나님께서는 '벨렉의 자손' 이스라엘 백성에게 그분의 언약을 보여 주시고 신실하게 지켜 오셨다. 그리고 마침내 그분의 독생자를 우리의 구원자로 보내 주셨다. 그러니까 선민 이스라엘의 뿌리는 아브라함 이전 그의 5대 선조 '벨렉'이다.

4. 욕단계 선민 한민족

성경은 욕단과 그의 아들의 가계(家系)를 두 번이나 기록하고 있다(창 10:26-29; 대상 1:19-23). 두 번이나 기록하고 있는 것은 욕단의 가계가 구약성경 시대에는 큰 가계였음을 보여 준다.

욕단의 자손은 어디에 있는 누구일까?

하나님께서는 욕단계 선민이 어디에 거주했는지를 찾을 수 있도록 결정적인 단서를 남겨 놓으셨다. 그것이 바로 창세기 10:30 말씀이다.

그들의 거하는 곳은 메사에서부터 스발로 가는 길의 동편 산이었더라 (창 10:30).

성경은 욕단의 자손들의 거주지가 "메사에서부터 스발로 가는 길의 동편" 이라고 말씀한다. 메사와 스발의 위치가 어디인지, 그리고 동편 산이란 어느 지역의 산을 지칭하는 것인지를 확인하면 욕단계 선민이 어디에 있는 누구인지를 알 수 있다.

"메사"(משא)는 동양의 산악 지대(파미르고원 → 천산산맥 → 알타이산맥)의 길목에 위치한 곳으로 지금 터키 아라랏산 동쪽 이란 북동부에 있는 메샷(Meshad)이라는 곳이다. "스발"(ספר[세파르])은 우리 한민족의 발상지 '새벌'(시베리아 - 만주)을 예시한 것이다. 새벌은 새 밝은 곳이라는 말이다. 이는 유라시아 대륙 동쪽 끝의 그 땅이 빛이 시작되는 새 땅 곧 새 광명국이었기 때문이다.

빛의 근원이신 하나님을 공경하던 천손민족(天孫民族) 에벨의 혈통 욕단의 가계(家系)는 광명의 땅을 찾아 아침에 뜨는 해를 따라 '하나님'(GOD, 히브리어 '엘')과 '함께'(with, 순우리말 '이랑') 산맥(파미르고원 → 천산산맥 → 알타이산맥)을 넘어 계속 동쪽으로 이동했다.

알타이산맥을 넘어 동쪽으로 좀 더 가면 바이칼호수가 나온다. 이 바이칼호수는 우리 민족을 포함한 유라시아 대륙의 역사를 주도한 유목민족을 낳고 길러온 태반(胎盤)이다. 바이칼호수 북쪽으로는 시베리아 대평원이 펼쳐지고, 호수 동남쪽에는 만주 벌판이 한반도와 연결되어 있다. 호수 북쪽은 북반구 북단이기 때문에 별도 약하고 빛도 강하지 못하다. 그곳은 광명의 본원지가 아니다.

그래서 욕단 족속은 아침에 뜨는 해를 좇아서 호수 동남쪽으로 계속 이동했다. 그리고 마침내 아시아 동녘 해 뜨는 밝은 땅에서 가장 밝은 산 한밝산(태백산 太白山 = 백두산 白頭山)에 집결했다. 이 가장 밝고 밝은 한밝(태백)은 땅이요 터이니, 곧 밝달(배달)이다. 즉, 광명의 본원지 '밝의 땅'이다.

욕단 족속은 이 '밝의 땅'에서 '한밝산'을 발상지와 중심터로 삼아 한밝산과 그 변두리에 정착했다. 셈의 후손인 그들이 산정제사(山頂祭祀)를 드릴 수 있는 최적의 장소였고, 동방에서 가장 빛이 밝은 땅이었기 때문이다. 그러니까 우리 배달겨레의 성경상의 시조는 바로 하나님의 사람 욕단이다.[1] 그 욕단이 세운 나라가 단군 조선(조선왕조와 구별하기 위해 고조선이라 부름)이다.

하나님의 사람 욕단이 조선을 건국했다는 사실은 '조선'이란 나라 이름에서 드러난다. 조선이라는 국호는 원래 '주신'이라는 순수한 우리말의 지나(支那, China)식 표현이다. 동방의 새 땅을 하나님께서 '주신' 땅이라고 해서 나라 이름을 '주신'이라 했는데, 후일에 '주신'이라는 말의 옛 음이 지나(支那)의 옛 글에 주신(州愼), 숙신(肅愼), 주신(珠申), 조선(朝鮮) 등으로 다양하게 표기되었다.

▲ 남궁억의 '무궁화 수(繡) 지도'

욕단은 조선을 건국한 역사적 그날을 "하늘 문이 열렸다" 즉 '개천'(開天)이라고 했다. 세계 모든 나라가 개국일을 통상적으로 '건국기념일'이라고 부르지만, 하나님의 선민 알이랑(아리랑) 민족 한국인은 오늘날까지 '개천절'(開天節)이라고 부른다.

---

1 유석근, 『또 하나의 선민 알이랑민족』(서울:예루살렘출판사, 2011), 121 ff.
유석근 목사는 한민족이 이스라엘과 함께 하나님의 선민임을 밝히는 데 힘쓰고 있다.

그리고 우리나라의 국화가 무궁화다. 무궁화는 '샤론의 장미'(the Rose of Sharon)인데, 이는 예수 그리스도를 상징하는 꽃이다. 무궁화의 학명은 '히비스커스 시리아쿠스'(Hibiscus syriacus, a syrian mallow) 즉 시리아에서 온 꽃이라는 뜻이다. 원산지가 수리아 지방이다.

그리고 욕단의 이동 경로였던 중앙아시아 도처에 지금도 무궁화가 산재해 있다는 사실은 놓쳐서는 안 될 중요한 사실이다. 무궁화의 분포 지역이 욕단의 이동 경로와 일치한다는 것은 우리 한민족이 욕단의 자손임을 입증해 주는 하나의 고고학적 증거가 된다.

다음은 찬송가 89장 〈샤론의 꽃 예수〉의 찬송시이다.

> 샤론의 꽃 예수 나의 마음에 거룩하고 아름답게 피소서
> 내 생명이 참 사랑의 향기로 간 데마다 풍겨나게 하소서
> (후렴) 예수 샤론의 꽃 나의 맘에 사랑으로 피소서
>
> 샤론의 꽃 예수 이 세상에서 어느 꽃과 비교할 수 있으랴
> 나의 삶에 한결같은 은혜와 사랑으로 가득하게 하소서
>
> 샤론의 꽃 예수 모든 질병을 한이 없는 능력으로 고치사
> 고통하며 근심하는 자에게 크신 힘과 소망 내려 주소서
>
> 샤론의 꽃 예수 길이 피소서 주의 영광 이 땅위에 가득해
> 천하만민 주님 앞에 엎드려 경배하며 영광 돌릴 때까지

무궁화는 '조개모락화'(朝開暮落花)라고 말한다. 즉, 아침에 피고 저녁에 지는 꽃이라는 뜻이다. '샤론의 장미'인 무궁화는 예수 그리스도를 상징하는 꽃답게 어두움을 싫어하고 밝고 환한 것을 좋아한다.

남궁억 선생은 일제치하에서 어린이들에게 "무궁화 꽃이 피었습니다"라는 놀이를 가르쳤다. 이 놀이는 무궁화가 우리나라의 꽃이므로 "한국은 망하지 않고 반드시 일어날 것이다"라는 의미와 소망이 담겨 있다. 또한, 무궁화는 예수님을 상징하므로 한국은 예수 그리스도의 나라가 될 것을 선포한 것이다.

단군이 건국한 고조선에는 8조금법(八條禁法)이 있는데 제1조는 다음과 같다.

오직 한 분이신 하나님을 섬기라.

이것은 성경의 십계명 중 제1계명의 내용과 동일하다. 팔조금법의 제1조와 십계명의 제1 계명이 본질상 같다는 것은 단군이 백성에게 가르친 내용, 곧 창조주 하나님이 성경에 계시된 유일신 하나님이라는 데서 알 수 있다. 수많은 산을 넘어 동방으로 와서 배달겨레를 세운 단군, 즉 욕단은 조선의 모든 백성에게 잡신 우상을 숭배하는 행위를 금하고, 오직 홀로 한 분이신 창조주 하나님을 섬길 것을 교훈했던 것이다.

그리고 우리의 고대 문화를 밝히는 유력한 증거 가운데 하나가 고인돌이다. 고인돌은 천일지이(天一地二)에 따라 돌 두 개를 세우고 큰 돌 하나를 위에 덮어서 제단을 만든 것이다. 즉, 고인돌은 지석묘라는 무덤이 아니고 거룩한 종교 의식을 행하던 지석단(支石壇)이다(박성수, 유석근). 옛날에 하나님을 공경하던 우리 조상들이 '제천의식'을 거행하기 위해 제단으로 축조한 것이다.

단군 조선의 건국이념은 '홍익인간'(弘益人間)이었다. 홍익인간은 본래 "개천시교 재세이화 홍익인간"(開天施敎 在世理化 弘益人間)이라는 문구 안에 있는 말이다. 『환단고기』에 수록된 조대기(朝代記)의 단군개국 기사에 기록되어 있다. 그 뜻은 "하늘의 뜻을 펴 가르침을 베풀고 세상을 이치로 교화하여 사람을 크게 유익하게 한다"는 것이다. 여기서 "하늘의 뜻"은 하나님의 뜻을 말하고, "이치"란 하나님의 말씀을 의미한다. 이는 주님의 기도와 상통하니 실로 놀랍기만 하다. 욕단은 하나님을 아는 지식의 사람이었다.

> 나라이 임하옵시며 뜻이 하늘에서 이룬 것 같이 땅에서도 이루어지이다(마 6:10).

그런데 일연의 『삼국유사』에서 단군을 신화로 기록했고, 일제치하 때 식민사가들이 '단군 말살 음모'를 따라 고조선을 한낱 사료적 가치가 전혀 없는 신화로 규정했다. 그리하여 한국 교회는 단군을 대부분 신화로 치부했고, 한편에서는 단군의 신격화를 막는다는 명분으로 상고사에 관한 학문적 검토는 전혀 없이 단군의 존재를 부정하는 듯한 자세를 취하고 있다.

그러나 단군(욕단)은 고조선(古朝鮮)을 건국한 역사적 인물이다. 한국 교회의 그리스도인들이 신앙적으로 거부해야 하는 것은 단군이 아니라 단군을 신격화하려는 운동이어야 한다. 상고사 연구를 통해 단군의 역사적 사실을 입증하며, 한민족의 정체성을 밝혀야 하는 것이다.

만약 한국 교회가 단군의 우상화에 과민한 반응을 보인 나머지 단군의 건국역사를 부정하는 것은 기독교를 서양에서 수입한 종교로 오해해 배척하는 어처구니없는 상황을 야기시키는 것과 같다.

그런데 단군의 고조선 이후 삼국 시대에 외래종교 불교가 받아들여졌다. 단군의 8조금법의 제1조가 깨진 것이다!

그것은 십계명의 제1계명을 거역한 것과 같았다. 그 후 이 땅은 우리 겨레 고유의 유일신 하나님을 섬기는 신앙을 버리고 우상 숭배하는 나라로 전락하고 말았다. 바로 이것이 우리 배달 한민족이 지속적으로 외침을 당하며 쇠망하게 된 결정적 원인이 된 것이다.

그렇게 욕단의 자손 한민족은 잃어버린 한 마리 양처럼 되었다. 그러나 신실하신 하나님께서는 우리 한민족을 잊지 않으셨다. 19세기에 선교사들을 보내서 예수 그리스도의 천국 복음을 전해 주셨다. 하나님께서는 한국 교회를 세계 선교의 역사에서 가장 짧은 기간에 부흥시키시고 복을 주셨다.

이것은 만물의 마지막 때에 복음의 마지막 주자로서 재림하실 주님의 길을 준비하는 민족으로 욕단계 선민 한민족을 사용하시려는 하나님의 놀라운 섭리가 있는 것이다. 특별히 벨렉계 선민 이스라엘과 욕단계 선민 대한민국은 형제 국가이다. 그러므로 한국 교회는 이스라엘이 예수 그리스도의 복음으로 회복되는 일에 힘써야 하는 사명이 있다.

제3장

기독교 복음 전파의 개척자들

1. 맥스웰과 바질 홀의 성경 전래

우리나라에 처음으로 성경을 가져다준 사람은 영국 사람 머레이 맥스웰(Murray Maxwell, 1775-1832)이다. 그는 알세스트호의 함장으로 1816년 9월 1일 영국 정부의 지시로 한국 서해안을 측량하려고 서해 백령도가 속해 있는 대청군도에 도착했다.

그는 중국에 최초로 간 기독교 선교사 로버트 모리슨(Robert Morrison)이 번역한 한문 성경을 나눠 주었다고 한다. 그리고 맥스웰 함장이 이끌던 선단에 선교 가능성을 탐사하기 위해 자비(自費)로 승선한 H. J. 클리포드(H. J. Clifford) 해군 대위가 백령도에 정박하여 성경을 나눠 주었다고 한다. 이때에 바질 홀(Basil Hall) 중령도 리라호를 타고 함께 왔다.

맥스웰과 바질 홀 일행은 9월 4일 충청도 서천군 비인현 마량진 앞 갈곶에 도착했다. 마량진 첨사 조대복과 비인현감 이승렬이 일의 사정을 알아보기 위해 리라호 함상에 올라 검사했고, 9월 5일 조대복 첨사 일행이 리라호에 재방문하여 군의관에게 진찰도 받고, 함포사격 시범도 관람하며, 식사에 초대되어 서양요리를 처음 접하기도 했다. 얼마 후 영국 함선 일행들이 마량진 육지에 첫 상륙했다. 이때 조대복 첨사는 자신의 목을 베는 시늉을 하면서 반대하며 크게 실망하여 울었다.

다음은 바질 홀의 항해기에 기록된 내용이다.

> 그러자 맥스웰 함장 일행은 첨사의 마음을 여러 가지로 달랜 후 조대복 첨사 일행이 함상의 서재에 들어가 서적을 둘러볼 때 그가 성경의 장정에 상당히 마음이 끌리는 듯 했다.
>
> 맥스웰 일행은 그것이 우연으로 느껴지지 않았다. 맥스웰 함장은 조대복 첨사에게 많은 선물을 주었으나, 그는 그것 모두를 거절했다. 그러나 드디어 그가 배에서 막 떠나려 할 때에, 맥스웰 함장은 대형 성경(킹 제임스 영어 성경을 의미함) 한 권을 받아 달라고 그렇게도 진지하게 권하니 그 노인은 거절하지 못했으며 그리고 그들은 우정을 나누었다.
>
> 선물로 건넨 성경을 받은 일행은 마치 어떤 공식문서를 다루듯 신중하게 해안으로 옮겼고, 그것을 취하는 행동이 마치 종교적 의식을 행하는 것과 같았다. 긴 수염을 하고 굉장한 옷을 입고 매력적인 태도를 가진 노대관(老大官)은 우리에게 강한 인상을 주었다. 그러나 노대관과 헤어지면서 그의 운명 위에 휘감긴 고통스러운 불확실성 같은 예감을 오래도록 지울 수가 없었다.

2. 칼 귀츨라프 목사

칼 F.A. 귀츨라프(Karl F.A. Guetzlaff, 1803-1851)는 유태계 폴란드 사람으로 독일에서 태어났고, 베를린선교학교를 졸업하였으며, 1828년 법적으로 선교가 금지되어 있는 중국 선교를 위해 독립 선교사로 중국에 입국한 독일 목사였다. 그는 1832년 중국 연안에 새로운 시장을 개척할 목적으로 항해하는 영국 동인도회사의 용선 '로드 암허스트호'의 의사 겸 통역으로 승선했으나 원래 목적은 '선교'였다.

▲ 칼 귀츨라프 목사

이때 모리슨 선교사는 귀츨라프 목사에게 자신이 번역한 한문 성경을 많이 주면서 반포하게 했다. 암허스트호는 1832년 2월 26일 마카오를 출발해서 중국 북쪽해안을 순항하면서 모리슨 선교사가 준 한문 성경을 산동지방 해안에서 전달했다. 그리고 한국 땅으로 돌려서 7월 17일 황해도 백령도에 도착했다. 그는 기독교 선교사로는 처음으로 우리 땅에 발을 들여 놓게 되었다.

그는 클리포드의 비망록을 기초로 하여 백령도에 정박하면서 선교 활동을 했다. 그는 장산곶, 대청도, 소청도를 들러 남하하면서 지방관헌을 통해 임금에게 통상 개시 청원서를 내고 정부 당국과 접촉하고자 했으나 회신이 없었다.

그래서 7월 25일 충청도 보령 고대도에 정박해서 8월 12일 떠날 때까지 거기서 다시 임금께 예물과 함께 통상 개시 청원서를 보냈다. 그 회신을 기다리는 동안 그 지방 주민들에게 성경과 전도지를 전해 주었을 뿐만 아니라 감자를 심는 법을 가르쳐 주고 자연산 포도로 음료수를 만드는 법을 가르쳐 주었다. 그런데 임금께 보낸 예물과 청원서는 되돌아왔다. 그 이유는 중국 황제의 허락 없이는 통상 개시를 할 수 없다는 것이었다.

그는 우리나라에 방문한 첫 서양 목사였으며, 최초로 주기도문을 양 씨 노인을 만나 한국말로 번역하게 해서 한국 땅에 전해 주기도 했다. 최초로 한문 성경과 한문 전도서적을 한국인에게 주었다.

최초로 한글의 우수성을 서양에 체계적으로 소개했으며, 최초로 감자를 전해준 사람이 되었고 이렇게 들어온 감자는 한국인들에게 큰 양식이 되었다. 최초로 서양선교사로 근대 의술을 베풀었으며, 미래 선교 지부를 제주도에 설치해야 한다고 제안하여 동북아를 위한 최초의 체계적 선교 전략을 구상했던 인물이다.

귀츨라프 목사의 방문담 가운데 이런 기록이 있다.

> 어쨌든 이는 하나님의 역사였다. 나는 이 땅에 뿌려진 하나님의 진리의 씨가 소멸되리라고 믿지는 않는다. 하나님의 영원한 섭리로써 그들에게 하나님의 자비가 미칠 날이 오고야 말 것이다. 한편 그 날이 오게 하기 위해 십자가의 도를 애써 전파하지 않으면 안 될 것이다. 우리는 그 날을 기다리며, 하나님께서 이 미약한 첫 방문을 통해 복을 내리신다는 것을 성경이 가르쳐 주고 있다. 우리가 멀지 않아 광명의 날이 한국에 임할 것을 기도하여야 한다.

그리고 귀츨라프 목사의 한국 항해기 중에는 이런 기록이 있다.

나는 받겠다는 사람에게는 전도 문서를 곁들여 복음서를 주었는데 그들은 관심을 가지고 보겠으며 잘 간수하겠다고 했다. 나를 슬프게 한 것은 그 후 관리들이 책이나 그 외 무엇이든지 받으면 안 된다고 금지시킨 것이다. 그래서 단추 하나도 받지 못하도록 했다. 그러나 이 명령이 내리기 전에 이미 많은 관리와 서민들이 생명의 말씀을 받았다. (중략)

한국에 파종된 하나님의 진리는 뿌리를 내리지 못하고 없어질 것인가?

나는 그렇지 않다고 믿는다. 주님께서 예정하신 때에 푸짐한 열매를 맺으시리라. 가장 낮은 서민들도 글을 읽을 수 있고 좋아하는 것을 알 때 아주 재미있었다. 그들은 다른 종교가 들어오는 것을 질투하리 만치 편협한 것 같지 아니했다. 이 나라에는 종교가 거의 없는 것이 명백하여 우리는 용기를 내어 복음을 전파할 궁리를 하게 되었다. 전능하신 하나님께서는 쇄국 정책을 거두어 이 약속된 땅에 들어가도록 허락하실 것이다.

3. 토마스 선교사

귀츨라프 목사의 방문 후 33년간 기독교 목사가 한국 땅을 밟은 일이 없었다. 그러나 한국 선교개척의 필요성은 중국과 일본 주재 선교사들을 통해 해외에 널리 알려졌다. 이때 로버트 토마스(Robert Jermain Thomas, 한국 이름 최난헌[崔蘭軒], 1839-1866) 선교사는 1863년 영국 웨일즈에 있는 하노버교회에서 목사 임직을 받고 런던선교회의 중국 선교사로 임명되었다.

▲ 토마스 선교사

그는 20세이던 1859년 중국에서 선교하던 록하드 선교사의 설교를 듣고 은혜를 받았다.

> 여러분, 지금 세계에 있는 많은 사람은 복음을 듣지 못하고 죽어 가고 있습니다. 그런데 여러분, 순교하는 신앙이 아니고는 할 수 없습니다. 복음을 전하는 것은 힘든 일이지만 복음을 듣고 구원에 감사하는 영혼들을 볼 때 저는 선교사로 부르신 주님을 찬양합니다. 하나님께서는 오늘도 순교하는 신앙으로 세계 곳곳에 나아가 복음 전할 사람들을 간절히 찾고 있습니다.

그날 토마스와 몇몇 젊은이들은 무릎을 꿇고 함께 기도하며 헌신을 다짐했다. 1863년 5월 결혼한 후 7월 아내 캐롤라인 고드프리(Caroline Godfrey)를 동반하고 중국으로 출발해서 그해 12월 상해에 도착했다.

그러나 1864년 3월 24일 임신한 아내가 유산을 한 후 세상을 떠났다. 토마스 선교사는 아내의 죽음으로 비통함 가운데 하나님께 기도했다.

토마스 선교사는 런던선교회에 보낸 편지에 이렇게 썼다.

> 그녀는 소천하기 전에 잠시 의식이 회복되어 '주님은 나에게 고귀한 분입니다'라는 말을 남겼다고 합니다. 제가 느낀 상실감은 말로 형언할 수 없습니다. 저의 가슴은 터질 듯합니다. 제 사랑하는 아내는 받을 수 있는 고난은 모두 받았습니다. 더 이상 편지를 쓸 수가 없습니다. 슬픔이 또 다시 북받쳐 오릅니다. 저는 지금 감당할 수 없는 슬픔으로 인하여 제 마음을 걷잡기가 어렵습니다. 어찌됐든 그녀의 평화롭고 고통 없는 죽음에 대하여 주님께 감사합니다.
>
> '주신 자도 여호와시요 취하신 자도 여호와시니 여호와의 이름이 찬송을

받으실지니라'
1864년 4월 5일 당신의 신실한 로버트 저메인 토마스

  토마스는 장인이 아내의 죽음 소식을 듣고 충격을 받아 1864년 11월 11일 세상을 떠났다는 슬픈 소식을 들었다. 그는 아내와 태아와 장인까지 잃는 삼중의 슬픔과 아픔을 겪으면서 하나님께 부르짖었다. 게다가 그의 상관 윌리엄 뮤어헤드(William Muihead, 1822-1900) 선교사와 선교관의 차이와 불화와 자신의 건강 악화로 인해 1864년 12월 런던선교회 선교사직을 사임했다.

  토마스는 1865년에 산동성 지푸(지금의 연태 지역임)의 영국 세관 통역관에 취직하여 독립선교사로 일했다. 그리고 지푸에서 런던선교회 소속 선교사 조셉 에드킨스(Joseph Edkins, 1829-1904)와 스코틀랜드성서공회의 알렉산더 윌리엄슨(Alexander Williamson, 1828-1890) 선교사와 토마스의 대학 동료인 카마이클(Carmichael) 의료 선교사와 한동안 어울리면서 동양에서의 복음 선교에 대한 사명감을 재확인하게 되었다.

  그러던 어느 날 지푸를 방문한 한국인들을 만나게 되었고 그들로부터 한국의 천주교인들이 수난을 당하고 있다는 소식을 들었다. 토마스 선교사는 기도를 했고, 1865년 세관 통역관 자리를 사임하고 다시 런던 선교회에 재임용을 받게 되었다.

  토마스 선교사는 한국 땅과 가까운 산동성을 자주 드나들면서 한국에 관한 정보를 수집하며 한국에 갈 기회를 찾았다. 그 결과 윌리엄슨 선교사 집에서 홍선대원군의 천주교 핍박을 피해 숨어있는 한국인 김자평과 최선일을 만나게 되었다.

토마스 선교사는 그들에게 함께 한국에 다시 돌아갈 것을 설득했으나 최선일은 무서워해서, 김자평과 함께 1865년 9월 4일 산동성 지푸를 떠나 3-4일 후에 한국 백령도 부근에 도착했다. 그 곳에서 옹진 부근의 창린도에 상륙하여 약 2개월 반 동안 머물면서 복음을 전하는데 필요한 한글을 익히고 성경을 나눠 주었다. 그리고 다른 곳에 가려고 배 타고 가다가 폭풍우를 만나 배가 산산조각이 났고 두 사람은 바닷물에 빠져서 서로 행방을 모르게 돼버렸다. 토마스 선교사가 의식을 찾았으나 다시 1866년 1월 초순에 산동성 지푸로 우여곡절 끝에 돌아갔다.

토마스 선교사는 다시 한국 땅에 복음을 전하기 위해 한글을 공부하며 한글 성경을 준비하는 중에 병인박해(1866년) 때 프랑스 신부 9명을 살해한 책임을 물으러 출정하려는 피에르 로즈(Pierre Gustave Roze, 1812-1882) 제독의 통역이 되기로 했다. 월남사태로 피에르 로즈 제독의 프랑스 함대가 월남으로 떠나자, 통상을 목적으로 한국으로 향하는 미국 상선 '제너럴 셔먼'(General Sherman)호를 타고 오게 되었다.

그러나 셔먼호가 대동강 상류 산악 지역에 내린 폭우로 강물이 불어나고 조수가 만조가 되자, 그것이 평소 강물의 깊이라고 착각한 선주 W. B. 프레스턴(W. B. Preston)은 배를 양각도까지 거슬러 올라가 평양 외성까지 다가갔다. 관찰사 박규수는 이양선의 내항 목적과 동태를 파악하려고 순시대장 이현익을 셔먼호로 보냈다. 통역에 나선 토마스 선교사는 셔먼호의 내항 목적이 상거래임을 밝혔다. 선주 프레스턴이 통상을 요구했으나, 이현익은 통상은 할 수 없으니 물러갈 것을 요구했다. 그래도 프레스턴은 통상을 요구했고, 이현익은 조정의 하명을 기다리라고 전했다.

조정의 흥선대원군(1820-1898)은 즉시 물러가지 않으면 모두 죽일 것을 명령했다. 이 명령이 평양 감영에 온 날에는 이미 강물이 줄어 배가 쑥섬

앞 모래톱에 걸려 움직이지 못하는 상태였다. 박규수는 군사를 외성으로 보내어 궁수를 배치했다. 이를 본 프레스턴 선주는 위협을 느끼고 이현익을 볼모로 붙잡았다. 관찰사 박규수는 발포를 명령했고, 셔먼호에서도 대포를 쏘았다. 전투는 4일간 계속되었다.

이때 훈련 교관 박춘권이 대동문 앞에서 작은 배 세 척을 묶어 마른 풀을 가득 실은 후 유황을 뿌렸다. 그리고 배 양쪽에 긴 밧줄을 매어 양쪽에서 얼마 동안 끌고 내려가다가 배에 불을 붙인 후 떠내려 보냈다. 첫 번째 화공이 실패했고, 두 번째 화공도 실패했다. 마지막 세 번째 화공이 성공하자 셔먼호에서는 황급히 그물을 펴고 이글이글 불타는 쪽배의 접근을 막아보려 했지만 불가항력으로 셔먼호는 삽시간에 불길에 휩싸이게 됐다. 이 와중에 박춘권은 배에 올라 이현익을 극적으로 구출해 냈다.

배에 타고 있던 사람들이 뛰어 내렸다. 강 속에서 또는 강변 모래 위에서 전원이 관군에게 다 죽임을 당했다. 토마스 선교사도 배에서 뛰어내렸다. 외국인 중의 한두 명은 백기를 흔들며 겨우 강변 쑥섬에 이르렀으나, 관군이 칼로 그들의 사지를 치고 목을 잘랐다. 이때 토마스 선교사의 목도 잘려 피가 이 땅에 뿌려진 것이다. 그 때가 1866년 9월 2일이었다. 이때 토마스 선교사의 나이는 약관 27세였다.

어떤 이들은 순교가 아니라고 말한다. 그러나 토마스 목사는 분명히 복음을 전하려는 목적을 가지고 이 땅에 들어오다가 죽임을 당한 것이다. 토마스 목사가 출발하기 전 런던선교회에 보낸 마지막 편지 1866년 8월 1일자의 내용에서도 선교의 동기가 분명히 나타난다

> 나는 상당한 분량의 성경과 책들을 가지고 한국 사람들이 환영해 주리라는 기대에 부풀어 떠난다. 천주교의 오류들이 섞이지 않은 순수한 복음 가

지고 이 알려지지 않은 나라에 전하려는 노력을 이사회가 인정해 줄 것을 믿는다.

1909년 8월 27일 평양에서 개최된 장로회 선교 25주년 행사 때 사무엘 A. 마펫(Samuel A. Moffet, 한국 이름 마포삼열[馬布三悅], 1864-1939) 목사는 다음과 같은 내용을 소개했다.

> 내한한 첫 선교사는 스코틀랜드 장로교인인 토마스인데, 그는 스코틀랜드 성서공회의 권서로서 1865년 중국 어선을 타고 황해도 연안에 한문 성경을 반포했다. 1866년에는 런던선교회 소속으로 제너럴 셔먼호를 타고 평양에 왔으며 이때 한문 성경을 가지고 왔다. 그는 불에 타 산산조각 난 배에 선원들과 함께 타고 있었는데, 도시의 바로 아래 강변에서 죽기 전에 가지고 온 『신약전서』 여러 권을 나눠 주었다.
> 본인은 이 책을 받은 자들을 일부 만났으며, 초기에 등록한 학습교인 중 한 사람의 부친은 그 책 한 권을 집에 오랫동안 보관해 두고 있었다.[1]

토마스 선교사를 죽인 군인은 성경을 가지고 집으로 갔는데 그의 가문에 뒷날 숭실전문학교를 졸업하고 윌리엄 D. 레이놀즈(William D. Reynolds, 한국 이름 이눌서, 1867-1951) 목사의 조사(助事, Helper, Assistant Pastor)가 되어 성경 번역에 종사했던 이가 이영태 선생이다.

---

[1] 옥성득, 『다시 쓴 초대 한국교회사』(서울: 새물결플러스, 2016), 44~57.
옥성득 교수는 초기 한국교회사에 관한 1차 자료를 발굴하여 기존 자료의 오류를 바로잡는 데 힘쓰고 있다. 『한국 기독교 형성사』, 『언더우드 자료집』, 『마포삼열 자료집』 참고

토마스 선교사를 포함하여 제너럴 셔먼
호 선원들이 처형되는 것을 목격한 박춘권
(1839-1920)은 1899년 자기 죄를 회개하고
마펫 목사로부터 세례를 받았다. 그는 몇 년
후에 안주교회 영수(領袖)가 되어 남은 생애
를 기독교 사역에 힘썼다.

또한, 대동강 쑥섬 근처에 있었던 12세 정
도의 최치량, 김성집이 토마스 목사의 순교
장면을 보게 되었고, 후에 이들이 예수님의
복음을 받아들였다. 최치량(1854-1930)은 성경을 평양 영무주사 박영식에
게 주었고, 박영식은 이 성경을 뜯어서 자기 집에 도배를 했다.

▲ 최치량

훗날 최치량은 박영식의 집을 구입해 여관으로 사용했는데, 선교사 마
펫(Moffet)과 그레이엄 리(Graham Lee)가 한석진 조사와 함께 복음을 전하
기 위해 1893년 평양에 찾아와 최치량의 여관에 머물렀다. 선교사 일행은
벽면에서 '야소'(耶蘇)라는 글자를 발견하는 놀라운 일을 만났다. 야소(耶
蘇)는 '예수'의 한자어였기 때문이었다.

얼마 후 최치량은 마펫 선교사가 세운 널다리교회의 첫 신자 가운데 한
명이 되어 1894년 1월 8일 세례를 받았다. 그는 한때 술고래요 노름꾼이었
지만, 나중에 용감하게 예수교인으로 변화되었고, 그의 개종 후 변화된 삶
을 통해 복음의 소식이 널리 퍼졌다.

나중에 오촌리로 이주하여 오촌리교회를 설립했다. 1910년 장로로 장립
되었고, 사재를 들여서 경신학교와 괴음리교회를 설립했다. 성경을 찢어 도
배했던 박영식도 감동을 받아 또한 예수를 믿게 되었다. 후일 널다리교회는
장대현교회로 이름을 바꾸고 1899년 건축하여 1901년 준공했다. 그것이 바

▲ 홍종대(왼쪽), 한석진(오른쪽)
마펫 선교사가 1892년 평양에서 처음으로 홍종대 집을 구입함

로 1907년 놀라운 평양 대부흥 운동이 일어난 그 '장대현교회'이다.

조지 H. 존스(Jeorge H. Johnes, 한국 이름 조원시, 1867-1919) 선교사가 처음으로 토마스 선교사의 죽음이 순교였다고 언급하기 시작했다. 존스 선교사는 한국에서 선교하다가 미국으로 돌아가 뉴욕 북감리회 해외선교부 본부에서 총무로 일했는데, 1915-16년 미국 보스턴대학교 신학대학원에서 1866년 토마스 선교사의 죽음을 최초의 복음주의 선교사가 순교한 것이라고 강의했다.

우리나라에서는 오문환(1903-1962)의 1926년 『조선기독교회사의 일분수령인 평양양란』과 1928년 『토마스 목사전』에서 현지인 대담과 구전의 증언을 토대로 토마스 선교사의 죽음을 둘러싼 연구가 이루어진 이후부터 지금까지 계속되고 있다.

한국 교회는 이 최초의 기독교 순교자를 기억하여 1927년 5월 8일 그가 순교한 장소에 천여 명의 신자가 모여 하나님께 예배를 드렸고, 기념 예배당을 1933년 9월 14일 세웠다.

4. 알렉산더 윌리엄슨

1865년에 토마스 선교사의 한국 선교 사역을 후원했던 스코틀랜드성서공회 총무 알렉산더 윌리엄슨(Alexander Williamson, 1829-1890) 목사는 토마스 선교사의 생사에 대한 정보를 얻기 위해 1867년 압록강 북안에 왕래하며 고려문에 왔다.

그는 한국인들을 두 차례나 만나 한국의 사정을 탐문하고 광범위하게 수집하여 『북중국, 만주, 동몽고 여행기 및 한국 사정』(*Journey in North China Manchuria and Eastern Mongolia with some Account of Korea*)을 영국 런던에서 책으로 발행하여 한국을 서구에 알렸다.

그는 한국의 자연환경, 민족, 문화, 생활 등에 관한 자신의 견해를 적었고, 한국인들의 상투, 무명옷, 종이 제조법 등을 언급했다. 이것이 한국을 해외에 소개한 최초의 고문헌(古文獻)이다.

1867년 1월에 미국에서 해군 대령 R. W. 슈펠트(R. W. Schufeldt)를 함장으로 하는 정규 군함 워추셋호로 하여금 제너럴 셔먼호의 행방을 수색하도록 명령했다. 이때 토마스 선교사의 순교의 소식을 들었던 미국 장로회 소속 선교사 코어베트(Corbett)가 워추셋호에 선교의 목적으로 동승했.

윌리엄슨 목사는 코어베트 선교사에게 한국에 관한 정보를 교환하면서 많은 성경을 공급했다. 워추셋호는 황해도 장연 목동포에 입항했으나, 장연 현감 한치용이 군대를 동원해서 입항을 거절했기 때문에 산동성으로 되

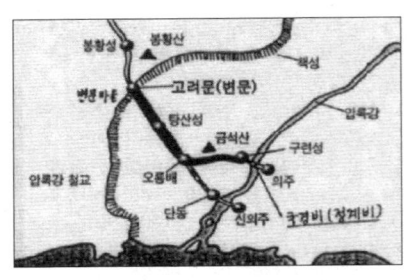
▲ 고려문 위치

돌아가야만 했다. 그는 산동성으로 돌아간 후에 제너럴 셔먼호가 불에 탔고 선원이 죽은 사실을 확인할 수 있었다.

이 일로 윌리엄슨 목사는 선교 방법을 바꾸어 한국에 직접 발을 들여놓지 않고 만주를 거점으로 해서 고려문(高麗門)을 드나드는 한국인들에게 복음을 전하기로 했다. 그리고 종전처럼 성경을 무료로 배부하던 것을 중단하고 돈을 받고 판매하는 방식으로 바꾸었다. 그러자 사람들은 무료로 받은 성경은 찢어버리고 휴지처럼 내버리다가 직접 구매한 성경은 소중히 간직하며 읽어 보기 시작했다.

윌리엄슨은 한국에 들어가려고 압록강까지 갔으나 경계가 심해 들어가지는 못했다. "한국 사람들은 중국 사람과 마찬가지로 예의 있는 국민이다"라고 동료 선교사들에게 한국인의 인상을 말했다고 한다.

5. 존 로스 선교사

1872년 중국에서 토마스 선교사를 돕던 윌리엄슨 선교사는 토마스 선교사의 후임을 본국에 요청했다. 이에 반응하여 존 로스(John Ross, 한국 이름 나약한[羅約翰], 1842-1915)와 그의 매부 존 매킨타이어(John McIntyre, 한국 이름 마근태[馬勤泰], 1837-1905) 선교사는 스코틀랜드 선교사로 중국에 도착했다. 그들은 만주 우장에 와서 만주인들에게 선교하는 한편, 한국의 선교에도 많은 관심을 가졌다.

그들은 한국인들을 만나기 위해 고려문에 왔다가 1874년 10월경에 한 50대 한국인에게 한문 신약성경과 『훈아진언』(訓兒眞言)이라는 소책자를 전해 주었다. 그 책을 받

▲ 왼쪽부터 존 로스 선교사, 존 매킨타이어 선교사

은 이가 한국인 기독교인 최초로 순교한 백홍준의 부친이었다. 이 또한 하나님의 섭리 아래 있었다.

1876년 봄에 다시 와서 여관에 머물면서 여관 지배인에게 한국말을 가르치는 선생을 구하는데 한국인을 만나게 해달라고 요청했다. 그리하여 의주 사람 이응찬을 만나게 되었다. 로스 선교사는 이미 한글 성경 번역 계획을 세우고 있었기에 곧 봉천으로 돌아가 한국어 공부를 했다.

1877년에 이응찬의 도움으로 한국 선교사를 위한 『한국어 교본』(Corean Primer)을 상해에서 발간했고, 1879년 『한국의 역사, 고대와 현대』를 출판했고, 1881년 한글 최초 기독교문서 『예수성교문답』을 간행했다.

한편 백홍준(1848-1893)은 아버지가 가져온 책을 2-3년간 공부하면서 기독교를 접하게 되었다. 그리고 나이 서른이 넘은 1879년 기독교 교리를 배울 목적으로 로스 선교사를 찾아 만주 우장에 들렀다.

그런데 이때 로스 선교사는 안식년을 맞아 영국으로 돌아갔고, 대신 같은 선교회에 소속되어 있던 매킨타이어 선교사를 만나게 되었다. 백홍준은 그에게서 성경을 배우면서 3-4개월 정도 그곳에 머물렀다.

1879년 1월에 김진기 또는 장진국으로 알려진 의주 청년 한 사람이 예수를 믿고 매킨타이어 목사에게서 세례를 받았다. 이어서 4월에 백홍준,

7월에 이응찬, 12월에 이성하가 매킨타이어 목사로부터 세례를 받았다. 그들은 한국 기독교 사상 최초의 세례 교인이 되었다.

성령의 역사로 세례를 받고 우리나라 최초의 신자가 된 네 사람은 로스 목사와 함께 성경 번역에 착수하여 누가복음, 요한복음, 마태복음, 마가복음, 사도행전을 번역했다. 그런데 인쇄문제에 부딪히고 말았다. 한글 활자가 없었기 때문이다.

1880년경 매킨타이어는 의주에 있던 10여 명의 구도자 요청으로 백홍준을 통해 성경과 소책자 한 상자를 보냈다. 그런데 국경의 여관에서 백홍준 일행을 수상히 여긴 사람의 신고로 성경과 함께 가지고 있던 편지를 빼앗기고, 약 3개월간 투옥되었다가 풀려났다. 그때에 자신이 가지고 있던 재산 대부분을 빼앗겼다.

▲ 백홍준

백홍준은 1883년 로스 목사로부터 권서인(勸書人, colporteur, 성경책과 전도 소책자를 팔고 복음을 전도하던 사람을 말함)의 직임을 받아 가지고 성경을 국내에 잠입하여 복음을 전해야 하는 사명을 띠게 되었다. 그는 어떻게 하면 성경을 국내로 가지고 들여갈 수 있을까를 생각했다.

그는 성경을 한 장씩 뜯어내 돌돌 말아서 종이 새끼줄을 만든 다음에 헌책을 함께 묶어 괴나리 봇짐으로 만든 후에 짊어지고 마치 헌책을 사오는 것처럼 꾸며서 국경을 넘어섰다. 그러고 나서 헌책은 모두 버리고 성경책으로 만들었던 종이끈을 다시 풀어 성경을 만들었다. 이렇게 들여온 성경책으로 백홍준은 고향 의주를 중심으로 강계, 부성, 삭주 등지에서 복음을 전했다.

1885년 마침내 약 18명의 신자가 예수를 믿고 백홍준의 집에서 모여 예배를 드렸다. 그 당시 백홍준은 언더우드 선교사의 조사(助事, 선교사나 목사를 도와주는 사람, Helper, Assistant Pastor)가 되어 의주 지역에 복음을 전하는 일에 힘썼다. 1887년 9월 27일 백홍준은 새문안교회의 장로로 피택되었으나 장립되지는 못했다. 1889년 언더우드 선교사는 백홍준이 전도한 의주 사람 김이련과 그의 아들 김권근 등 100여 명을 압록강 건너편으로 데리고 가서 세례문답을 해서 그중에 33인을 세례를 주었고, 의주교회를 세웠다.

그러나 1892년 백홍준은 평양감사 민병석의 명령으로 로스 등 외국인과 내통했다는 죄와 혹 세무민의 죄목으로 검속되어 2년간 옥고를 치렀다. 그는 고문으로 몸이 극도로 쇠약해졌고 폐결핵으로 1893년 소천했다. 그는 한국인 최초의 순교자로 한국교회사에 기록되어 있다.

한편 의주 사람 서상륜(1848-1926)은 우장에 홍삼 장사를 하러 왔다가 뜻밖의 열병으로 거의 사경에 이르렀다. 매킨타이어 선교사가 자기 집으로 그를 옮기고 J. M. 헌터(J. M. Hunter) 의사를 청하여 매일 2, 3차례씩 진료받게 했고 복약으로 서상륜은 약 2주일 만에 소생했다. 이때 서상륜이 감동을 받아 매킨타이어 선교사의 전도를 받아들여 예수를 믿게 되었다. 서상륜의 발걸음도 하나님의 섭리 아래 있었다.

▲ 서상륜

매킨타이어 선교사는 갑자기 약속된 순례 전도를 나가야 했기 때문에 로스 선교사를 소개해 주었다. 서상륜은 심양으로 가서 로스 선교사에게 세례를 받았다. 로스 선교사가 누가복음을 번역하다가 만났기에, 한문에

▲ 예수성교젼셔

조예가 깊은 서상륜은 한문 성경을 최초로 한글로 번역하는 일에 함께 참여하게 되었다.

스코틀랜드성서공회의 주선으로 인쇄기를 장만하게 되었다. 또한, 한국인 매약 상인으로 조판의 기술을 가진 김청송이라는 사람을 얻어 여럿이 직접 손으로 활자를 새겼다. 그들은 만주에서 성경 인쇄를 위해 활자를 직접 만들었다. 마침내 1882년 3월 누가복음, 같은 해 5월 요한복음을 심양의 문광서원에서 최초로 인쇄했고, 1883년에는 마태, 마가, 사도행전이 인쇄되었다. 1887년 2월에는 신약성경 전부가 인쇄되어 『예수성교젼셔』라는 이름으로 3,000부를 출판했다. 이를 '로스번역성경'(Ross Version)이라 한다.

로스 목사는 쇄국 정책을 펴는 조선에 1882년 10월 6일 최초의 권서인 서상륜을 시켜 성경을 들여보내고자 했다. 그러나 고려문에 도착한 서상륜은 발각되어 별정소에 구금되었다. 그러나 서상륜 집의 하인이었던 김효순, 김천련이 관리로 있어 밤에 몰래 빼 주어 그들이 구해 준 말을 타고 고향 의주로 돌아왔고 전도한 지 반년이 못 되어 수십 명의 신자가 생겼다.

서상륜은 의주에서 핍박이 심해지자 외가 당숙이 사는 황해도 송천(松川)으로 이주하여 한국 최초로 외부의 도움 없이 자생적으로 소래교회를 1883년 5월 16일 설립했고, 그의 동생 서경조는 한국 최초의 장로교회 목사 7인 중 한 사람이 되었다.

로스 목사는 1884년 11월 웹스터와 함께 중국 서간도의 한인촌을 방문하여 12월에는 김청송의 전도를 통하여 75명의 결신자를 얻었다. 그는 서구 교회에 본격적인 한국 선교를 촉구했다. 그는 백홍준을 동만주 봉천으로 보내고, 이성하에게는 복음서와 사도행전 그리고 서상륜에게 보내는 편지 한 통을 주어 의주로 들어가게 했다.

한편 제물포(지금 인천)항에서 세관장인 외아문협판(外衙門協辦) 묄렌도르프(Moellendorf)에게 배편으로 6천 권의 복음서를 보냈다. 이성하는 수소문 끝에 황해도 장연 소래에 가 있는 서상륜에게 편지를 전해 주었다. 서상륜과 이성하는 그 편지를 가지고 묄렌도르프를 만나서 성경을 인수받아 황해도와 평안도 일대에 6천 권의 성경을 서서히 보급해 나갔다.

한국 교회는 하나님의 말씀인 성경이 한글로 번역되어 먼저 보급된 후에 선교사들이 이 땅에 들어온 독특한 역사를 가지고 있다. 대개는 선교사가 선교지로 들어간 후에 선교지 언어로 성경이 번역되어 보급되는 것이 일반적이기 때문이다. 1885년 언더우드 선교사와 아펜젤러 선교사가 이 땅에 들어왔을 때 그들에게 찾아와 세례를 베풀어 달라는 한국인의 요청을 받은 일이 있었다.

6. 이수정

이수정(李樹廷, 1842-1886)은 전남 곡성 출생으로 이병규의 아들로 한학에 출중한 인물이었다. 그는 과거에 급제하여 홍문관에서 일했다. 그는 1881년 신사유람단(紳士遊覽團)의 수행원으로 일본에 다녀온 지인이자 농학자 안종수를 통해 농학자 쓰다 센(津田 仙) 교수의 선진 농법과 아울러 기독교에 관한 이야기를 들었다.

▲ 이수정

그는 1882년 7월 임오군란으로 고종의 왕비 민비가 살해의 위기에 빠졌을 때, 지게에 민비를 태우고 거름더미로 위장해서 왕궁을 빠져나오도록 도왔다. 임오군란이 수습된 후 그 공로로 수신사 박영효 일행에 끼어서 일본 도쿄에 함께 가게 되었다(1882년 9월).

그는 일본 쿄토에 동지사대학 교수 농학계 석학 쓰다 센을 만나서 농업, 선진기술 정책을 배우고자 했다. 쓰다 센 교수는 이수정에게 이렇게 말했다.

> 농업보다 더 중요한 이야기가 있습니다. 공자의 가르침이 방 안을 비추는 초롱불이라면, 예수님의 가르침은 온 세상을 비추는 환한 빛입니다. 일본이 근대화될 수 있었던 비결은 기독교에 있었습니다.

쓰다 센 교수의 응접실에 걸린 한문으로 된 마태복음 5:3-12의 산상수훈의 족자 "심령이 가난한 자는 복이 있나니(虛心者福矣以天國乃其國) …"를 바라본 이수정은 낯설지만 신선한 내용임을 깨닫게 되었다. 이수정은 쓰다 센 교수를 통해 새로운 진리 세계를 만났다. 그리고 신약전서(新約全書) 한문 성경을 건네받은 이수정은 집에 돌아가 밤이 늦도록 성경을 읽다가 잠이 들었는데, 한 징조가 있는 꿈을 꾸게 되었다.

해변을 걷던 이수정은 책으로 가득 찬 보따리를 가지고 있는 키가 큰 사람과 작은 사람 두 사람을 만났다.

"이보시오. 그 손에 가지고 있는 것이 무엇이오?"

"이 책들은 당신 나라의 모든 책보다 가장 중요한 책들이오."

이수정이 무슨 책이냐고 묻자, 그들이 성경이라고 대답하는 내용이었다. 이수정은 그 꿈이 생생하고 그들의 말과 보따리에 가득한 책이 눈에 선하여, 이것이 분명히 하늘의 계시라면서 가슴이 뜨거워 견딜 수 없는 체험을 하게 되었다.

▲ 일본 기독교도 대친목회에 참석한 이수정

훗날 이 일에 대하여 미국성서공회 일본 지부 선교사 헨리 루미스(Henry Loomis)가 1883년 5월 30일 보낸 서신에 이수정이 꾼 꿈을 소개한 후에 다음과 같이 썼다.

> 그는 대단히 열렬한 그리스도인이다. 그는 이미 여기에 있는 그의 모든 한국인 동포들에게 깊은 감동을 주었고, 그들은 이미 기독교의 진리를 받아들였다. 그의 탁월한 학문적 자질과 능력과 함께 그의 탁월성은 한국인 동

료들에게 대단한 영향력을 주고 있다. 그 가운데 한 사람인 도쿄국립대학의 한국어 선생은 '만약 이수정이 기독교 때문에 죽는다면 나 역시 죽을 각오가 되어 있다'고 말했다.

불과 18년 전 이수정의 친척 가운데 한 사람과 그의 가까운 친구인 천주교 신자가 순교당했다. 그의 팔과 다리가 먼저 절단되었고, 그 후 그의 머리가 절단되었다. 이수정은 몇 차례 밤에 나의 집에서 '만약 내가 나의 조국에 있었더라면 나는 어느 때든지 살해되었을 것이다'라고 말했다. 한국인들은 죽을 각오를 하지 않으면 그리스도인이 될 수 없다.

그래서 이수정이 쓰다 센 교수를 찾아가 농학을 연구하려던 자리는 기독교의 진리를 논하는 자리가 되었다. 이때에 그가 쓴 글이 다음과 같다.

농학자에게서 좋은 빛을 찾았으니 마음껏 갈 복된 밭이 길게 뻗어 있다. 기쁨으로 겸손히 맞아 주었던 일을 헤어진 다음날 생각하면 그 슬픔이 어떠할까.

이수정은 한문 성경, 마가복음주해, 윌리엄 A. P. 마틴(William A. P. Martin)의 『그리스도교 험증(驗證)』을 연구하고, 쓰다 센 교수의 소개로 야스가와 토오루(安川亨) 목사에게서 그리스도교를 배우고, 또 야스가와 목사의 소개로 미국 북장로회 소속 조지 W. 낙스(Jeorge W. Knox) 선교사와 미국 북감리회 로버트 S. 매클레이(Robert S. Maclay) 선교사를 알게 되었다.

1883년 4월 29일 부활절에 도쿄 시바로게츠쵸(露月町)교회에서 야스가와 목사로부터 세례문답을 받고 조지 W. 낙스(George W. Knox) 목사에게서 세례를 받았다.

한국인 이수정이 복음을 접했다는 소식은 곧 일본에 널리 알려졌고 여러 선교단체나 교회가 그를 연사로 초청하기에 이르렀다.

1883년 5월 8일부터 우리에게 알려진 우찌무라 간조(內村鑑三), 니지마 죠(新島襄), 우에무라 마사히사(植村正久)를 비롯한 일본의 기독교인들이 참석한 가운데 제3회 전국 기독교도 대친목회가 도쿄에서 열렸다. 이것은 일종의 부흥회였다. 집회 4일째인 5월 11일 오전 8시에 신에이교회당에서 특별기도회가 열렸을 때, 오쿠노 마사츠나(奧野正綱)의 발의에 의하여 이수정이 등단하여 한국어로 공중기도를 드렸다.

비록 그곳에 모인 이들 중 이수정의 한국어 기도를 알아들은 사람은 한 사람도 없었지만, 그것은 오히려 오순절의 영감을 더해 주었다고 기독교 사상가 우찌무라 간조는 『신앙저작전집』 "나는 어떻게 하여 기독교신자가 되었는가" 중에서 다음과 같이 술회했다.

> 그는 자기 나라 말로 기도했는데 우리들은 그 마지막에 '아멘' 하는 소리밖에 알아듣지 못했다. 그러나 그 기도는 무한한 힘을 가진 기도였다. 그가 참석하고 있다는 사실과 또 그의 말을 알아듣지 못한다는 사실이 그 장소와 광경을 더 한층 오순절과 같이 만들어 주었다.

이때로부터 이수정은 자신이 예수님의 복음을 받아들인 기쁨에 대한 신앙고백을 순한문으로 일본 잡지(六合雜誌 1883.5.30., 七一雜誌 1885.5.11.)에 기고했다.

그는 신앙고백에서 요한복음 15장 말씀 곧 "내가 아버지 안에 아버지께서 내 안에 계시고 너희가 내 안에 내가 너희 안에 있는 것"은 하나님과 인간이 서로 감응하는 이치, 즉 신인상감지리(神人相感之理)가 있음을 말씀하신 것으로 믿음이 있으면 이런 단계에 이를 수 있음을 확실히 드러내는 것이라고 하며 이를 통해 회심케 되었다고 고백했다.

이수정은 여러 곳을 다니며 성경의 진리를 깨달은 것을 한시로 표현했는데, 그중 한 작품이 교토 동지사대학의 설립자 니지마 죠의 생가에 남아 있다.

> 사람에게 하나님을 믿는 마음이 있는 것은 나무에 뿌리가 있는 것과 같고, 사랑함과 측은한 마음이 없으면 그 나무 뿌리가 마름과 같도다.
> 사랑하는 마음은 물과 같아서 뿌리를 윤택하게 하나니, 가을과 겨울에 나뭇잎이 떨어져도 그 뿌리가 마르지 아니하리라.
> 항상 봄과 같아서 싹이 나고 꽃이 만발하여 그 잎이 무성하도다.
> 하나님을 공경하고 말씀을 믿으면 꽃이 피고 얽히고 설킨 가지마다 열매가 가득하니 그 깊음이 있고 심히 크고 달도다.
> 그 몸통은 소나무와 잣나무 같아서 눈과 서리가 와도 가히 시들게 못하느니라.

이수정은 그리스도 교리를 더욱 연구하고 많은 친구에게도 복음을 전했다. 뿐만 아니라 이수정은 도쿄외국어대학 교수로서 학생들에게 한국어와 한국의 역사와 문화를 가르쳤다. 이런 소식을 들은 일본 주재 미국성서공회 총무 헨리 루미스(Henry Loomis)가 이수정을 찾아와 이렇게 부탁했다.

> 우리의 목적은 복음을 한국에 전하는 것이다. 그러니만큼 우리의 이 뜻을 협조하는 의미에서 하루속히 성경을 번역해 달라.

그리하여 이수정은 루미스 목사의 도움을 받아 성경 번역에 착수했다.

그는 세례 받은 지 두 달 만에 한문 성경에 이두(吏讀)로 토를 달아놓은 『현토한한(懸吐漢韓) 신약성경』을 완역했고, 한문과 일본어 성경을

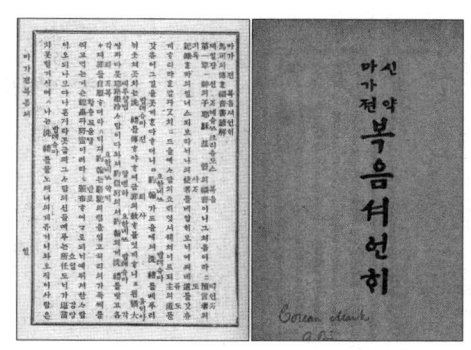

▲ 신약마가젼복음셔언해

대조해 마가복음을 한글로 번역하는 데 성공해서 1885년 초 『신약 마가젼 복음셔언해』 초판 1,000부를 발행했다.

1885년 4월 5일 언더우드와 아펜젤러 선교사가 제물포항에 도착했을 때 가지고 온 성경이 이수정이 번역해서 간행된 마가복음이었다. 이는 실로 이수정이 일본에 와서 꿨던 기이한 꿈이 3년 만에 현실로 이루어지는 놀라운 일이, 하나님의 섭리 가운데 이루어졌다.

이수정의 역본은 로스 역본과 함께 한글 성경 번역 과정에서 매우 중요한 번역 사본이었다. 한글 성경 번역에 가장 큰 공헌을 한 사람 가운데 한 사람인 윌리엄 D. 레이놀즈(William D. Reynolds) 선교사의 증언대로 "대단히 값진" 선물이었다. 그것은 또한 아서 T. 피어선(Arthur T. Pierson) 선교사가 지적한 것처럼 "하나님의 한국 선교 사역에 대한 인치심의 증거"였다.

이수정은 성경 번역을 하면서 조국의 선교 개척을 위해 미국에 편지로 호소했다. 미국 교회가 한국 선교를 일찍부터 뜻한 것은 사실이었지만, 한국에서의 극심한 천주교 박해를 보고 1882년 5월 22일 조미수호통상조약(朝美修好通商條約)을 체결했어도 거기 선교에 대한 내용이 없었기 때문에 주저하고 있었다.

이런 때에 1883년 12월 13일 편지가 루미스를 통해 「더 일러스트레이티드 크리스쳔 위크리」 1884년 1월 판(販)과 「바이블 소사이어티 레코드」 1884년 2월호에 다음과 같이 실려 있다.

> 예수 그리스도의 종 나 이수정은 미국의 형제자매들에게 주님의 이름으로 인사를 드린다. 우리의 조국에서 수많은 백성이 아직 참 하나님의 길을 모르고 있으며, 귀국(貴國)은 기독교의 국가로 우리에게 잘 알려져 있다. 그러나 만일 여러분이 우리에게 복음을 전하지 않는다면 나는 다른 민족들이 선교사들을 보낼 것이라고 우려하는 바이다. 비록 나는 영향력이 없는 사람이지만 여러분들이 보내는 선교사를 돕기 위해 최대한 노력하겠다.
> 요코하마에서 이수정으로부터.

1884년 9월 이수정은 낙스 목사의 이름으로 「세계 선교 평론」에 한국 선교를 호소했다. 마치 사도행전 16:9에 나오는 마케도니아 사람 하나가 서서 바울을 향해 건너와서 우리를 도우라는 말씀과 같다. 오윤태 선생은 그를 가리켜 "한국의 마케도니아 사람"이라 평가했다.

실제로 1884년 2월에 일본에 거주하고 있는 회심한 한국인 선비 이수정의 호소에 반응해서 한국 선교에 지원한 사람이 바로 언더우드 선교사이다. 그는 1884년 7월 10일 미국 북장로회 해외선교부에 보낸 선교사 지원 신청서에서 이렇게 쓰고 있다.

> 이수정의 편지를 읽기 전에는 어느 선교지로 갈지 결정하지 못했다. 그러다가 그의 편지를 읽고 나의 마음은 떨리고 상당히 흥분됐다.

하나님께서 나를 한국에 보내시려고 내게 말씀하시는 건 아닌가 하는 생각이 들었다.

이 서신은 미국 장로교 역사관에 보존되어 있다.

1885년 3월 1일 이수정은 우리나라에 선교사로 들어오려고 중간 기착지 일본에 도착한 언더우드와 아펜젤러 선교사와의 특별한 만남이 있었다. 이수정은 그들에게 한국어를 가르쳤고, 한국의 문화, 예술, 정치적 상황 특히 고종 왕실의 상황을 제공해 주었다. 그리고 자신이 번역한 한글 성경 『신약 마가젼 복음셔언해』를 가지고 조선으로 들어가게 했다. 선교역사상 첫 선교사가 선교지에 도착할 때에 선교지의 언어로 번역된 성경을 지참하고 도착한 것은 하나님의 특별한 섭리이다.

이수정은 조선 정부가 어려워 차관을 얻으려고 일본에 건너온 신사유람단 김옥균을 만나게 되었다. 그때 이수정은 김옥균에게 매클레이 선교사를 소개시켰다. 후일 1884년 6월 매클레이 선교사가 한국에 건너와 김옥균을 통해 선교 가능성 여부를 고종에게 타진하는 통로가 되었다.

1884년 12월 4일 갑신정변에서 실패한 김옥균과 함께 거사를 했던 개화파가 일본으로 망명했다. 한국 정부에서는 20명이나 되는 일본에 있는 유학생들이 이들과의 접촉을 꺼려 수차례 학생들의 귀국을 설득했다.

그래서 이수정은 이에 응하여 일본체류 4년 만에 귀국했다. 그는 귀국하자마자 체포되어 비밀리에 기독교인이라는 이유로 순교했다고 하거나, 일본에 있을 때에 김옥균이 보낸 자객의 칼에 찔린 후유증으로 죽었다고 전해지고 있다.

이렇게 해서 이수정은 갔지만 그는 일본에서 예수 그리스도의 진리로 거듭나는 체험을 했고, 한국에서의 지위와 자신의 목숨과도 바꿀 만한 가장 특별한 예수 그리스도의 복음을 만났다. 그가 일본에서 행한 성경 번역과 선교 호소, 도쿄한인교회 설립과 한국 소개는 한국 교회의 역사에 초석이 되어 길이 남을 개척자라 할 만큼의 대단한 것이었다.

제4장

한국 선교에 관한 미국 교회 역할

1. 가우처 목사와 매클레이 선교사

1874년 권력의 실세였던 홍선대원군이 하야하고 고종이 조선을 다스리면서 여흥 민씨 일파가 정권을 잡았다. 쇄국 정책을 버린 그들은 1876년 일본과 우호통상조약을 맺었다. 뒤이어 1882년 미국과 수호통상조약을 맺었다. 미국 정부는 초대 주한공사로 루시우스 H. 푸트(Lucius H. Foote)를 한국에 파견했다. 고종은 답례로 1883년 7월 전권대신

▲ 가우처 목사

민영익, 전권부대신 홍영식, 종사관 서광범, 수행원 유길준, 변수, 고영철, 퍼시벌 로웰 등 11명의 보빙사절단을 미국으로 출발시켰다.

보빙사절단은 샌프란시스코에서 워싱턴으로 체스터 A. 아서(Chester A. Arthur, 미국 제21대 대통령, 1829-1886) 대통령을 예방하러 가는 기차 안에서 볼티모어 러블리레인교회 담임목사 존 F. 가우처(John F. Gaucher, 1845-

1922)를 만났다. 갓을 쓰고 앞자리에 앉아 있던 민영익 단장에게 말을 건넨 가우처 목사는 한국이라는 나라에 복음이 전파되지 않았음을 알게 되었다.

가우처 목사는 보빙사절단을 볼티모어의 집으로 초청해서 한국 문화에 관한 정보를 청취했다. 그는 한국이 새 선교지가 될 수 있다고 확신했다. 곧 감리교 선교 본부에 한국에 선교를 시작할 것을 알리는 서신과 함께 선교 후원금으로 당시로는 거액인 2천 달러를 보냈다.

▲ 매클레이 선교사

그러나 미국 북감리회 선교 본부는 조미수호통상조약에 종교의 자유 조항이 없다는 점을 들어 한국 선교는 시기가 이르다는 이유로 거부하는 회답이 왔다. 그래도 가우처 목사는 그 뜻을 굽히지 않고 자신의 친구 일본 주재 감리교 선교사 로버트 S. 매클레이(Robert S. Maclay, 1824-1907) 목사에게 편지해서 한국에 건너가 선교의 가능성 여부를 현지 답사해 알려 달라는 부탁을 하고 일체의 경비를 지원했으니 때는 1884년 1월이었다.

매클레이 목사는 1884년 6월 아내와 함께 한국 부산에 도착했을 당시의 심정을 자신의 일기에 기록했다.

부산은 역사적으로나 상업적으로 중요한 곳이다. 아마도 일본을 정복하고 그 후손들이 아직도 일본을 통치하고 있는 용감한 부족이 출항한 것도 이곳일 가능성이 높다. 확실한 것은 지난 수백 일본의 군대들이 이곳에 상륙했다는 사실이다. 그런데 오늘 일본으로부터 한국 사람들에게 우리 구세주에 대한 신앙을 통한 구원의 복음을 전해 주고 싶어 하는 사람들이 왔다는 사실을 음미해 보는 것은 흐뭇하고 마음이 든든한 일이다(1884년 6월 19일).

그는 3개월 머무는 동안 신사유람단 때 알았던 김옥균을 만나서 한국 선교를 타진했다. 이에 김옥균은 선교 사업에 관한 강력한 관심과 희망을 표하는 한편 위험을 암시했다. 그리고 1884년 7월 3일 김옥균은 고종을 알현하고 각국 공관이 설치되는데 통역이 없으니 3명의 언어 선생과 개항한 항구도시들을 방역할 근대적 위생시설과 병원 그리고 담당 의사의 필요를 알리고 고종의 허락으로 필요한 것을 얻어 냈다.

고종이 문서로 공식 허락을 한 것은 아니었으나, 그 다음날 김옥균은 이 사실을 매클레이 선교사에게 통지했다. 그래서 매클레이는 당시 주한 미국공사 푸트에게 선교사의 주택과 학교, 병원 등의 기지를 사 줄 것을 부탁하고 일본으로 돌아갔다.

매클레이는 가우처 목사에게 처음 보고할 때 "정부가 선교 사업을 정중하게 허락했다"고 알려 주고, 미국 감리교 선교 본부에도 한국 실정을 자세히 기록해 한국에서 선교 사역을 곧 착수하겠다는 청원서를 보냈다. 그가 도쿄에서 이렇게 썼다.

> 이것은 하나님이 내게 주신 사명인가 보다. 그러나 내가 하기에는 나이가 너무 들었다. 다음 세대가 할 일 같으니 빨리 선교사를 보내라.

이 사실은 감리교 기관지인「크리스도인 회보」(*Christian Advocate*)에 발표하고 또한「복음세계」(*The Gospel in All Lands*)에는 한국 선교에 관한 논문을 발표했다. 그런데도 미국 감리회 선교 본부에서는 오래 주저했다.

그러나 가우처 목사는 뉴욕에 있는 감리교 본부에 연락해 아펜젤러, 스크랜턴 파송을 주선했으며 자신이 시무하는 러블리레인교회가 재정적 지원을 했다. 1885년 아펜젤러, 윌리엄 스크랜턴, 메리 스크랜턴이 한국에 정착하여 선교하자 고등 교육에 관심을 갖고 배재학당, 이화학당 등에도 지원했다. 가우처 목사는 1910년 '한국 선교 25주년 배재학당 신축 건물 기공식' 등 6차례 한국을 방문했다.

한편 일본에서 사역하던 미국 장로회 선교사 조지 W. 낙스(George W. Knox) 목사는 선교 본부에 아래와 같은 편지를 보냈다.

> 서울에는 영어학교가 세워졌는데 학생이 70명이요 중국인이 가르치고 있습니다. 그것은 차차 영국인이나 미국인이 가르칠 기회를 가지게 되고 또 서양학문을 존중히 여기게 하려는 것입니다.
> 여기 도쿄에도 30명의 조선 학생이 들어와 공부하고 있으며 우리는 그들을 여러모로 도와주고 있는데 벌써 두 명이 세례를 받았습니다. 그리고 모두 기독교에 대하여 깊은 관심을 가지고 있습니다.
> 이 한국을 위해 일하실 분은 없습니까?
> 한국에 교회학교를 세우면 큰 성과를 거둘 것은 분명합니다. 두 목사와 한 사람의 의사만 있으면 넉넉히 시작할 수 있습니다. … 늦어도 내년 4월 전으로 선교사를 보내 주십시오.
> 우리 교회가 이 넓게 열려진 선교지에 단 세 사람의 선교사를 보낼 수 없습니까?
> 만일 우리 교회가 못하면 다른 교회라도 하게 해 주십시오.

1884년 4월 14일 중국에서 선교하던 미국 북장로회 선교부 소속의 길버트 리드(Gilbert Reid) 목사는 치푸에서 아래와 같은 내용으로 편지를 본부에 보냈다.

> 한국에서의 선교 사역을 한시 바삐 시작하기를 바랍니다. 이것은 일본에서 온 정보와 만주에서 얻은 지식에다 한국에서 들어온 정보를 토대로 하여 이루어진 나의 의견입니다. 당신 말씀대로 나도 선교사를 처음에는 가르치는 일과 의사의 자격으로 보내자는 것입니다. … 그런 선교사 두 사람을 이번 가을에 보내시기 바랍니다. … 병원 사업과 영어 가르치는 것이 인정받는 것은 문제없으며 또 조선 사람들이 그것을 원하고 있습니다. … 그리고 의사와 교사의 보수는 자담(自擔)하십시오.

미국 북장로회 해외선교부의 반응은 견해가 나눠졌다. 선교부 실행이사 중 프랭크 F. 엘린우드(Frank F. Ellinwood, 1826-1908) 박사 같은 이는 즉각적인 선교 시작을 역설했으나 다른 이들은 몇 해 동안 기다려야 한다고 반대했다. 총무이사는 장문의 성명서를 발표해 한국 선교를 할 수 없음을 표명했다.

이 글을 읽은 프레드릭 마르콴드(Fredrick Marquand) 재단 중역이면서 선교부 이사 중 한 사람인 데이비드 W. 맥윌리암스(David W. McWilliams)는 자기 교회 목사 엘린우드에게 그 성명서가 말하는 이유의 정당성 여부를 묻다가 오히려 엘린우드의 즉각적인 한국 선교의 필요성에 공감하고 1884년 2, 4, 5월 석 달 동안에 6천 달러를 선교부에 보내면서 한국 선교를 호소했다.

한국과 통상조약을 맺은 열강 중에 오직 미국만이 영토적 야심이 없었으므로 조미수호통상조약 체결 이후 한국이 미국에게 우호적인 이때에 한국 선교를 시작하자는 사람들로부터 선교 헌금이 잇달아 들어왔다. 이렇게 되자 선교부도 한국 선교를 시작하기로 결정하고, 젊고 유능한 의사 존 H. 헤론(John H. Heron)을 1884년 4월 28일에 한국 선교사로 임명했다.

선교부는 헤론에게 당분간 일본에 가 있으면서 한국어를 배우며 때를 기다리라고 했다. 그때 마침 한국에서 건너온 이수정을 만나 한국어를 배우며 한국의 정치, 문화, 풍습을 배우게 되었다.

제5장

한국에 입국한 초기 선교사

1. 알렌 - 미국 북장로회 첫 의료 선교사

한국에 최초로 입국한 기독교 선교사는 미국 북장로회 소속 호러스 N. 알렌(Horace N. Allen, 한국 이름 안련[安連], 1858-1932) 이다. 그는 1883년 10월 중국에 들어가 선교하던 중 한국에서 일할 생각이 있느냐는 동료 헨더슨(Henderson) 선교사의 권유가 있었다. 그는 제물포 세관에서 일하는 조셉 하스(Joseph Haas)를 통해 의사가 필요한 것을 알고서 1884년 6월 8일 선교 본부에 한국 선교사로 임명해 달라고 요청했다.

▲ 알렌 선교사

그는 1884년 9월 20일에 제물포항을 통해 한국에 들어오게 되었다. 그는 미국 공사관 관의(官醫)로 채용되었고 여러 외국 기관의 부속 의사로 임명되었다. 그가 고종을 알현했을 때 선교사가 아니라 공사관 의사로 소개되었다. 이는 아직 선교사임을 밝힐 때가 아니었기 때문이다.

알렌은 외국 공사관들의 공의로 무척 바빴지만 한국어를 배우는 데 열중하여 첫 번째 어학 선생 이하영에게 배우게 되었다. 후일 이하영은 워싱턴 주재 제2대 한국 대리 공사가 되었다. 두 번째 어학 선생은 노도사(춘경)였다. 그의 선교 활동은 집에서 매일 기도와 예배를 드리는 것이었는데, 그것이 관계자들에게 얼마나 감화를 주었는지 모르지만 그의 한국어 어학 선생들은 다 그리스도인이 되었다.

▲ 민영익

그가 한국에 들어온 해 12월 4일 우정총국 개국 축하연때 갑신정변이 일어났다. 갑신정변은 김옥균, 홍영식, 박영효 등의 개화파들이 한국의 완전한 자주 독립과 근대화를 요구하며, 민영익을 중심으로 한 수구 보수파를 제거하려다가 3일 만에 실패한 사건이다.

이 사건으로 민비의 조카 민영익은 26군데나 칼에 맞고 목에 있는 동맥이 끊기는 중상을 입어 과다 출혈로 목숨이 위독하게 되었다. 서울에서 명의로 소문난 14명의 한의사들이 출혈을 멈추지 못했다. 뮐렌도르프가 주선해서 외과 전공의 알렌 의사가 너덜너덜한 상태의 민영익을 명주실로 상처부위를 꿰매어 지혈 조치를 취했다. 알렌은 밤새 치료하면서 하나님께 간절히 기도했다.

"주님!
이 사람을 살려 주세요!
한국 선교를 위해 살려 주세요!"

알렌은 3개월 동안 민영익의 옆을 떠나지 않고 정성을 다해 치료한 결과 그의 목숨을 구했다.

갑신정변 직후에 정국이 매우 불안해서 신변의 위험을 느낀 외국인들은 모두 제물포로 피신하고 있었다. 이때도 알렌은 환자 곁에 남아서 "나는 가고 싶어도 가지 못하며 또 갈 수 있다 하여도 가지 않겠다"라는 비장한 말과 함께 사생결단하고 치료에 임했던 것이다.

알렌은 민영익을 치료해 준 일로 고종 임금의 신임을 얻게 되었고 왕실의 어의(御醫, 임금의 주치의를 말함)가 되어 진령군(眞靈君)이라는 무당에 빠진 민비가 자기 조카를 살려 준 서양 의사 알렌에 대한 경계심을 늦추게 되었다.

이 사건이 한국 선교의 기틀을 마련하는 계기가 되었다. 민영익은 생명의 은인 알렌에게 감사해서 10만 냥을 주었다. 알렌은 이 돈을 종잣돈으로 병원을 마련했는데, 이 병원이 우리나라 최초의 서양식 병원 '광혜원'(廣惠院)이다(1885.4.10.).

광혜원 자리(지금의 서울 종로구 재동 헌법재판소 자리임)는 갑신정변의 주모자로 사형된 홍영식의 저택이 있던 곳이다. 고종이 그 집을 몰수해서 알렌에게 하사했다. 광혜원은 개원 2주 후가 되는 4월 23일 고종이 준 이름 곧 "많은 사람을 구제하는 집"이라는 제중원(濟衆院)으로 바뀌었다.

알렌은 개원 후 1년 동안 만여 명을 제중원에서 진료했다(1886년 제중원 제1차년도 보고). 1886년 3월에는 제중원학당을 세워 한국에서 최초로 서양 의학 교육을 시작했다. 교수는 알렌, 헤론, 언더우드이고 학생수는 16명이었다.

1885년 6월 21일 헤론 부부 의사와 스크랜턴 가족이 온 날을 기점으로 장로회와 감리회 선교사들은 앞으로 다 함께 모여 정기 예배를 드리자고 합의하고 첫 정기 주일예배를 정동에 있는 알렌의 집에서 드렸다.

▲ 제중원

　알렌은 조정과 가까워지면서 선교사들이 대거 입국할 수 있도록 하는 '입국 통로' 역할을 했다. 그는 한국식 이름으로 '안련'(安連)이라 불렸는데, 선교사들에게 입국의 길을 '안전하게 연결시켜 준다'는 뜻이 있다. 그는 또한 고종을 도와 한국이 국제 사회에 진출 하는 데 결정적 역할을 했다.
　그리고 알렌은 매우 신중해서 나라의 법을 어기고 선교하는 것을 몹시도 꺼려했다. 이 문제 때문에 현지 선교사들과 견해 차이가 있어서 선교 활동을 접고 미국 외교관으로 신분을 바꾸어 1905년 한국을 떠날 때까지 21년을 의사로, 선교사로, 외교관으로서 사역을 감당했다. 그는 1895년 운산금광채굴권과 1896년 경인철도부설권을 얻어 미국의 입장을 대변했는데, 미국은 한국의 영토를 침략하려는 야심을 가진 중국, 일본, 러시아와는 달리 영토에 대한 침략 의도는 없었다.
　그런데 1895년 민비 시해 사건이 일어났고, 이 일은 일본 공사관에서 진행된 사실이라고 워싱턴에 계속 보고했고 일본의 만행을 규탄했다. 더 나아가 그는 미국의 전권대사가 되어 한국을 위해서도 일하는 외교관으로 기여했다.

그는 미국의 제26대 시어도어 루즈벨트(1858-1919) 대통령이 한국을 일본식민지로 넘겨주는 일에 반대했다. 그는 "조선은 독특한 영토가 있고, 문화가 있고, 언어가 있다"면서 루즈벨트 대통령과 심하게 다툼을 벌였고 결국 공사직에서 해임되었다. 곧이어 미국은 일본과 1905년 7월 가쓰라 태프트 밀약을 맺어 일본의 조선에 대한 지배권을 허용했다.

알렌은 한국에서 의료 선교 사역(3년)보다는 외교관으로서 활동(18년)이 훨씬 많았다. 그래서 그의 사역에 관한 의견이 분분하지만 의료 선교사로서 제중원을 중심으로 초창기 선교사들의 선교 사역에 많은 도움을 준 최초의 장로교 선교사였던 것을 인정해야 할 것이다. 그는 외교관으로서 열강의 조선을 침략하려는 의도를 간파하고 미국과 우호관계를 두텁게 하는데 이바지했고, 미국 교회가 한국 선교를 할 수 있도록 가교 역할을 했다.

2. 언더우드 - 미국 북장로회 첫 복음 선교사

호러스 G. 언더우드(Horace G. Underwood, 한국 이름 원두우[元杜尤], 1859-1916) 선교사는 1885년 4월 5일 부활절 주일 오후 3시 인천 제물포항에 체로마루호를 타고 들어왔다. 그는 미국 북장로회 소속으로 감리회의 헨리 G. 아펜젤러(Henry G. Appenzeller) 선교사와 함께 들어온 한국 최초의 기독교 복음 선교사였다. 언더우드와 아펜젤

▲ 언더우드 선교사

러는 학생자원운동(Students Volunteer Movement, 약칭: SVM) 집회에 참석해 은혜를 받은 후 세계 선교를 어떻게 할 것인지 의견을 나누던 사이였다. 알버트(Albert) 목사에게 한국에 관한 소식을 접했다. 언더우드는 인도로 가려고 기도 하는 중이었는데 이수정의 편지를 읽은 후 한국으로 선교지를 변경했다.

언더우드는 교제하던 약혼녀와 헤어진 후 태평양을 건너 일본 요코하마를 경유해서 한국으로 왔다. 그는 입국 후 알렌의 청원으로 세워진 한국 최초의 근대식 병원 '제중원'에서 영어를 가르쳤다. 이듬해에는 제중원의 학교에서 물리학과 화학을 가르쳤다.

또한, 1886년 5월 11일 언더우드는 사랑방에서 고아원 형태로 시작해서 1891년 '예수교학당'의 학교를 세웠다. 이것이 지금의 경신중·고등학교의 전신이다. 처음에는 거리에 버려진 고아와 사생아가 대부분이었는데 후에는 가난한 집 아이들도 있었다. 그곳에서 나라의 귀한 일꾼을 배출했는데 그중 대한민국 상해임시정부 부주석이며 파리강화회의에 한국 대표로 참석한 김규식(金奎植) 선생과, 항일 독립 운동가 도산 안창호(安昌鎬) 선생이 있다. 이로써 언더우드는 "교육을 통해 인재를 키워 내는 것만이 가난하고 약한 한국의 미래를 열어가는 길"이라는 신념이 실현되는 것을 보았다.

하지만 당시 한국에서 외국인으로 사는 것은 쉬운 일이 아니었다. 이방인이라는 이유만으로 온갖 소문과 멸시에 시달려야 했기 때문이다. 그러나 언더우드는 좌절하지 않고 왕실과 관계를 돈독히 유지하며 한국에 대한 믿음과 사랑을 포기하지 않았다.

언더우드는 1887년 9월 27일 14명의 신자가 모여 교회를 세웠는데, 만주의 존 로스 선교사를 초청하였다. 이 교회가 장로교 최초의 조직 교회인 새문안교회였다. 언더우드 집의 사랑방에서 시작해서 1년 후 교인이 50여 명이나 되었다. 그 후 전국 각지에 총 21개의 교회가 설립되었다.

1889년 3월 민비의 주치의 릴리아스 S. 호튼(Lillias S. Horton) 선교사와 결혼한 언더우드는, 신혼여행마저도 전도 여행으로 바꾸었다. 복음 전도를 고종이 허락하지 않는다고 알렌이 알려 주자, 그는 병들어 신음하는 시골 백성을 정성껏 치료하는 의료봉사대로 떠나겠다고 했다.

그는 서울에서 출발해 송도, 송천, 평양, 강계, 의주 등의 지방 순회를 하며 600여 명의 환자를 진료했다. 이때에 세례를 받겠다고 모여드는 백여 명을 이끌고 압록강 건너 만주로 가서 33명의 사람들에게 세례를 베풀었다. 이것을 "한국의 요단강 세례"라 한다. 만주까지 가서 세례를 베풀었던 이유는 고종의 명을 어기지 않으면서 목사로서의 성역(聖役)을 감당하기 위함이었다.

1895년 민비가 암살된 을미사변 후 친일 세력에게 감금된 고종의 탈출 계획은 경복궁 동쪽 춘생문에서 친미파, 친러파, 개화파와 친일파 사이의 대립 때문에 실패했다. 이로 인해 신변의 위협을 당한 고종을 안전하게 지키기 위해 언더우드는 존스, 헐버트, 에비슨, 유진벨 선교사들과 협력해 매일 두 사람씩 교대로 권총을 들고 불침번을 섰다.

또한, 언더우드는 한글로 성경 번역하는 작업에 몰두했다. 1895년에 성서번역자회 역(譯)『마가복음』을 간행했다. 또한, 『한국어문법』, 『한영사전』, 『영한사전』 등도 발간했다. 국어학자 최현배 선생은 이를 두고 이렇게 술회했다.

    기독교 덕분에 한글이 살았고 한글 덕분에 기독교가 빨리 전파되었다.

언더우드는 기독교 잡지와 많은 문서를 발간했다. 1897년 간행한 「그리스도 신문」은 각 지역 교회를 위한 신문이었지만, 일반인들을 위한 정보도 함께 제공했다. 이는 한국인보다 한국을 더 사랑한 그였기 때문에 가능했다.

1900년 말 이용익과 김영준 등 친러 보수파는 친미 개화파를 제거하려고 '기독교인 말살 음모' 사건을 꾸몄다. 김영준이 고종의 옥쇄를 훔쳐서 문서를 위조하고 모든 지방 관청에 "국내에 거주하는 선교사와 예수교인들을 10월 10일(양력 12월 1일) 살육하라"는 밀지를 비밀리에 포고했다. 황해도 은율군 향장 조 아무개가 군의 사무를 처리했는데, 은율읍교회 영수 홍성서는 은율군 향장과는 사돈지간이었다. 은율군 향장은 사돈 집이 변을 당한 것을 긍휼히 여겨 홍성서의 백부에게 "화를 면할 방책을 세우라"고 알려 주었다. 이 위급한 사실을 알게 된 홍성서는 아들 명기를 해주에 보내 언더우드에게 알렸다.

▲ 언더우드 선교사가 라틴어로 쓴 전보문

당시 언더우드는 평양에서 선교사 연례회의를 마치고 황해도 지역에서 2개월간 순회 전도에 나섰다. 그는 황해도 곡산과 소래교회와 백령도 중화동 교회를 방문한 후 제물포로 되돌아가기 위해 해주에 왔다.

그는 1900년 11월 19일 친러파 관리가 알아 볼 수 없도록 라틴어로 "모든 현감에게 보낸 비밀 지령, 10월 10일 모든 기독교도를 죽여라"는 전보문을 급하게 써서 파발(擺撥)로 서울의 에비슨 제중원 원장에게 보냈다.

에비슨은 전보문을 영어로 번역해서 알렌 공사에게 전달했다. 알렌은 사건의 비상성과 중대성 때문에 고종을 알현하고 음모 사실을 보고했다. 고종은 "살해 칙령은 조작된 것이며, '외국인과 교도(敎徒)를 보호하라'는 엄준한 칙전"(勅電)을 각 도에 급히 보내서 기독교인 살해 음모는 사전에 저지되었다. 이 음모를 꾸민 이용익과 김영준은 몰락했다. 이 사건은 한국에서 일어난 조직적 반기독교 운동이었다. 언더우드 선교사가 라틴어 전보 한 장으로 기독교인들의 목숨을 구했기 때문에 우리는 이 사건을 "한국의 부림절"이라 부른다.[1]

기독교인과 선교사들을 살해하려는 사탄의 음모가 폭로되어 그 싹이 잘린 사건은 미국 북장로회 해외선교부가 선교사 기도 달력에 11월 한 달 동안 기재해서 한국 선교회를 위한 중보기도 한 결과이기도 했다. 기도 달력에 11월 1일 언더우드 부부, 2일 기퍼드 부부, 3일 무어 부부, 4일 밀러 부부, 5일 빈턴 부부, 6일 에비슨 의사 부부, 7일 도티 양, 8일 엘렌 스트롱 양 등의 순서로 30일 동안 매일 이들을 위해 기도했다.

미국 북장로회가 중보기도할 때 조작된 칙령이 발각되었고 학살 음모가 사전에 방지된 것이다. 미국 교회가 한국과 한국에 있는 선교사들을 위해 기도한 것이 오늘까지 한국 교회를 있게 한 원동력이 되었다.[2] 이런 언더우드의 지혜와 헌신이 한국의 기독교인들을 살렸고 한국이 아시아에

---

1 옥성득, 『다시 쓰는 초대 한국교회사』, 297~310.
2 옥성득, 『다시 쓰는 초대 한국교회사』, 307.

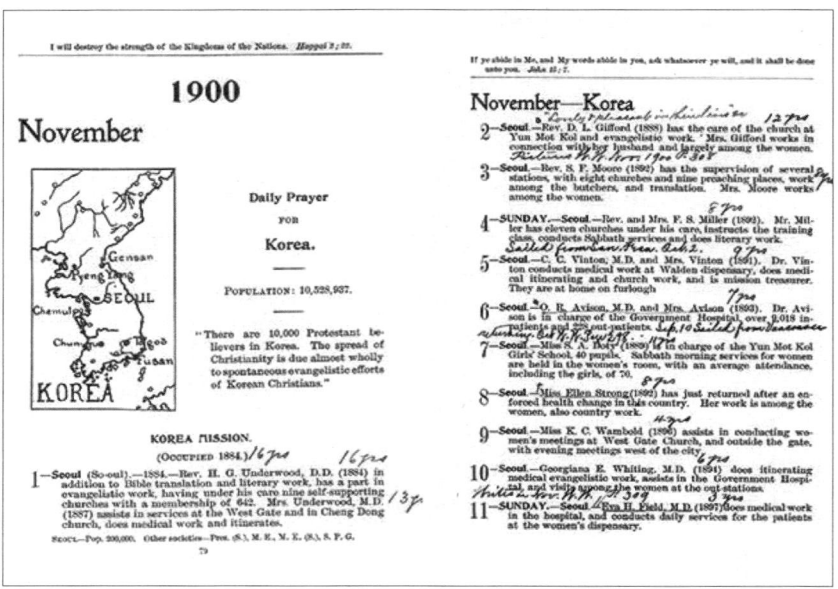

▲ 미국 북장로회 해외선교부 기도 달력

서 기독교 국가로 자리 잡도록 했다.

언더우드는 건강을 챙기지 않고 헌신하다가 결국 병에 걸려 미국으로 안식년을 갔다. 이때도 그는 한국을 위한 모금 활동에 나섰다. 이렇게 모금된 거금 17만 달러는 한국을 위해 사용되었다. 병조차도 언더우드의 지극한 한국 사랑을 막을 수는 없었다. 안식년을 마치고 돌아온 그는 대학교를 세우는 데 박차를 가했다. 그는 자신이 속한 장로회 선교회뿐만 아니라 아펜젤러가 속한 감리교 선교회와 캐나다 선교회의 협력으로 1915년 3월 조선기독교학교(Chosun Christian College)를 개교했다. 이 학교가 1917년 연희전문학교로 바뀌었고, 지금의 연세대학교의 전신이 되었다. 그리고 언더우드는 1916년 10월 12일 하나님의 품에 안겼다.

그는 오직 하나님의 뜻만 바라보며, 가난과 무지 그리고 질병으로 고통

받던 한국을 섬긴 선교사였다. 당시 한국인들은 그를 "넓은 날개"라고 불렀다. 그는 많은 것을 포용할 수 있었기 때문이었다.

언더우드 사후에 그의 아들 원한경 선교사는 연희전문학교 교장으로 봉직했다. 언더우드 3세 리처드 언더우드(원득한), 언더우드 4세 피터 언더우드(원한석)가 대를 이어 연세대학교 재단 이사회 이사를 역임했다.

3. 아펜젤러 - 미국 북감리회 첫 복음 선교사

헨리 G. 아펜젤러(Henry G. Appenzeller, 한국 이름 아편설라[亞篇薛羅], 1858-1902) 선교사는 미국 북감리회 선교부 소속으로 1885년 4월 5일 오후 3시 언더우드 선교사와 함께 한국 제물포에 상륙해서 한국 구원의 첫 발걸음을 내디뎠다.

이때 언더우드와 아펜젤러는 둘이 동시에 제물포에 발을 내디뎠다는 이야기가 전해지고 있는데, 사실은 아펜젤러 부인이 제일 먼저 상륙했다. 아펜젤러는 이렇게 기도했다.

▲ 아펜젤러 선교사

> 우리는 부활절 아침에 이곳에 왔습니다.
> 그날 사망의 권세를 이기신 주께서 이 백성을 얽어맨 결박을 끊으사 하나님의 자녀로서의 자유와 빛을 주시옵소서!

그러나 미국 공사관 대리공사 조지 C. 폴크(George C. Foulk)는 아펜젤러의 부인이 만삭이고 한국 정세도 매우 불안하니 일본으로 되돌아 가서 순산 후에 오라고 권면해서 부부는 며칠 관망하다가 일본으로 되돌아 갔다. 그리고 같은 해 6월 21일 한국에 다시 와서 7월말 서울에 왔다.

아펜젤러는 한국 선교회 창립부터 총무로 봉사하며 서울 주재 외국인 연합교회 목사로 시무했다.

1885년 8월 3일 그는 정동 사택에서 이겸라와 고영필 이 두 학생과 학교를 시작했고, 1886년 6월 8일 조정으로부터 정식으로 배재학당의 설립 인가를 받았다. 같은 해 8월 3일 고종은 '인재를 기르고 배우는 집', '배재학당'(培材學堂)이라는 이름을 친히 지어 주었다. 한국 최초의 신학문 교육기관 배재학당을 세우고 여러 해 동안 교장으로 봉직했다.

1888년에 그는 신학 교육을 시작했고, 1893년에 배재학당에 신학부를 만들었다. 그는 배재학당에서 민족의 미래를 이끌어 갈 인재를 양성했다. 배재학교가 배출한 인재는 대한민국 상해임시정부 초대 대통령과 건국 대통령이 된 이승만, 한글학자 주시경, 시인 김소월, 광복군 총사령관 지청천 등이 있다.

아펜젤러는 1887년 7월 24일 집에서 비밀리에 박중상에게 세례를 베풀었다. 박중상은 최초의 한국 감리교인으로 일본으로 유학을 다녀 온 배재학당 학생이었다. 같은 해 9월 말, 그는 성경 공부를 위해 상동의 초가집을 구입해서 '벧엘'이라 이름을 짓고 예배처소로 삼았다. 같은 해 10월 16일 그는 권서인 최성균의 아내에게 세례를 베풀었는데, 그녀가 세례를 받은 최초의 감리교 여성이었다.

1888년 고종의 예배 중단 칙령에 따라 정동의 아펜젤러의 집에서 이화학당으로 옮겨 남녀가 따로 예배를 드렸다. 그리고 1889년 12월 7일 계삭회(Quarterly Conference)를 구성했는데 이것이 정동제일교회의 시초였다.

아펜젤러는 또한 성경 번역 위원으로 사역했다. 그는 헬라어에 능통했으며, 그래서 성경 번역을 위해 자신의 일생을 바쳤다.

1902년 6월 11일 성경번역위원회에 참석하려고 목포로 가는 구마가와 마루(熊川丸)라는 배를 탔는데, 인천으로 가는 상선 기소가와 마루(木曾川丸)라는 배와 충남 서천 어청도 앞바다에서 충돌했다. 안개가 자욱한 아침에 벌어진 참사였다.

그는 목포로 가는 일행 중에 서기 조한규와 여름방학을 맞은 정신학교의 두 여학생을 부탁 받은 상황이었다. 그가 바람을 쐬기 위해 갑판에 나갔을 때 배가 충돌했고 부탁받은 그들을 구출하기 위해 배 아래층으로 내려갔다. 그런데 배가 침몰해서 그는 익사하고 말았다. 이때 사망한 사람들은 미국인 1명, 일본인 4명, 한국인 14명, 승무원 8명이었다. 선박 충돌로 순직할 때 아펜젤러는 44세였다.

아펜젤러는 원래 일본이 선교지였는데, 개인 사정 때문에 한국이 선교지였던 친구 와즈워드를 대신해서 한국에 오게 되었다. 그리고 그의 마지막도 다른 사람을 구하려다가 다른 사람 대신에 자신의 목숨을 잃었다.

아펜젤러는 한국에 입국해 복음 전파에 헌신한 감리교 목사였다. 그는 다음의 세 가지 동기를 가지고 선교사 일에 임했다.

첫째, 한국인을 감리교인으로 변화시키자.
둘째, 한국 사회를 기독교 가르침으로 변화시키자.
셋째, 한국의 독립과 민주주의 근대화를 이룩하자.

과연 아펜젤러는 한국 기독교의 개척자며, 근대 교육의 선구자 역할을 한 선교사였다.

아펜젤러의 딸 엘리스 아펜젤러는 이화학교 교장으로, 아들 헨리 닷지 아펜젤러는 배재학교 교장으로 오랫동안 근무하며 인재를 양성했다.

4. 윌리엄 스크랜턴 - 미국 북감리회 첫 의료 선교사

▲ 윌리엄 스크랜턴 선교사

윌리엄 B. 스크랜턴(William B. Scranton, 한국 이름 시란돈[施蘭敦], 1856-1922)은 미국 북감리회 선교부의 의료 선교사였다. 그는 개업의이자 의학박사였지만 장티푸스에 두 번이나 걸려 죽을 고비를 넘기고 선교사의 길을 갔다.

1885년 2월 3일 그는 어머니와 부인 그리고 아펜젤러 부부와 함께 한국으로 출발했다. 한국에 도착하기 전 일본 요코하마에 있는 매클레이 선교사 집에서 아펜젤러와 그의 어머니 메리 스크랜턴과 함께 한국 선교 개척에 관한 공식적 첫 모임을 가졌다. 그리고 그는 카이간(해안)교회에서 이수정과 며칠 머물면서 함께 예배를 드렸다. 그리고 그는 이수정이 번역한 성경『신약 마가젼 복음서언해』를 전해 받았다.

그는 박영효로부터 한국어를 배웠다. 1885년 4월 23일 그의 편지에 이렇게 기록하고 있다.

> 나는 한국에서 망명한 사람을 알게 되었는데, 그는 고종 황제의 조카사위인 25세의 박영효였다. 오전에는 그에게 한국어를 배웠고, 오후에는 어머니와 내가 그에게 영어를 가르쳤다.

그는 부녀자들의 입국이 어려운 한국 상황 때문에 어머니와 부인을 일본에 남겨 두고, 그해 4월 28일 제물포에 입항 후 5월 6일 서울에 도착한 최초의 감리교 선교사였다. 그는 처음 6주 동안 알렌을 도와 제중원에서 의료 사역을 했고, 6월 21일 헤론이 도착한 후에 제중원 의료 사역을 사직했다. 그는 선교회 부동산을 매입한 후 그곳에 자신의 가족들과 아펜젤러의 주택을 마련했다.

1885년 9월 10일 미국에서 의료기기들이 도착한 후 정동 집에서 감리회 선교 사업의 일환으로 민간 진료소를 열고 무료로 진료를 시작했다. 1886년 6월 12일 시설을 갖춘 후 병원 이름은 고종(高宗)이 하사(下賜)한 대로 '시병원'(施病院)이라고 했다. 이것은 한국 최초의 현대식 민간 의료 기관이었다. 그는 진료를 하는 틈틈이 한글을 공부해서 한국어로 말도 하고 글도 쓸 줄 아는 몇 안 되는 선교사 중 한 사람이었다.

그리고 그는 1885년 6월 1일 편지에 다음과 같이 썼다.

> 한국에는 긴급 진료와 수술을 받아야 할 환자가 많다. 서양의 의료 기술이 한국의 의료 기술보다 월등하다면 선교 활동에 도움이 될 것이다. 그리고 우리가 침입자가 아니라 한국인들에게 도움이 되는 사람들이라는 걸 알려야 한다.

그는 미국 선교 본부에 의료 혜택을 받지 못하고 죽어 가는 한국의 현실을 부지런히 알리고 도움을 요청했다.

그는 당시 감리교 선교부에 "1년 동안 진료한 환자는 842명이었고, 진료 수입은 불과 34달러 83센트였다"고 보고했다. 그는 하나님이 주신 의술(醫術)로 인술(仁術)을 베풀었다. 그는 진료가 끝난 후에도 계속해서 병

▲ 시병원

원에 남아 환자들에게 예수님의 복음을 전했다.
　그가 육신의 질병뿐만 아니라 영혼의 질병까지도 치료하는 의사라는 증거 두 가지를 살펴보면 다음과 같다.

　첫째, 그는 서울 변두리와 사대문 밖의 가난하고 병든 평민과 천민들을 위한 '선한 사마리아인 병원'의 무료 진료소를 만들 계획을 세웠다. 그래서 그는 1888년 12월 '애오개 시약소'를 서대문 밖 애오개 언덕의 한옥에 마련했다. 그곳은 병들고 소외된 사람을 위한 병원을 세우기에 적합한 곳이었다. 왜냐하면 애오개는 어린아이와 무연고자의 무덤이 많았고, 전염병 환자 진료소인 활인서(活人署)가 있던 곳이기 때문이다. 애오개시약소가 이후 아현교회로 발전했다.
　둘째, 그는 남대문 밖 남산 아래 상인들이 사는 동네에 '상동 시약소'를 세웠다. 그는 정동에 '미국인 의사 병원'이란 간판을 걸고 진료를 시작한 후 병원 교회를 하다가 그곳을 "상동교회"로 이름 짓고 초대 담임목사로 취임했다. 그는 한국말로 설교했고, 〈부활도리가〉와 같은 찬송을 작사하여 부활절에 부르기도 했다.

한편 상동교회에서 17세의 수제자 전덕기와 한 집에서 가족같이 지내며 그가 자신의 조사, 전도사, 제6대 상동교회 담임목사가 되도록 힘썼다.

▲ 전덕기 목사

스크랜턴 선교사와 전덕기 목사의 관계는 1888년 6월 영아소동 사건과 연결된다. 당시 소문에 "서양 사람들이 조선 아이들을 잡아 먹는다"라는 소문이 있었다. 영아소동 사건은 서양 사람들이 핏기가 있는 덜 익힌 스테이크를 붉은 포도주와 함께 먹는 것을 보고 아이들을 유괴해서 죽인다고 착각한 사람들이 외국 선교사들에게 위협을 가한 사건이었다.

이 영아소동 사건 때 시위 군중과 함께 선교사들에게 돌을 던진 사람 중 한 명이 전덕기였다. 그는 스크랜턴 선교사의 집에 요리사로 위장 취업해서 4년 동안 선교사의 동태를 관찰했다.

그런데 전덕기는 스크랜턴 선교사 부부에게 감동을 받았다. 그는 지금까지 받지 못했던 인간적인 대접을 받았다. 스크랜턴은 '하인'인 자신에게도 경어를 사용했고, 식사 때도 가족과 함께 식탁에 앉게 했다. 반상제도(班常制度) 아래에서 모멸감을 느끼고 압제를 받던 그는 선교사 부부에게 그들과 동등한 대접을 받았다. 그는 스크랜턴에게 깊이 감동 받고 세례를 받을 때 이렇게 말했다.

스크랜턴을 만나고 나는 사람인 것을 알았다.

상동교회는 신앙을 바탕으로 애국 운동을 하는 청년들이 모여들었다. 이들을 '상동파'라 했다. 스크랜턴이 후원해서 전덕기가 '엡윗청년회'(Epworth League, 감리회 창시자 요한 웨슬리의 고향 엡윗 이름을 딴 기독교 청년들의 단체, 올바른 모본 '의법(懿法)청년회'로 불림)를 만들었다.

엡윗청년회는 1897년 5월 제13회 미국 감리회가 한국 선교 연회에서 결정한 후 창립된 단체로 상동교회 엡윗청년회는 그해 9월 결성된다. 회장이 전덕기였고, 박용만, 정순만 등이 임원으로, 매주 목요일 오후 7시에 모여서 예배를 드린 후, 시사 토론과 독립 방안을 의논하고 실행했다. 전국에서 3-4천 명이 모였는데 그중에 김구는 황해도 지부장으로 활동했다.

이로 인해 스크랜턴은 끊임없이 일본 통감부 이토 히로부미(伊藤博文)의 압력에 시달렸다. 상동파의 주요 인물은 이회영, 이시영, 주시경, 이동휘, 김구, 이준 등이다. 후일 전덕기(1875-1914) 목사는 105인 사건으로 옥고를 치루고 그 후유증으로 순교했다.

그리고 스크랜턴은 1889년 동대문에 시약소를 열고자 대지와 가옥을 구입했지만 사업이 지체되어 1892년에야 시작하게 되었다. 그는 미국의 L. B. 볼드윈(L. B. Baldwin) 부인이 보내온 선교비로 시약소와 동대문교회 예배당을 세웠다.

또한, 1894년에 그는 정동의 시병원을 남대문 근처 빈민 지역인 상동으로 옮겼다. 1892년 정동의 보구여관과 별개로 볼드윈 시약소를 시작하고, 이후 1912년 현대식 건물을 마련해 '동대문 부인병원', '릴리안 해리스 기념병원'으로 불렀는데, 이 병원이 현재의 '이화여대 동대문병원'으로 이어져 오고 있다. 동료 선교사들은 그를 '선한 사마리아인'이라고 불렀다.

그밖에 그는 한국 감리교회의 감리사로 공주, 수원, 인천, 강화, 해주, 평양, 연변을 오가며 선교, 교육, 의료 활동을 지원하고 감독했다. 한편 한글 성경번역위원회의 위원으로도 사역했다.

그러다가 미국 연합감리교회가 파송한 일본 주재 메리맨 C. 해리스(Merriman C. Harris, 1846-1921) 아시아 감독의 과도한 친일적 행태로 인해 갈등을 겪기도 했다.

▲ 왼쪽부터 해리스 감독, 스크랜턴 선교사

1905년 5월 15일 선교부 본부에 보낸 편지에 이렇게 기록하고 있다.

> 해리스 감독은 너무 지나치게 친일적이다. 한국에 사는 외국인인 우리는 어쩔 수 없이 친일파일 수밖에 없다. 하지만 우리는 먼저 한국 사람들을 동정하고 그들의 입장에서 생각해야 한다.

상동감리교회 청년회의 항일 운동을 지지한 스크랜턴은 청년회를 해산하라고 지시한 친일 감독 해리스 목사와 갈등하다가 어쩔 수 없이 상동청년회를 해산했다. 결국, 1907년 6월 14일 스크랜턴은 한국 선교사의 직분을 사임했다.

그리고 스크랜턴은 정부 병원 대한의원에서 교수로 일했다. 1909년 10월 평생의 동역자였던 어머니 메리 스크랜턴 여사가 소천하자 양화진 외국인 선교사 묘지에 안장했다. 그 후 그는 서울에서 사설 요양원을 운영하면서 노인들을 돌보았고, 1911년에는 운산 금광회사 부속병원에서 광부를 치료했다. 그는 1912년 서울에서 사립 시란돈병원을 개원했고, 그 후에 중국 대련에서 잠시 활동하다가 일본 고베로 건너가 조그만 의원을 세워 외국인 거주자들을 진료하다가 1922년 다음과 같은 유언을 가족들에게 남기고 하나님의 품에 안겼다.

> 죽음은 그저 저 문을 통해 이 방에서 나가 옆방으로 들어가는 것과 같다.

5. 메리 스크랜턴 - 미국 북감리회 첫 여선교사

▲ 메리 스크랜턴 여사

메리 스크랜턴(Mary F. Scranton, 1832-1909)은 미국 기독교 감리교회 선교사이고 윌리엄 스크랜턴의 어머니이다. 그녀는 매클레이 선교사의 선교 보고를 듣고 한국 선교에 관심을 가지게 되었고, 아들 윌리엄 스크랜턴 가족과 함께 입국했다. 당시 한국에 온 여선교사의 평균 연령은 20-30세였는데, 그녀는 53세의 많은 나이였다. 메리 스크랜턴은 한국 최초의 여자 교육 선교사로 하나님은 나이가 많은 그녀를 오히려 귀하게 사용하셨다.

1885년 6월 한국은 정치 상황이 불안정하고 사회 분위기도 위험했지만 그녀는 선교할 소망으로 의욕이 가득했다. 그녀는 연례 선교보고서에 이렇게 썼다

> 인간의 지혜를 뛰어넘는 하나님의 약속을 믿기 때문이다.

▲ 보구여관

당시 여자는 남자 의사에게 몸을 보여서는 안되는 관습 때문에 의료 혜택을 받지 못했다. 1887년 스크랜턴 모자는 한국에 여성전용병원과 여성 의사가 필요한 것을 깨닫고, 한국 최초의 부인병원 보구여관(普救女館)을 정동 시병원 옆에 세웠다.

그녀는 의사 아들이 병원을 세워 의료 선교를 할 때, 학교를 세워 교육 선교를 했다. 1886년 5월 3일 이화학당(지금의 이화여고와 이화여대의 전신임)을 세워 여성을 위한 교육기관을 설립했다. 고종이 '이화학당'이란 이름과 현판을 하사했다. 배꽃을 의미하는 '이화'(梨花)는 순결을 상징했다.

메리 스크랜턴은 이화학당을 세웠지만 학생들이 없어서 어려움을 겪다가 1명으로 시작했다. 당시 일반 여성들은 규방에서 집안일은 배웠지만 정식 기관에서 교육받을 기회가 없었고, 하층민 여성은 매매의 대상이 되기 쉬웠다.

학교에 가면 푸른 눈의 귀신에게 잡혀 먹힌다는 괴담이 돌던 당시 거의 죽어 가던 '주간난'의 어머니를 치료하여 낫게 한 후에 그 어머니를 겨우 설득해 어린 딸을 데려다가 교육했다.

스크랜턴 여사는 소실로 들어가 살다가 버림받은 여인 등 여자로서 인간 대접을 제대로 받지 못한 사람들을 교육했다. 또 남녀내외법에 따라

남자 선생은 여학생들과는 얼굴을 맞댈 수 없어서 스크랜턴 여사는 선생과 학생 사이에 휘장을 쳐서 서로의 모습을 볼 수 없게 했다. 1887년 말 이화학당의 기숙사생은 18명으로 증가했다.

스크랜턴 여사의 활약은 이화학당에서 멈추지 않았다. 당시는 "여자와 어린이는 가르치면 안 된다"라고 할 정도로 한국 여성의 상황이 불평등한 대우를 받는 상태였다. 열악한 상황에서 스크랜턴 여사는 한국 여성들에게 글을 가르쳤고, 생활 환경을 바꾸게 하면서 미국과 같은 여성이 아닌 한국 여성으로 오롯이 성장하도록 돕는 데 목표를 두었다.

그녀의 한국 사랑은 계속되어 매향, 달성, 공옥, 매일 등의 여학교 설립과, 진명, 숙명, 중앙 여학교의 운영을 돕는 등 다양한 모양으로 여성 교육에 힘썼다.

또한, 아현교회, 동대문교회, 상동교회 등 서울의 주요 감리교회를 설립하는 데 협력했다. 복음 전도를 위해 전국 각지를 순회하면서 1909년 하나님의 부르심을 받을 때까지 한국 사랑과 여성 교육을 위해 살았다.

19세기 구한말 남존여비 사상으로 여성 인권이 거의 없던 시절에 메리 스크랜턴 여사를 파송해서 후원한 단체 미국 감리회의 '여성해외선교회'(Women's Foreign Missionary Society, 약칭: WFMS)를 살펴보고자 한다. 미국의 기독교계는 아시아 선교를 위해 여성 선교사가 필요하다는 새로운 인식으로 1869년 이 단체를 자발적으로 조직했다. 여성들이 따로 기금을 모아 독자적으로 아시아 여성을 위한 선교 사역을 시작했다.

"여성은 남성의 보조원이 아니고 독자적 인간이며 남성과 동등한 능력을 지닌 하나님의 피조물"이라는 정신으로 여성을 깨우치도록 했다. 그러한 시대 정신은 남북 전쟁을 겪으면서 남편이나 아들을 전쟁으로 잃게 되자 여성의 역할이 중요하게 부각되었다.

그래서 감리교계에서 '여성들이 여성들을 돕는' 모금과 활동으로 미국 감리회 여성해외선교회를 결성하게 되었다. 당시 53세의 미망인이었던 스크랜턴은 1885년 한국에 첫 발을 내디디며 조선 여성들에게 복음을 통한 영혼 구원과 근대 교육으로 인권을 향상시키는 데 크게 공헌했다.

스크랜턴 여사는 '여성 간호사 학교'를 세워 한국 최초의 간호사 김마르다, 이그레이스를 배출했다. 또한, 1919년 이화여자고등보통학교 학생 유관순은 3·1 독립 만세 운동의 주역이 되었다. 여미례(또는 여매례)는 메리 스크랜턴의 양녀가 되어 후에 전도부인이 되었다. 그녀는 1900년 현재 여선교회의 모체인 '보호여회'를 설립했고, 1906년 평양 '진명여학교'를 설립했고, 1921년에는 충남 세종시 '부강성결교회'를 설립했다.

메리 스크랜턴 여사는 "여자도 사람이다. 여자도 하나님의 사랑을 받는 자녀다. 여자도 하나님 앞에서는 같다"라는 신념으로 평생 교육을 통해 남녀 평등, 기독교 교육 선교, 여성의 인간화의 문을 열어 놓았다.

6. 헤론 - 양화진 외국인 묘지 안장 제1호 선교사

존 H.헤론(John H. Heron, 한국 이름 혜론[蕙論], 1856-1890) 선교사는 1885년 6월 29세에 한국에 들어와 제중원 의사로 일하다가, 1887년 9월부터 제2대 원장으로 재직하는 중 1890년 7월 26일 34세 나이로 전염병을 치료하다가 전염병에 걸려 순직하여 양화진 외국인 선교사 묘지에 제1호로 안장된 선교사다.

▲ 헤론 선교사

그는 1784년 개교한 미국 테네시대학교를 1883년에 가장 우수한 성적으로 졸업했다. 1883년 그는 27세로 의사 시험에 합격했다. 그가 의사시험 준비를 하던 중에 어느 부흥회에 참석해 성령으로 거듭나는 체험을 했다. 그는 기도하는 중에 하나님의 음성을 들었다.

"이제 준비가 끝났으니 땅 끝으로 가라!"

그는 「세계 선교 평론」(The Mission Review of the World)에서 이수정의 한국 선교사 파송 요청 편지를 읽은 후 1884년 4월 선교사로 자원했고, 미국 장로교 최초 한국 선교사로 임명되었다. 당시 그의 소망은 다음과 같다.

> 의약품과 의료기기만 있다면 지금 당장 떠나겠다. 한국에 제일 먼저 도착하는 선교사가 되고 싶다. 나의 사명은 단순히 의학 기술을 시행하는 것이 아니다. 그들을 위해 돌아가신 예수님을 알리기를 소망한다.

그가 한국 선교사로 지원한 후에 모교 의대 교수로 청빙을 받았으나 그는 교수직을 사양했다. 1884년 봄 해티 E. 깁슨(Hattie E. Gibson)과 결혼 후 일본에서 이수정을 만나 한국으로 오기 전에 한국 말을 배웠고 한국 풍속을 익혔다. 그는 1884년 겨울 "한국에 12월 4일 갑신정변이 났으니 다음 연락이 있을 때까지 일본에 머물러 있으라"는 선교부의 전보를 받았다.

그는 일본에 머물러 있다가 1885년 5월 한국에 입국한 윌리엄 스크랜턴의 연락을 받고 1885년 6월 21일 제물포에 도착해 서울 정동의 알렌 집에서 저녁 식사를 했다. 그리고 헤론 선교사 부부, 메리 스크랜턴 여사, 알렌 의사 부부와 함께 한국에서의 첫 주일예배를 드렸다(스크랜턴 부부와 세 자녀는 그날이 도착한 날이라서 예배에 참석하지 못했다).

그는 "그리스도를 위해 한국을 얻는다는 희망이 없다면 나는 이곳에 하루도 살지 않을 것이다"라는 사명감으로 선임 의사 알렌을 도와 제중원에서 의료 선교의 일을 했다. 헤론은 고종의 어의(御醫, 임금을 치료하는 주치의임)이기도 했다. 그는 많은 업무로 과로한 상태가 되어 병이 들었다.

1890년 3월 18일 마펫 선교사는 선교 본부에 이렇게 선교보고서를 보냈다.

> 지금 헤론 선교사는 필요 이상으로 너무 많은 일을 감당하고 있습니다. 과도한 전문 의료 사역 이외에도, 선교부의 거의 모든 일을 감독하고 있습니다. 그래서 그는 결국 과로한 상태에 있습니다. 언더우드가 일본에 있음으로(언더우드 선교사는 1890년 2-4월까지 일본에 있었음) 모든 사람이 헤론 의사에게로 갑니다. 이처럼 그는 매우 많은 문제에 관해 사람들에게 자문을 해 주어야 했습니다.

고종은 헤론 의사가 병이 났다는 소식을 듣고 자신의 여름 별궁 남한산성에서 요양을 하도록 했고 그는 거기서 요양을 하고 왔다. 마침 그가 요양에서 돌아오던 날 30리 밖에 사는 전염병에 걸린 사람의 소식을 들었다. 그는 아직 다 완쾌되지 않아 면역성이 약한 상태에서 말을 타고 가서 진료했는데. 그때 전염되어 이질로 순직하게 되었다.

그는 세상을 떠나기 전, 아내의 손을 잡고 두 딸과 제중원의 모든 한국인 환자들에게 이런 말을 남겼다.

> 예수님은 여러분을 사랑합니다. 주님은 여러분을 위해 생명을 바치셨습니다. 주님을 믿으십시오!

하나님의 사랑으로 한국인을 위해 자신의 목숨을 바친 선교사의 묘비에는 이렇게 쓰여 있다.

하나님의 아들이 나를 사랑하시고, 나를 위해 자신을 주셨다.

7. 에비슨 - 의료 근대화의 기반을 마련한 선교사

▲ 에비슨 선교사

헤론 선교사가 한국에 온 지 5년 만에 소천하자 제중원은 존폐위기를 맞았다. 언더우드 선교사는 헤론을 양화진 땅에 묻은 후 1892년 안식년을 맞아 미국 교회를 돌아다니며 제중원을 책임질 의사 선교사가 꼭 필요하다고 눈물로 호소했다. 이에 올리버 R. 에비슨(Oliver R. Avison, 한국 이름 어비신[漁丕信], 1860-1956)이라는 토론토 의과대학 교수가 반응했다.

에비슨은 세 명의 자녀와 임신한 아내가 있는 상태에서 하나님께 한국에 가고자 기도하는데, "내가 세상 끝날까지 너와 함께 하리라"라는 성령님의 음성을 들었다. 그는 1893년 임신한 아내와 자녀들과 함께 한국으로 출발했고 부산에 잠시 정박해 있는 동안에 넷째 아이가 태어났다.

에비슨은 1893년 11월 1일부터 고종의 어의를 겸해 제중원에서 제4대 원장으로 의료 활동을 시작했다. 그는 먼저 한국 정부와 미국 선교부가 공동으로 운영하던 제중원을 미국 북장로회가 단독으로 운영하도록 정부를 설득했다. 그 결과 제중원에서도 자유로운 선교 활동이 가능해졌는데, 매일 드리는

▲ 세브란스병원

▲ 세브란스의학교 1회 졸업생

아침 예배와 기도회 그리고 주일예배를 병원에서 진행하고, 진료를 기다리는 환자들에게 성경과 소책자 등을 나눠 줄 수 있었다.

1899년 병으로 안식년을 얻어 캐나다에 귀국한 에비슨은 1900년 봄 뉴욕에서 열린 에큐메니컬 선교 대회에서 "한국 의료 선교 업무 협조"라는 주제로 강연했는데, 그의 강연을 들은 미국 클리블랜드의 실업가(實業家) 루이스 H. 세브란스(Louis H. Severance, 1838-1913)가 거액의 돈 4만 5천 달러(현재 화폐 가치로 수천억 원)를 기부하여 1904년 9월 23일 마침내 한국 최초의 현대식 병원 '세브란스병원'을 개원했다.

1900년 한국으로 돌아온 에비슨은 그동안 중단되었던 의료 교육을 재개했다. 에비슨은 김필순, 김희영, 박서양(백정 박성춘의 아들), 신창희, 주현칙, 홍석후, 홍종은 등 7명의 청년에게 엄격한 의학 교육을 시켜 1908년 6월 세브란스의학교 제1회 졸업생을 배출했다. 이는 1907년 한국 최초의 장로교 목사 7명을 양성한 사건만큼 중요했다. 복음-교육-의료를 강조한 선교사들이 또 하나의 굳건한 토대를 형성한 사건이기 때문이다.

한국인의 자립적인 의료 사업을 주장했던 에비슨은 1935년 병원의 운영권을 세브란스의학교의 첫 한국인 교수였던 오긍선(1879-1963)에게

양도했다. 그가 은퇴할 당시 의료 선교사 9명, 한국인 의사 32명이 활동했으며, 그동안 의사 352명과 간호사 165명을 배출해 냈다.

8. 로제타 홀 - 미국 북감리회 의료 여선교사

▲ 로제타 홀 선교사

로제타 S. 홀(Rosetta S. Hall, 1865-1951) 선교사는 미국 최초의 여성을 위한 대학인 마운트홀요크여자신학교를 세운 메리 라이언의 연설문을 읽었다.

인류에 봉사하려면 아무도 가지 않으려는 곳에 가서, 아무도 하려고 하지 않는 일을 하라.

그래서 그녀는 준비해 1890년 10월 25세에 의료 선교사로 한국에 왔다.

그녀는 서울에 와서 보구여관(普救女館)에서 사역했다. 보구여관은 우리나라 최초의 여성병원으로 '널리 여성들을 구하는 집'이란 뜻으로 민비가 이름을 하사했던 곳이다. 이 병원은 1887년 메타 하워드(Meta Howard)라는 여의사가 파견되면서 문을 열었다. 2년 후 그녀가 병으로 귀국한 후 로제타가 후임이 된 곳이다.

로제타는 언어 통역자로 이화학당의 점동(아펜젤러의 집사 김홍택의 딸, 세례 받은 후 에스더라 개명했고, 최초의 한국 여의사가 됨)에게 통역을 시켰다. 그녀의 일기장에 이렇게 적어 놓았다.

나에게만 도움이 되게 하려는 것이 아니라 아이들이 좀 더 폭넓은 삶을 살고 세상에 유익한 사람이 되게 하려 함이며, 그 아이들은 하나님의 사랑 안에서 행복할 거라 믿는다.

그녀는 2년 동안 세심하게 에스더의 신랑감을 모색해서 심성이 좋은 박유산을 신랑감으로 택해 결혼을 주선했다.

그녀가 서울에 온 지 1년 후에 약혼자 윌리엄 제임스 홀(William James Hall, 1860-1894)이 한국으로 부임했다. 1892년 6월 27일 벙커 선교사의 주례로 서울에서 서양식 최초의 결혼식이 거행되었다. 신혼여행에서 돌아오자마자 윌리엄은 감리교의 평양 선교 책임자로 임명되었다. 이때부터 불과 2년 남짓 지속된 두 사람의 결혼 생활은 만남과 헤어짐이 교차하는 시간이었

▲ 윌리엄 제임스 홀 선교사

다. 윌리엄은 평양에서 로제타는 서울에서 사역했다. 그녀의 남편은 평양에서 남산현교회와 병원을 세워 복음을 전했고, 특히 고아들을 돌봐 주었다.

1894년 5월 평양으로 이사갔다가 청일 전쟁 소식을 듣고 가족이 서울로 되돌아 왔다. 청·일 전쟁으로 평양은 전쟁터가 되었고, 그녀의 남편은 콜레라 전염병이 퍼진 가운데 부상자들을 치료하며 복음을 전하다가 발진티푸스에 걸려 서울에 돌아와 순직하게 되었다. 윌리엄 홀은 아내에게 마지막으로 말했다.

나는 주님을 위해 기꺼이 평양에 갔고, 그분께서 그 뜻을 다 헤아려 주실 것입니다(1894년 12월 10일 로제타 홀의 일기에서).

그의 나이 34세였다. 그는 평양 선교의 개척자였고 고아들의 친구였다. 그는 서울 양화진 외국인 선교사 묘역에 안장되었다. 윌리엄 홀 선교사가 평양에서 콜레라를 치료하다가 죽은 일이 한국 선교를 위한 토대를 마련하는 계기가 되었다.

▲ 로제타 홀 가족과 박에스더 부부

로제타는 그때 돌이 갓 지난 아기와 둘째가 태중에 있었다. 남편의 장례를 치룬 후 둘째를 출산하기 위해 미국으로 갔다. 그녀는 귀향길에 박유산, 박에스더 부부를 데리고 갔다. 그리고 박에스더가 미국에서 의학공부를 하도록 도왔다. 1900년 박에스더는 한국 최초의 여의사가 되어 미국 북감리회 여성해외선교회에서 파송한 선교사로 평양에 돌아와 로제타를 도왔을 뿐만 아니라 복음을 전하는 일을 감당했다.

로제타는 두 아이와 함께 다시 평양에 돌아왔다. 그런데 1898년 5월 23일 딸 이디스는 3살에 풍토병으로 엄마의 품을 떠났다. 로제타는 딸 이디스가 죽어 가던 그때를 이렇게 기록했다.

> 체온 41도, 숨이 가쁘고 힘들어 했다. 잠시 후 호흡의 간격이 점점 길어졌다. 눈을 크게 뜨고 엄마를 바라본 채, 작은 영혼이 서서히 떠나갔다. 그렇게 그 아이는 세상에 보내 주신 그분께로 다시 돌아갔다.

당시 한국은 항생제가 없던 때라서 선교사들의 자녀는 2명중 한 명은 죽었다. 로제타는 딸이 죽은 후 일기에 이렇게 적었다.

> 밤이 찾아오면 쓸쓸함도 함께 온다. 간절한 그리움이다. 재잘대던 어린아이의 입맞춤과 작은 손이 없어진 지금, 그 아이가 없는 삶은 너무도 힘겹다. 그러나 우리가 이해하지 못하는 이유로 하나님은 그 아이를 데려가셨으리라 (1900년 1월 18일).

그녀는 자식마저 가슴에 묻은 참담한 마음이었지만, 하나님께서 그녀에게 맡긴 사역을 감당했다.

신앙의 힘으로 선교의 길을 간 로제타는 남편 이름을 따라 '평양기홀병원'을 1897년에 설립하고, 또 딸의 이름을 따라 '평양이디스어린이병원'을 1899년에 설립해 여성들과 연약한 이들을 돌보며 복음을 전했다. 그 외에도 맹인을 위해 점자 교육을 실시했고, 맹인과 농아인을 위한 병원도 열었다. 그리고 1928년에 '경성여자의학강습소'(지금의 고려대학교 의과대학의 전신임)를 세웠다. 로제타는 1933년까지 한국에서 43년간 선교 사역을 했고 "평양의 어머니"라는 칭호를 얻었다.

아들 셔우드 홀(Sherwood Hall, 1893-1991)은 1906년 로버트 하디 목사의 평양 사경회에서 은혜를 받고 선교사의 길을 결단했다. 이모처럼 따르던 박 에스더 의사가 1910년 결핵으로 죽자 결핵을 전공하는 의사가 되고자 하는 마음을 먹었다. 미국

▲ 최초의 크리스마스 씰

으로 건너가 1923년 토론토의과대학을 졸업하고, 1924년 뉴욕 롱아일랜드의 홀츠빌서퍼크결핵요양소에서 결핵을 전공했다. 1925년 8월 미국 감리회 의료 선교사로 임명되어 1926년 4월 19일 부인 메리안 B. 홀(Marian B. Hall)과 함께 내한했다.

그리고 1926년 7월 해주구세병원(Norton Memorial Hospital) 원장으로 부임하고 의창학교 교장직도 겸임했다. 1928년 10월 27일 해주시 왕신리에 폐결핵 퇴치를 위해 한국 최초로 '해주구세요양원'을 설립했다. 결핵치료의 재원을 마련하기 위해 1932년 '크리스마스 씰'을 도입했다. 이후 1940년까지 9회에 걸쳐 크리스마스 씰을 발행했으나, 일본 헌병대에게 전쟁 스파이 혐의로 체포되어 국외로 추방당했다.

그는 인도에서 1941년부터 1963년 은퇴할 때까지 결핵 퇴치에 앞장섰다. 1991년 4월 5일 98세로 소천했다. 그의 유해는 유언에 따라 양화진 외국인 선교사 묘원에 로제타 가족묘에 안장되었다.

9. 사무엘 무어 - 신분 차별 폐지에 공헌한 선교사

사무엘 F. 무어(Samuel F. Moore, 한국 이름 [사무엘]삼열 [무어]모에서 모삼열이라 지어 주었다고 함, 1860-1906) 선교사는 미국 북장로회 소속이고, 무디 목사 부흥 운동에 영향을 받아 1892년 맥코믹신학교를 졸업하던 해 아내 로즈와 함께 8월 16일 출발해 한국에 9월 21일에 왔다.

그는 한국말을 빨리 배우기 위해 의도적으로 서울 정동의 선교사 거주지가 아닌 조그만 한국인 집에서 지냈다. 그는 불과 몇 주일이 못 되어 자기 집 가정부를 신자로 만들었으며, 6개월 후 일상에서 한국어 대화가 가능했

▲ 사무엘 무어 선교사 가족

고, 교회에서 한국말 기도도 할 수 있게 되었다. 그는 서툰 한국어로 서상륜(새문안교회 언더우드 선교사의 조사)과 함께 복음을 전했다. 오전에는 10-30명의 한국인과 교제하며 성경을 가르쳤고 오후에는 서울 거리와 한강 근처 마을을 찾아가 전도했다.

그는 1892년 겨울에 곤당골에서 고아 6명으로 남자 학교를 시작했다. 1893년 3월 19일에 교인 16명과 함께 곤당골에서 첫 공식 예배를 드렸다. 이것이 곤당골교회(나중에 승동교회가 됨)의 시작이었다.

교인이 연말에 43명으로 늘어났다. 그가 한국 땅을 밟은 지 2년 만에 수백 명의 결신자를 세웠고, 1년 동안 귀한 열매로 100명의 성도에게 세례를 베풀었다. 그가 1894년 곤당골교회 부속 기독소학교를 설립해 운영했다. 어느 날 백정 박성춘이 자기 아들 봉출(나중에 서양이란 이름으로 개명함)을 가르쳐 달라는 부탁을 해서 그는 허락했다.

1894년 조선은 청·일 전쟁으로 일반 백성은 제대로 못 먹어 피폐해진 가운데 전염병이 창궐하는 상황이었다. 박성춘은 콜레라 감염으로 사경을 헤매며 죽어 가고 있었다. 아들 박봉출은 무어 선교사에게 눈물로 애원했다.

"아버지를 살려주세요"

이에 무어 선교사는 제중원 에비슨 의사에게 부탁해 직접 그의 집에 함께 찾아가 박성춘을 정성껏 치료했다. 무어와 에비슨 선교사는 수차례 왕진해서 그를 치료했고, 박성춘은 회복되자 사람 취급도 못 받던 백정을 고종 임금을 치료하는 손으로 직접 만지며 치료해 준 것에 감동하여 가족과 함께 예수를 믿게 되었다.

그런데 백정 신분의 박성춘과 그의 가족이 곤당골교회를 다니기 시작하자, 양반 신분의 교인들이 크게 반발했다. 그들은 백정을 교회에 받아들이지 말라고 무어 선교사에게 강력하게 요구했다. 이들은 자신들의 의견을 받아들이지 않으면, 교회를 떠날 수밖에 없다고 협박했다.

그러나 무어 선교사는 "백정도 하나님의 소중한 자녀"라고 말했다. 이에 양반 교인들이 무어 선교사에게 백정들은 뒷자리에 앉도록 해 달라고 요구하자, 무어 선교사는 다음과 같이 말하며 그들의 요구를 거절했다

"주님의 몸된 교회 안에서 어떤 경우에도 그런 차별적 행위를 할 수 없습니다!"

그러자 양반 교인들이 곤당골교회를 떠나 홍문수골교회를 새로 세웠다. 박성춘은 자신 때문에 어려움을 겪는 교회를 위해 백정들을 전도하려고 열심히 다녔으며, 심지어 수원까지 가서 백정들에게 전도한 결과, 많은 백정이 신자가 되었다. 이때부터 사람들은 곤당골교회를 백정교회라 불렀다.

그러던 어느날 곤당골교회에 불이 나서 다 타버리는 사건이 일어났다.

홍문수골교회 성도 중 한 명이 다음과 같은 하나님의 음성을 들었다.

"천국이 양반의 것인줄 아느냐?

천국은 가난한 자의 것이니라."

그가 하나님의 음성을 듣고 죄를 고백하자, 양반 신분 교인들은 먼저 무어 선교사에게 같이 예배 드릴 것을 제안했다. 이에 무어 선교사는 1898년부터 홍문수골교회에서 그들과 함께 예배를 드렸다.

1895년 박성춘은 세례를 받았고, 무어 선교사와 에비슨의 도움을 받아 나라에 신분 제도 철폐에 관한 탄원서를 계속 제출했다. 마침내 갑오개혁을 통해 신분 제도가 철폐되었다.

하지만 신분 제도가 철폐되어도 사람들의 사고가 바뀌지 않자, 박성춘은 무어 선교사의 도움을 받아 머리에 갓을 쓰게 해 달라고 나라에 호소문을 보냈다. 이에 대하여 1895년 6월 6일 다음과 같은 회답을 받았다.

> 온 백성이 다 한결같은 나라 백성인데 어찌 너희들의 염원을 거절할 수 있으며 너희들의 고생을 모른 척 할 수 있겠느냐.

이 회신은 무어 선교사와 박성춘에게 기쁜 소식이었다.

무어 선교사는 당시 "어떤 백정은 매우 좋아서 밤낮으로 갓을 쓰고 있다"라고 술회했다. 무어 선교사의 백정 해방 운동은 성공했다. 그래서 백정들도 백성의 자격으로 비로소 '호적'에 오르게 되고 갓도 쓸 수 있었다. 이에 더 나아가 박성춘은 1898년 3월 제1차 만민공동회에서 정3품의 관리와 만 명의 대중 앞에서 개막 연설을 하기도 했다.

찰스 B. 헌틀리(Charles B. Huntley, 한국 이름 허철선, 1936-2017)와 그의 아내 마르다 헌틀리(Martha Huntley, 한국 이름 허마르다) 선교사는 저서 『새로

▲ 만민공동회

운 시작을 위해』에서 19세기 말에서 20세기 초까지의 초기 한국교회사에 있었던 사무엘 무어 선교사의 계급 철폐를 위한 노력을 "세계를 뒤집어 놓은 사건"이라고 명명하면서 이렇게 기술했다.

> 미국 링컨 대통령에 의해 노예 해방을 얻은 흑인들의 기쁨은 조선 백정들의 기쁨보다 결코 더 크지 않았다.

1900년 무어는 임금 고종에게 복음을 전하려고 알현을 요청하는 "만일 필요하다면 불러 달라"는 편지를 보냈는데, 한국 정부에서 알렌(당시 알렌은 외교관이었음)에게 항의하니까, 알렌은 무어에게 외교적인 문제를 일으킨다고 화를 냈고, 무어 선교사가 사과하는 선에서 마무리가 되었다.

무어 선교사는 '기쁜 소식'이란 나룻배를 타고 다니면서 한강 유역과 경기도와 황해도까지 가서 3년간 복음을 전해 1900년 초에 마포구의 동막교회와 서대문구의 대현교회를 포함하여 25개 예배 처소를 세웠다. 그리고 평양 장로회신학교에서 1학년에게 창세기를, 2학년에게 민수기와 열왕기를 가르쳤고, 3학년에게 영국 역사를 통해 영국 의회주의와 자유 사상을 가르쳤다.

1905년 경인 철도 부설 시에 일본인들이 한국 근로자를 때리고 저임금으로 착취할 때, 근로자들이 무어 선교사에게 찾아와 도와 달라고 한 일도 있었다. 무어 선교사는 약한 자 편에 서서 이타적 삶을 살았다.

무어 선교사는 동료보다 한국인들을 더 가까이하는 태도로 인해 동료 선교사들에게 따돌림을 받아 몹시 고독했고, 신분 제도 폐지 운동에 대해 한국 양반들에게서도 미움을 받았다. 그는 병들고 가난하고 억눌린 사람들과 가까이 지내다가 장티푸스에 전염되어 1906년 12월 22일 소천했다. 양화진 선교사 묘원에 있는 그의 묘비에 이렇게 기록되어 있다.

> 무어 선교사는 예수 그리스도의 헌신된 종이다. 한국인을 사랑한 것이 이타적이었고, 그들을 예수께로 인도하기를 원했다. 저희 수고를 그치고 쉬리니 그 행한 일이 따름이라(계14:13).

무어 선교사가 소천한 후 1911년에 박성춘이 장로로 장립되고, 1915년에는 고종 임금의 친척 이재형이 장로로 장립되었다. 백정 출신의 박 장로와 왕족 출신의 이 장로가 주님의 몸된 교회를 섬기게 된 것이다.

하나님 앞에서 모두가 평등하다는 무어 선교사의 가르침의 열매가 아니겠는가!

10. 마펫 - 한국 교회의 아버지

▲ 마펫 선교사

사무엘 A. 마펫(Samuel A. Moffett, 한국 이름 마포삼열[馬布三悅], 1864-1939) 선교사는 1889년 3월 미국 북장로회 해외선교부에서 한국 선교사로 임명되어 1890년 1월 25일 한국에 도착했다.

그는 미국 하노버대학교 대학원에서 화학을 전공하여 박사 학위를 취득했다. 그런데 그는 보수 정통신학의 요람이자 많은 해외 선교사를 길러낸 맥코믹신학교를 다녔다. 그곳에서 한국 선교사로 1891년 입국한 윌리엄 M. 베어드(William M. Baird, 한국 이름 배위량, 1862-1931)와 1888년 입국한 다니엘 기퍼드(Daniel Gifford, 1861-1900)와 함께 공부했다. 특히 베어드와는 하노버대학에서부터 8년 동안 함께 공부한 절친한 친구였다. 그는 학생자원운동(SVM)에 참여하여 선교사의 삶을 살기로 결단했다.

그는 1889년 겨울에 샌프란시스코를 출발하여 1890년 1월 일본 요코하마에 도착하여 2주간 있으면서 일본에서의 선교 사역을 돌아보게 되었고, 마침 그곳에 나와 있던 언더우드 선교사 내외를 만나 교제하고, 25일 자신의 26번째 생일날에 한국에 도착했다. 그는 한국어를 공부하면서 임시로 언더우드가 시작한 고아원에서 봉사했다.

그는 1890년 3월 18일 미국 북장로회 해외선교부 엘린우드 총무에게 보낸 선교보고서에 이렇게 썼다.

고아원 사역이 어릴 때부터 기독교적 신앙으로 깊은 인상을 받아서 여기서의 현재 일꾼들을 양육하는 가장 효과적 방법 가운데 하나가 될 것 같습니다.

같은 해 6월과 1893년에는 장로교연례회의 의장으로 피선되어 활동했다. 그는 1890년 8월부터 1893년 11월까지 10만 킬로미터 이상을 11차례에 걸쳐 한국과 만주 지역을 전도 여행하면서 한국인과 한국 문화를 깊이 이해하게 되었고, 마침내 선교사들의 거주가 자유롭지 않은 평양에 선교 지부를 개척했다.

그는 1890년 6월 중국에서 40년간 선교한 네비우스 부부가 서울에 와서 20대 청년 선교사들에게 선교 경험을 말하고 선교 방법을 가르치는 것을 들었다. 1890년 7월 24일 선교 본부에 이렇게 보고서를 보냈다.

평양에 누가 가든 거기에 가는 사람은 우리가 서울에서 누리는 것보다는 쾌적하지 않은 거처와 더 불편한 환경에 적응해야만 할 것입니다. 평양은 로스 선교사와 권서인들의 사역이 대부분 펼쳐지고 있는 지역이기 때문에 새 선교 지부 개척 후보지로는 가장 유명한 지역입니다.

그는 그해 8월 황해도 개성, 황주를 거쳐 평양, 의주로 전도 여행을 떠났다. 이때 황주에서 홍수로 불어난 물에 몸이 떠내려가 목숨의 위협을 느끼는 일이 있었다. 그리고 그는 평양에 2주간 체류하게 되는데, 거기서 한국인 조사 한석진과 함께 한 여관에서 놀라운 경험을 하게 된다. 사방 벽면 가득 도배된 벽지에서 '야소'(耶蘇)라는 낯익은 글자를 발견했다. 야소는 예수의 한자음이었다. 한 장 한 장 찢긴 성경 말씀이 여관방 벽면을 가득 채우고 있었다.

그것은 1866년 대동강 쑥섬 부근에서 순교한 토마스 선교사가 전했던 한문 성경이 평양 여관에 붙여져서, 이 전도자들을 기다리고 있던 것이었다.

이 또한 하나님의 섭리가 아니겠는가!

이 여관집 주인 최치량은 후일 마펫 선교사가 세운 널다리교회의 교인으로 첫 세례자 중 한사람이었다. 1894년 5월 10일 '평양 기독교인 박해 사건'이 일어났을 때, 최치량은 체포되어 평양 감사 앞에서 심문을 받았으나 자신은 예수를 믿은 후에 새 삶을 살게 되었다고 했다. 그는 몇 번 위협을 받은 뒤 서양인과 그들의 종교와 더 이상 상관하지 말라는 경고를 받고 방면되었다.

그리고 기독교인 박해 사건 때 장로교인 한석진 조사와 감리교인 김창식 조사가 모진 고문을 받고 풀려나지 못했을 때, 마펫 선교사는 말을 타고 서울에 있는 언더우드 선교사를 만나 구조 요청을 했다. 언더우드 선교사는 고종을 알현하여 "평양 감사의 기독교인 박해를 중단하라"는 왕의 친서를 받았다. 마펫 선교사는 이 친서를 전달 받아 평양 감사에게 전해 줌으로써 구금된 사람들이 석방되었다.

1893년에 평양에서 마펫 선교사는 포도청 포졸 이기풍에게 돌팔매질을 당하기도 했는데, 후일 제주도에 첫 선교사로 간 이기풍 역시 동일한 일을 당했다. 그는 1890-1893년까지 고아원에서 언더우드 학당, 예수교 학당, 존 디웰스 학교, 경신학교에서 사역했다.

1893년 5월 평양에서 널다리(판동 板洞)에 초가 한 채를 장만하여 첫 예배를 드렸다. 1894년 1월 7일 7명의 신자에게 세례를 주고 평양에 널다리교회를 설립했다. 1894년 7월에 일어난 청·일 전쟁으로 전쟁터가 된 평양에서 그는 외국인들이 다 떠난 뒤에도 홀로 남아 평양 백성들을 돌보았다. 그는 1894년 8월 중순 서울로 갔다가 10월 1일 다시 평양으로 돌아왔다.

그는 1895년 9월초 말라리아에 걸려 사경을 헤매기도 했다. 이런 일들로 인해 평양 사람들이 교회로 몰려들어 교세가 크게 성장했다. 1866년 병인양요 때 중군(中軍)으로 활약했고 토마스 선교사가 순교할 때 그 자리에 있었던 박춘권이 1899년 세례를 받으면서 교인이 급증해서 새 예배당을 건축했다.

한국인들의 헌금액 5,000여 원과 선교사 보조금 수천 원으로 72칸의 예배당을 건축하여 1901년에 준공했다. 교회 출석자가 1,000명에서 1,600명으로 늘었다. 장대현(장대재)교회로 이름을 변경했다. 이 장대현 교회가 바로 1907년 평양 대부흥 운동의 발상지이다. 그는 교회를 건축하면서 이렇게 말했다.

선교사의 신앙이 아니라 우리의 신앙이요, 선교사의 교회가 아니라 우리의 교회이다.

▲ 장대현교회

마펫 선교사는 한국 교회의 미래가 교육에 있다고 믿었다. 1901년 한국인 교역자의 필요성을 느껴 자신의 사랑방에서 평양신학교로 시작해 장로회신학교로 발전했고, 또 숭실전문학교, 숭실중학, 숭의여학교를 세우는 데 협력했다. 대표적으로 조만식, 윤동주, 차이석, 이재, 박현숙, 김경희 등 민족지도자들이 이 학교 출신들이다.

1919년 3·1 운동 때는 마펫의 집에서 태극기를 만들고 독립 선언문을 등사했고, 독립신보를 발행하도록 했고, 보호해 주다가 체포되어 평양경찰서에 구금되기도 했다. 3·1 운동 민족 대표 33명 중 양전백, 길선주, 유여대, 이승훈, 김병조 등 5인이 마펫의 제자들이었다.

3·1 운동이 끝난 후 상해임시정부와 연결되는 독립 운동은 서북 지역 기독교인들이 주도해 나갔다. 같은 해 11월 6일 밤에 비밀결사 대한독립청년단 박승명 총무를 포함하여 6-7명이 마펫의 집에서 비밀회의를 했다. 3·1 운동 후 평안도를 중심으로 활동한 독립 운동 대표자는 안창호, 김구, 이명룡, 이회영 등이다.

1932년부터는 일본 총독부가 신사 참배를 집요하게 강요했으나, 이에 대해 학교 폐쇄와 선교사들의 강제추방령을 감수해 가면서까지 강경하게 반대했다.

1934년 마펫 선교사의 퇴임식에서 레이놀즈 2세는 이렇게 말했다.

> 교과과정에서 성경을 뺀다면 미션학교들을 인가해 주겠다는 요구에 '돌벽처럼 굳건히 버텼고, 돌벽처럼 영광스런 승리'를 쟁취했다.

이런 마펫은 통치하는 일본 입장에서 골치 아픈 인물이었다. 그리하여 마침내 마펫을 암살하려는 일본 정부의 모의 계획이 있었으나, 일본 기독교인 고위 관리의 아내가 미리 이 사실을 마펫에게 알렸고, 마펫은 이 소식을 듣고서도 두려워하지 않았으나, 한국 교회는 심각하게 받아들이고 그를 한국에서 떠나게 하여 그는 아내와 자녀들에게 작별인사도 못하고 떠났다. 그는 몸이 마비되는 병이 들어 치료를 위해 가는 것처럼 하여 1936년 미국으로 간 것이다.

그는 처가가 있는 캘리포니아주 몬로비아에 지인이 내준 차고를 개조한 집에서 지병을 앓다가 한국 장로교회의 신사 참배 결의 소식을 듣고 얼마 안 되어 1939년 10월 24일 소천했다.

마펫 소천 후 그가 살던 집에서 한국행 승선 배표 1장이 발견되었는데, 이것은 그가 죽기 전까지 얼마나 한국을 그리워 했는지 여실히 알려 주고 있다. 그는 한국에서 46년간 사역하면서 1,000여 개의 교회와 300개의 학교를 세웠고, 800여 명의 목사를 양성했다. 그는 "한국 교회의 아버지"라 일컬어지고 있다.

마펫은 다섯 명의 자녀가 있는데, 그 가운데 셋째 아들 사무엘 휴 마펫 (Samuel Hugh Moffet, 한국 이름 마삼락, 1916-2015) 교수는 장신대학교에서 봉직했고, 넷째 아들 하워드 F. 마펫(Howard F. Moffet, 한국 이름 마포화열, 1917-2013)은 계명대학교 동산의료원에서 의료 사역을 함으로써 대를 이어 한국을 섬겼다.

제6장

기독교 선교 활동의 진전

　우리나라에 들어와 활동한 외국 선교사들은 미국 북장로회, 북감리회, 영국 성공회, 호주 빅토리아 장로회, 미국 남장로회, 캐나다 장로회, 침례교, 미국 남감리회, 동양선교회, 영국 구세군에서 파송된 이들이었다. 1884년부터 1945년 8·15해방 때까지 선교사 1,529 명이 입국했는데 그 가운데 1,114 명이 여성이었다.

1. 미국 북장로회 선교사

　미국 북장로회 해외선교부의 호러스 N. 알렌(Horace N. Allen)은 1884년 9월, 호러스 G. 언더우드(Horace G. Underwood)는 1885년 4월, 존 H. 헤론(John H. Heron) 부부는 1885년 6월, 간호사인 애니 J. 앨러즈(Annie J. Ellers) 양은 1886년 7월, 릴리아스 S. 호튼(Lillias S. Horton) 양은 1888년 3월, 메리 헤이든(Marry Hayden) 양과 찰스 파워(Charles Power)는 1888년 9월, 다니엘 L. 기퍼드(Daniel L. Gifford)는 1888년 10월, 윌리엄 가드너(William Gardner)

목사와 여동생 사라 가드너(Sarah Gardner) 양은 1889년 2월, 사무엘 A. 마펫(Samuel A. Moffet)과 수잔 A. 도티(Susan A. Doty) 양이 1890년 1월, 윌리엄 M. 베어드(William M. Baird)는 1891년 1월에 내한한 선교사들이다.

제임스 S. 게일(James S. Gale)은 원래 캐나다 토론토대학 YMCA선교부에서 파송했으나 1891년 1월 미국 북장로회 선교부로 이적하여 활동했다. 사무엘 F. 무어(Samuel F. Moore)는 1892년에, 제임스 에드워드 아담스(James E. Adams)는 1895년, 찰스 A. 클라크(Charles A. Clark)는 1902년에 내한했다.

이후에도 미국 북장로회 선교부는 지속적으로 선교사를 파송했다.

2. 미국 북감리회 선교사

미국 북감리회 해외선교부와 여성 해외선교부의 헨리 G. 아펜젤러(Henry G. Appenzeller) 부부는 1885년 4월, 윌리엄 B. 스크랜턴(William B. Scranton)은 1885년 5월, 어머니 메리 스크랜턴 부인과 아내 루이자 스크랜턴은 1885년 6월, 조지 H. 존스(Jeorge H. Jones)는 1887년 5월, 루이스 C. 로스와일러(Louise C. Rothweiler)와 메타 하워드(Meta Howard)는 1887년 10월, 프랭클린 올링거(Franklin Ohlinger) 부부는 1887년 12월, 윌리엄 B. 맥길(William B. McGill) 의사 부부는 1889년 8월, 로제타 홀(Rosetta S. Hall)은 1890년, 윌리엄 J. 홀(William J. Hall)은 1891년에 내한하여 복음, 교육, 의료 사역을 했다.

이후에도 미국 북감리회 해외선교부에서도 지속적으로 선교사를 파송했다.

3. 성공회 선교사

▲ 고요한 주교

한국 최초의 의료 선교사 알렌이 1884년 9월에 입국하여 각국 공사관 부속 의사로 신분이 보장되면서 가족을 데리러 상해로 갔다가 돌아오는 길에 영국 성공회 선교사 존 R. 월푸(John R. Wolfe)와 함께 왔다.

1885년 월푸가 2명의 선교단을 구성해 부산에서 2년간 선교 활동을 한 적이 있지만, 영국의 켄터베리 대주교 E. W. 벤슨(E. W. Benson)이 영국 해군 군종신부 고요한(C. J. Corfe, 1843-1921) 주교를 보냄으로써 본격적으로 한국 선교가 시작되었다.

고요한은 1891년 3월 서울 충무로에 선교 본부 '부활의 집'을 축성했고, 1891년 우리나라 두 번째 영한사전을 발간했으며, 1893년 강화도 선교를 시작했다. 또한, 언더우드, 게일과 함께 성경 번역 사역에도 참여했다.

4. 호주 빅토리아 선교사

월푸 선교사의 호소에 반응한 호주 빅토리아장로회가 파송한 조셉 헨리 데이비스(Joseph Henry Davies, 한국 이름 덕배시[德倍時], 1856-1890)와 누이 메리 데이비스(Mary Davies)는 1889년 8월 21일 호주를 출발하여 10월

2일 부산에 도착했다. 조셉 데이비스는 본래 인도 선교사였으나 건강 관계로 호주로 되돌아와 멜버른에 코필드문법학교(Caufield Grammar School)를 설립해 교장에 취임했다. 1888년까지 8년 재직하는 동안 코필드문법학교는 명문 사립학교로 발전했다.

1889년에는 「국내·외 선교」(The Missionary at Home and Abroad)에 발표된 중국 월푸(John R. Wolfe) 선교사의 편지를 읽고 한국 선교사로

▲ 조셉 헨리 데이비스 선교사

자원했다. 1889년 8월 5일 목사 안수를 받았고, 빅토리아 장로회 청년연합회의 후원으로 8월 21일 멜버른을 떠나 10월 2일 한국에 왔다. 서울에서 약 5개월간 머물며 한국어를 배웠다. 서울에는 이미 선교사가 내한해 활동하고 있어서 부산으로 가 사역하기로 결심했다.

그는 1890년 3월 14일에 누이를 서울에 남겨둔 채 어학 선생과 하인 그리고 매서할 문서와 약간의 약품 등을 준비해 서울을 떠났다. 수원, 공주, 남원 등을 거쳐 하동까지 갔고, 다시 부산으로 향했다. 약 20일의 전도 여행 길에 추위와 과로 그리고 입에 맞지 않는 음식과 불편한 잠자리 등으로 면역성이 약화된 상태에서 천연두에 감염되고 폐렴에 걸려 부산에 도착한 지 하루 만에 게일(James S. Gale, 한국 이름 기일[奇一], 1863-1937) 선교사의 집에서 1890년 4월 5일 소천했다.

데이비스 선교사의 갑작스런 죽음이 호주 교회의 한국 선교에 대한 새로운 관심을 불러 일으켰다. 1891년 10월 맥케이(James H. Mackay) 선교사 부부, 멘지스(Miss Isabella Menzies), 페리(Miss Jeanie Perry), 퍼셋(Miss Mary Fawcett) 선교사가 한국에 들어왔다. 호주 선교부는 부산, 경남 지방을 중심으로 선

교 운동에 착수했다.

또한, 장로교여전도회연합회(Presbyterian Women's Missionary Union, 약칭: PWMU)는 1900년대를 지나면서 한국을 호주 장로교회의 가장 중요한 선교지역으로 여겼다. 이후 126명의 호주 선교사가 한국에서 선교 사역을 했다.

5. 미국 남장로교회 선교사

1891년 10월 언더우드 선교사는 첫 안식년으로 귀국해 내쉬빌에 모인 외국선교신학교연맹(The Inter Seminary Missionary Alliance)에서 한국 선교에 대해 호소했다. 또 이때에 갑신정변의 주동자 김옥균과의 친분으로 친일파로 몰려 미국에 유학 중인 윤치호도 여기에서 한국 선교에 대해 호소했다.

이에 맥코믹신학교의 루이스 B. 테이트(Lewis B. Tate, 한국 이름 최의덕[崔義德], 1862-1929)와 리치몬드 유니온신학교의 카메론 존슨(Cameron Johnson)과 윌리엄 D. 레이놀즈(William D. Reynolds, 한국 이름 이눌서[李訥瑞], 1867-1951) 그리고 윌리엄 M. 전킨(William M. Junkin, 한국 이름 전위렴[全緯廉], 1865-1908)이 한국 선교를 지원했으나, 남장로회 외지선교부는 "한국 땅에 파송할 계획이 전혀 없다"는 회답으로 거절했다.

이에 그들은 실망하지 않고 매일 오후 3시 학교 기숙사 방문을 잠그고 "한국 선교의 길을 열어주세요"라고 기도했다. 언더우드를 초청해 버지니아주, 노스캐롤라이나주, 테네시주의 여러 유력한 교회를 찾아 호소도 하고 교회 기관지에 글도 썼다.

전킨과 레이놀즈는 1892년 2월호 「세계 선교 평론」에서 "왜 우리는 한국에 가기를 원하는가?"라는 글을 쓰면서, 한국 선교의 당위성을 다음과 같이 주장했다.

> 왕실에서 새 종교에 호의를 가지고 있고, 기독교를 대항할 만한 강력한 조직체를 가진 종교가 없고, 급진적 선교의 성과에 비해 현지 선교사 수가 모자랄 뿐 더러 선교를 처음 시작한 이들이 장로교인들인데 그들과의 협조가 손쉬울 것이다.

마침내 선교부는 1892년 초 실행위원회에서 한국 선교를 위해 테이트, 전킨, 레이놀즈를 선교사로 임명하기로 의결했고 실행했다. 이 외에 매티 테이트(Miss Mattie Tate, 한국 이름 최마태), 린니 데이비스(Miss Linnie Davis), 팻시 볼링(Miss Patsy Bolling), 메리 레이번(Mary Leyburn, 전킨의 아내임)도 합세했다. 1892년 10월 2일 린니 데이비스 선교사가 서울에 도착했고, 11월 3일 다른 선교사들이 제물포항을 통해 서울에 들어왔다. 이들은 서울에서 어학을 익힌 후 충청도, 전라도 지역을 선교지로 정하고 일했다.

테이트 선교사는 전킨과 잉골드 선교사 등과 함께 전주로 와서 선교 기지를 만들었다. 당시 전주 지역은 동학농민 운동으로 위험한 지역이었다. 그는 전주 서문교회, 김

▲ 남장로교회 선교사 7인
(12시 방향부터 시계 방향으로 이눌서, 최마태, 최의덕, 데이비스, 전위렴, 이눌서 부인[팻시 볼링], 전위렴 부인)

제 금산교회 등 78개 교회를 세웠고 신흥학교, 전주 기전여학교 등 학교를 세워 복음을 전했다.

그는 정읍으로 가는 길에 김제교회를 세워 조덕삼, 이자익과 함께 선교 활동을 했다. 그의 아내 잉골드 선교사는 사람들을 진료하다가 서양식 사립 병원 '전주예수병원'을 세웠다. 테이트 선교사는 1925년 심장병이 악화되어 33년의 한국 선교를 마치고 귀국해서도, 미국 각처를 순회하며 수많은 젊은이에게 한국 선교 헌신을 호소한 선교사이다.

전킨 선교사는 1893년 9월 테이트와 함께 말을 타고 전주에 처음 방문했고, 1894년 동학난으로 서울로 철수했다가 1895년 3월 군산에서 전도활동을 재개했다. 1896년 2월에 50달러를 주고 주택을 구입해서 군산으로 이사했고, 그해 11월 자신의 집에서 교회 설립의 터전을 마련했다. 배를 타고 금강과 만경강을 오르내리며 전도해서 1897년 교인이 40명 정도 되었다.

1898년 구암교회를 세웠고, 아내 메리 레이번은 안방에서 여학생을 모아 교육한 것이 멜볼딘여학교 즉 지금의 군산영광여자고등학교가 되었다. 그는 사역 중에 자녀 셋을 잃고 자신도 1908년 1월 2일 장티푸스에 걸려 폐렴으로 전주에서 숨을 거두었다.

레이놀즈 선교사는 1895년 성경번역위원회 남장로회 대표로 선임되면서, 성경을 한글로 번역하는 일에 매진했다. 성경 번역에 그의 한국어 선생 김필수의 역할이 컸다. 그리고 1902년 아펜젤러 선교사가 성경 번역 모임에 참석하기 위해 목포로 가던 중에 선박 충돌사고로 순직하자 성경번역위원회가 해체되었다. 이로 인하여 레이놀즈, 이승두, 김정삼 등이 구약 번역 위원으로 임명되어 번역이 활발하게 진행되었다.

히브리어에 능통했던 레이놀즈는 1910년 구약성경의 번역과 1938년 『개역 성경전서』를 간행할 때도 알렉산더 A. 피터스(Alexander A. Pieters, 한국 이름

피득[皮得], 1871-1958) 선교사와 함께 구약성경 번역에 지대한 역할을 했다. 그는 전주서문교회의 담임목회와 평양 장로회신학교 교수 그리고 신학교 교수들의 논문을 출판하는「신학지남」의 편집인으로 일했다.

제2진으로 유진 벨(Eugene Bell, 한국 이름 배유지[裵裕祉], 1868-1925)은 1895년에, 클레

▲ 유진 벨 선교사

멘트 C. 오웬(Clement C. Owen, 한국 이름 오기원[吳基元], 1867-1909)은 1898년에 내한했다. 유진벨 선교사는 사위 윌리엄 린튼(William Linton, 1891-1960), 외손자 휴 M. 린튼(Hugh M. Linton, 1926-1984) 그리고 외증손자 스티븐 W. 린튼(Stephen W. Linton) 선교사에 이르기까지 4대에 걸쳐 한국 선교를 하고 있다.

6. 캐나다 선교사

캐나다 선교사로 한국에 처음 들어온 이는 윌리엄 J. 맥켄지(William J. Mckenzie, 1861-1895)이다. 그는 한국 선교를 지원했으나 거절당하자 1893년 12월 자비량으로 한국에 왔다.

그는 서울에 약 두 달 정도 머물면서 한국말과 풍습을 배웠고 다음 해 2월 3일 황해도 장연군 소래에서 한국인과 같은 방식으로 생활했다. '소래' 사람처럼 먹고 마시며 토담집에서 살고, 그들에게 동화되려고 그들을 위한 철저한 헌신 속에서 낮은 곳으로 행하는 선교의 사명을 수행했다. 그는 우편물 관계로 서울을 왕래한 것 외에는 소래에서 전도에 열중했다.

이런 그를 소래 사람들은 좋아하고 존경했다.

그는 1894년 동학난에 이어 청·일 전쟁으로 일본의 앞잡이로 의심받아 목숨의 위협을 느낀 때도 있었으나 동학교 친구였던 서경조의 도움을 받아 위기를 넘겼다. 또한, 그의 너그러운 마음씨, 이해성 있는 공정한 태도, 그리고 그의 훌륭한 신앙인다운 생활은 심지어 동학교도들도 감복시켰다. 다른 종교와 구별하기 위해 그가 처음으로 예수의 깃발로 하얀색 바탕의 성 조지(St. Jeorge) 십자가(十字架) 깃발을 달았는데, 깃발이 펄럭일 때 찬송가 〈주 예수 이름 높이어〉를 불렀다고 한다.[1] 그때부터 십자가는 교회의 상징이 되었다.

그러나 그는 안타깝게도 여러 가지 풍토적 차이로 인해 고생을 했다. 소래에 학교를 세운 후 소래교회를 세우기 위해 일하다가 1년여 만에 일사병에 걸려 고열로 신음했고, 정신착란증에 빠져 1895년 6월 권총 오발로 자살했다. 그가 6월 22일에 쓴 일기는 다음과 같다.

> 이대로 죽어서는 안 된다는 생각이 든다. 한국을 위해서라도, 그리고 내가 한국인과 같은 방식으로 살다가 죽었다는 소리를 듣지 않기 위해서라도 … 뜨거운 햇볕을 받으면서 여행을 감행하고, 밤늦게 차가운 이슬을 맞으며 밖에서 이야기한 것 등이 내 실수였다.

그의 안타까운 죽음은 캐나다 교회에 큰 충격을 주었다. 1898년 9월에 로버트 G. 그리어슨 박사(Dr. Robert G. Grierson, 한국 이름 구례선, 1868-1965), 윌리엄 R. 푸트 목사(Rev. William R. Foote, 한국 이름 부두일, 1869-1930)가 한

---

[1] 옥성득, 『마포삼열 자료집 1』 (서울: 새물결플러스, 2017), 585.

국에 선교사로 들어왔다. 그리고 맥켄지의 약혼녀 루이스 H. 맥컬리(Louise H. McCully, 한국 이름 이부인, 1864-1945)는 1897년 중국 선교사로 파송되었다가 1900년 의화단사건으로 우리나라에 들어올 때에, 일본 요코하마에서 결혼한 던칸 M. 맥래(Duncan M. Mcrae, 한국 이름 마구례, 1868~1949) 부부와 함께 입국했다. 루이스 맥컬리가 1903년 원산에서 화이트 선교사와 함께 기도회로 모인 것이 원산 부흥 운동의 시발점이 되었다.

캐나다 선교부는 맥켄지 선교사가 죽은 후 3년 동안 황해도 소래 지역을 관할하다가 포기하고 함경도를 선교지로 삼았다.

7. 침례교 선교사

1889년 말콤 C. 펜윅(Malcolm C. Fenwick, 한국 이름 편위익, 1863-1935)은 평신도 독립 선교사로 내한한 침례교 선교사이다. 그는 집이 가난해서 고등 교육을 받지 못했지만, 나이아가라 성경 강습회, 무디 목사의 부흥 운동, 학생 자원운동(SVM), 세대주의의 영향을 받았다.

그는 서울에서 한국어를 배웠다. 약 10개월간 공부를 하다가 한국 사람 속으로 들어가지 않고

▲ 펜윅 선교사

어학을 배운다는 것이 무척 어렵다는 것을 깨달았다. 그는 서양 사람이 없는 황해도 소래에서 약 1년간 서경조 집에 머물면서 한국어를 배우며 한복을 입고 갓을 쓰고 다니면서 전도했다. 그러나 펜윅은 불같은 자신의 성품과 선교사로서의 자질에 많은 부족함을 느꼈다.

펜윅은 1893년 캐나다로 돌아간 후 3년간 보스턴 선교훈련학교에서 훈련을 받으며 준비하는 데 많은 시간을 보냈다. 그는 선교사로 한국에 다시 오기 위해 목사 안수를 받고, 본국에 체류하는 동안 '한국순회선교회'를 조직했다. 1896년 한국에 돌아와서 원산을 중심으로 선교를 펼쳤다. 그는 개성 호수돈여학교에서 사역하고 있던 미국 남감리회 하인즈 선교사와 결혼해 원산에서 과수 농사를 하면서, 성경 공부반을 조직하여 전도 활동을 했다.

한편 미국 보스턴의 클라렌든스트리트침례교회의 엘라씽기념선교회에서 1895년 E. C. 포올링(E. C. Pauling) 목사와 A. G. 가데린(A. G. Gadeline) 양을 한국에 파송했고, 1896년 두 번째로 F. W. 스테드맨(F. W. Steadman) 목사, 새디 에클스(Sadie Ackles), 아마 엘머(Arma Ellmer) 등을 파송했다. 포올링 선교사 일행은 서울을 기점으로 금강 하류로부터 강경과 공주 지역으로 오르내리면서 복음을 전했다. 그 결과 한국 침례회 최초로 강경교회를 설립했다. 포올링은 1899년 1월 11일 아들이 사망한 후, 재정적 문제와 전도의 미진함 등으로 선교사직을 사임하고 미국으로 돌아갔다.

그리하여 펜윅 선교사는 1901년 충청남도 공주, 강경의 엘라씽기념선교회 사업을 인수하는 등 사역을 확장해 나갔다. 그는 1903년 자신이 훈련한 신명균에게 공주성경학원을 맡겼다. 그는 2년 동안 12개 교회를 개척한 신명균의 활약을 보고 토착 선교의 중요성을 몸소 깨달았다. 그는 1905년 신명균을 목사로 세우고, 신명균 목사는 다시 손필환, 장석천을 지도자로 세우게 된다. 그는 선교부를 옮겨 원산을 중심으로 선교 활동을 했다.

펜윅은 1899년에 독자적으로 침례교『복음찬미』를 펴냈다. 거기에는 총 14장의 찬송가가 수록되었는데, 그가 직접 작사한 곡들이며, 어떤 곡은 작곡까지 겸한 찬송가로 동아기독교회(침례교 전신) 전용 찬송가가 되었다. 그는 한국 문화를 사랑해 한복을 입고 한글을 배워 성경을 번역해 1919년 출판한 『신약전서』는 개인이 기록한 최초의 신약성경본이었다. 성경에 등장하는 처녀를 '새각시'로, 서기관을 '선비'로 번역해 한국인이 쉽게 성경을 읽을 수 있도록 했다.

펜윅 선교사는 한국 선교는 한국인 손으로 직접 선교해야 한다는 신념을 가지고 사역했다. 그는 이렇게 주장했다.'고 믿고서 이렇게 주장했다.

> 동양이 서양의 문화에 윤색되는 것은 바람직하지 않다. … 정치적 팽창과 식민지 정책이 맞물려 선교했던 외국 선교사들도 한국 기독교는 한국 문화 위에 서야 한다는 사실을 알아야 한다.

펜윅은 1935년 12월 6일 원산 선교 본부 자택에서 소천했는데, 무덤이 높으면 교만스럽게 보인다며 평토장으로 해 달라고 유언했다.

8. 미국 남감리회 선교사

윤치호(1865-1945)는 미국 남감리회 선교사들이 한국에 들어오는 데 배후 역할을 했다. 그는 갑신정변이 실패하자 김옥균과의 친분관계로 신변의 위협을 느꼈다. 당시 그는 미국 공사 푸트의 통역을 맡고 있었던 때라 푸트가 미국으로 귀국할 때 푸트와 일본을 거쳐 중국 상해까지 동행했다.

▲ 윤치호

푸트가 상해 미국 영사에게 소개장을 써 주어 그의 주선으로 남감리회에서 운영하는 중서서원(中西書院)에 입학하여 공부하면서, 거기서 예수님을 믿고 1887년 4월 3일 세례를 받았다. 1888년 10월 미국으로 떠나 남부 테네시주 내쉬벨 반더벨트대학교 신학부에 들어가 수학하고, 1890년 9월 조지아주 에모리대학에서 영문학을 전공한 후, 1893년 3월 11일에 상해로 돌아오면서 학장 W. A. 캔들러(W. A. Candler)에게 한국 선교를 부탁하는 편지를 썼다.

> 내가 공부하면서 모은 돈 200달러를 보내오니, 이 돈을 기초로 삼아 조선에 기독교 학교를 세워서, 내가 받은 교육과 같은 교육을 우리 동포도 받을 수 있게 해 주세요.

윤치호는 1893년 11월 14일 상해로 건너와서 중서서원에서 교수로 취임했다가 1895년 2월 13일 서울에 돌아왔다. 몇 번이나 상해 중서서원 학장 임낙지(林樂知, Dr. Young J. Allen)와 에모리대학 캔들러 학장에게 한국 선교를 호소했다.

▲ 리드 선교사

드디어 북경에 주재한 남감리회 선교사 E. R. 헨드릭스(E. R. Hendrix)와 클래렌스 F. 리드(Dr. Clarence F. Reid, 한국 이름 이덕[李德], 1849-1915) 목사는 1895년 10월 한국에 입국해 실제 사정을 살핀 후 북경으로 돌아갔다. 1896년에 리드 목사는 한국 선교사로 부임했다. 1897년 1월 리드와 윤치호는 송도에 있는 윤치호의 이모부 (이건혁) 집에 머물렀고, 그의 도움을 받아 송도고등보통학교를 설립했다.

1897년 5월 2일 리드 목사는 고양읍에서 24명의 어른과 3명의 유아에게 세례를 주어 처음으로 중국 지방구로부터 독립해 남감리교회를 설립했다. 이때에 윤치호는 예배당으로 가옥 한 동을 기부했다. 그때로부터 교세는 확장되었다. 그 해 6월 21일 주일에 리드 목사의 사택에서 처음으로 공중 예배를 열고 윤치호가 설교했는데, 이것이 광희문교회의 시작이었다.

윤치호는 미국 남부 지역의 대학에서 유학하는 동안 우리나라 국가인 〈애국가〉를 작사해서, 영국 노래 〈올드 랭 사인〉(Auld Lang Syne, 우리에게는 〈천부여 의지 없어서 손들고 옵니다〉란 찬송곡으로 널리 알려져 있음)의 곡조를 붙였다. 애국가 1절 가사 "동해물과 백두산이 마르고 닳도록 하나님이 보호하사 우리나라 만세"는 미주 한인 사회의 대표적 민족 신문 「국민보」 1953년 5월 20일자에 기사화되어 있다. 후일 애국가는 작사 안창호, 작곡 안익태로 변경되었다.

조세핀 P. 캠블(Josephine P. Campbell) 여선교사는 중국에서 활동하다가 1898년 한국에 입국하여 개화기의 대표적 여성 교육 기관인 캐럴라이나학당(배화학당의 전신)을 설립했다.

9. 동양선교회의 한국 선교

성결교회의 전신 동양선교회(Oriental Missionary Society, 약칭: OMS)의 창설자 찰스 E. 카우만(Charles E. Cowman, 1868-1924)은 본래 전신기사로 일하다가 결혼한 후, 25세에 온전한 회심으로 무디성경학교에서 공부했고,

1901년 아내와 일본에서 나까다 쥬지(中田重治)와 함께 동양선교회를 창립했다. 1902년에 그는 직장 후배 어네스트 A. 킬보른(Ernest A. Kilbourne, 한국 이름 길보륜[吉寶崙], 1865-1928)을 일본으로 초청했다.

킬보른은 1894년 시카고에서 열린 선교 대회에서 무디 목사의 설교를 듣고 선교사의 꿈을 품었다. 1907년 5월 서울 종로 염곡동에 한국 최초의 성결교회(현 중앙교회)를 설립하기 위해 온 킬보른 선교사는 2주에 걸쳐 전국 순회전도를 했다. 그는 1921년부터 동양선교회 한국 책임자가 되어 상주하면서 본격적으로 선교 사역을 시작했다.

초기에 그는 교파를 초월한 복음전도관을 세워 야간에는 악대를 선두에 세워 북을 치면서 노방 전도를 하고, 낮에는 전날 전도한 사람을 찾아 가르쳐서 가까운 교회로 보내곤 했다. 그러다가 같은 교파의 교회로 돌아서지 않을 수 없어 1921년 9월부터는 '조선야소교 동양선교회 성결교회'로 간판을 걸고 새로운 교파를 형성했다.

그는 3·1 운동 이후 침체되었던 성결교의 신앙 대부흥 운동을 이끌었고, 경성성서학원 원장으로 취임한 후 성서학원의 규모를 확장했다. 또 그는 1922년에는 「활천」을 창간하여 문서 선교를 통해 성결교 신학 정립에 기여했다. 킬보른 선교사는 1924년에 한국에서의 17년 선교 활동을 마감한 후 건강이 악화되어 1928년 4월 15일 소천했다.

> 내가 하나님 앞에 감사하며 담대히 말할 수 있는 것은 수십 년 동안 수백만금의 돈을 출납했으나, 나의 소유는 못 하나 박을 집이 없고 땅도 없고 화려한 가구도 없고 생활비로 쓰다가 남은 돈 60달러 밖에 없는 것이 나의 기쁨이요 자랑이다.

그는 이런 마지막 일기로 그의 검소한 삶을 보여 주었다.

한국 사람 최초로 전도 운동에 나선 이는 일본 동경성서학원에서 공부한 김상준, 정빈 등이다. 이들은 1907년 귀국해 서울 종로에 복음전도관을 세워서 전도 활동을 했다.

킬보른의 2세, 3세가 계속해 동양선교회 선교사로 활동했다. 에드윈 W. 킬보른(Edwin W. Kilbourne)은 제2대 서울신학대학 학장을 지냈고, 그의 딸 캐서린 A. 킬보른(Kathleen A. Kilbourne)은 1950년 5월 6일 출생해 이틀 만에 하나님의 품에 안겼다. 양화진 묘비에는 "그분의 팔에"(In His Arms)라고 쓰여 있다.

동양선교회의 카우만 선교사와 이장하는 1906년에 신약성경 공인역에 최초로 '부표'(符標)와 '관주'(貫注)를 붙였고, 『부표 관쥬 신약젼서』를 1910년에 발행했다. 부표란 성경본문의 내용에 따라 성경 구절 위에 간단한 도안을 그려 넣는 것을 말한다. 이 신약전서에는 12개의 부표를 사용하고 있으며, 부표가 붙어 있는 379개의 구절은 붉은색 잉크로 인쇄되어 있다.

10. 구세군의 한국 선교

구세군(救世軍, The Salvation Army)은 1865년 당시 감리교 목사였던 부스(William Booth, 1829-1912)가 영국 런던 슬럼가(빈민가)에서 최초로 시작했다. 1907년 부스 대장은 일본을 순회했을 때 거기서 비로소 한국 사람과 접촉할 수 있었다.

여기서 한국에 관심을 가진 그는 귀국하자마자 곧 네일톤(Nailton) 부장을 한국에 파송해 예비조사를 한 후 1908년 10월 로버트 호가드(Robert

▲ 호가드 선교사(뒷줄 가운데 말탄 이)

Hoggard, 한국 이름 허가두, 1861-1935) 정령, 번위크(Bunwick) 부령과 그 외 2명을 파송해 구세군 사역을 시작했다. 부스는 1908년 11월에 『구세군 가장』 찬송가를 간행했다.

또한, 구세군 서울제일교회(현, 서대문영문교회)는 구세군의 장자교회로 군대식 조직을 갖춘 첫 번째 교회다.

구세군은 주로 지방으로 진출하여 경기도 장단, 전라도 전주, 군산, 충청도 강경, 공주, 대천, 경상도 대구, 영덕, 황해도 개성, 해주, 함경도 구고산 등지로 교세를 확장해 갔다. 주로 농촌을 전도하면서 점차 도시로 진출했다. 1909년 경에는 서울, 충청, 전라, 경성, 서북, 함경 등 지방 조직을 구성하고 매 지방마다 선교사를 주재시켰다.

1919년 3·1 운동 당시에는 100여 처 군영을 설치했다. 1928년부터 구세군 냄비 운동이 시작되었다.

▲ 구세군 서울제일교회

제7장

선교 지역 분할과 선교 정책

1. 선교 지역 분할 협정(宣敎地域分割協定)

 교파가 다른 각 선교부는 경제적 이해와 인적 소모뿐만 아니라 경쟁의식과 불화로 선교 운동에 막대한 지장을 초래할 가능성이 다분히 있게 됨에 따라 선교지 분할 조정 문제가 시급하게 되었다.

 특히 미국 북장로회, 남장로회, 호주 장로회, 캐나다 장로회와 미국 북감리회, 남감리회 사이에 선교지 분할에 대한 협의가 있었다. 그러다가 1892년 미국 남장로회 선교사들이 한국에 들어온 후 '장로교 정치를 사용하는 선교공의회'(the Council of Mission Holding the Presbyterian Form of Government)가 1893년 1월 28일에 조직되었다. 비록 서로 다른 교파의 선교사들이지만 한국에서는 오직 하나의 장로교회를 설립할 목적에서였다.

 그 결과 북장로회는 평안도, 황해도, 경기도, 충청도, 경상도 낙동강 이북으로 했고, 남장로회는 전라도, 충청도였다. 캐나다 장로회는 함경도 지역을 담당했고, 호주 장로회는 낙동강 이남 경남 지역을 맡기로 했다. 영국 성공회는 서울과 인천을, 그리고 침례교는 강원도를 담당하게 됐다.

1892년에 북장로회와 북감리회는 협의해서 5천 명 이상 되는 중요 도시에서 두 선교부가 함께 사역하고 그 이하 지역은 이미 개척한 선교부가 계속하기로 했다.

1905년에 장로교와 감리교 선교회는 지역 조정을 다시 해서 영변을 중심으로 한 지역은 북감리회에서, 그 외의 평북 지역 선천 강계 등지는 북장로회에서 선교하기로 결정했다.

1908년에는 남감리회와 북장로회의 지역이 조정되었다. 남감리회는 강원도 북부 3분의 2와 경기도와 서울 이북의 북장로회가 선교하던 모든 지역을 맡기로 했다. 북장로회는 강원도 남부 3분의1과 서울의 동부와 서울의 남감리교인을 떠맡기로 했다. 그리고 서울은 공동의 선교 지역으로 합의했다. 이리하여 하룻밤 사이에 '자고나니 4천 명의 감리교인이 장로교인이 됐고 또한 같은 수의 장로교인이 감리교인이 되는 일'이 발생하기도 했다.

2. 선교 정책(**宣敎政策**)

1890년 6월 장로교 선교사회는 중국 산동성 지푸에서 40년간 선교한 경험이 풍부한 존 L. 네비우스(John L. Nevius, 1829-1893) 선교사를 초청해 약 2주 동안 선교 정책에 관해 토의와 연구를 했다. 네비우스는 자신의 저서 『선교교회의 설립과 발전』에서 자전(自傳, Self-Propagation), 자립(自立, Self-Support), 자치(自治, Self-Government)의 선교 정책을 말했다.

언더우드는 네비우스의 선교 정책을 요약해서 발표했다.

첫째, 한 사람이라도 그리스도께로 인도했으면 그를 끝까지 떠나지 말고 가르쳐서 그가 개인을 전도하는 일꾼이 되게 하며 자기의 직업에 종사하면서 직장과 또 이웃에게 그리스도를 전할 수 있게 할 것.

둘째, 교회의 치리권은 그 교회 자체가 능히 치리할 수 있는 운영 방법을 정해 주며 기관도 그 범위를 정해 줄 것.

셋째, 교회는 자체적으로 능히 교회 사역을 감당할 인원이나 기구가 마련된 후에는 전도 사역 자격이 있는 사람이 그들의 이웃에게 복음을 전하도록 지휘할 것.

넷째, 예배당 건축은 그 지방 교인들이 짓도록 하며 건축 방법도 그 지방 고유 양식대로 하게 할 것.

이와 같이 초기 선교사들은 한국 교회가 외국 선교사들에게 의지하지 않고, 한국인들 스스로 전도하고 유지하고 다스리는 교회로 정책을 세우고 실행하도록 한 것이 교회가 성장하는 데 크게 기여했다.

3. 선교 방법

위에서 말한 선교 정책은 원칙이고 그 외에도 여러 가지 선교사들이 선교 방법을 세워 활동했다.

(1) 노방 전도

선교사들은 한국말을 어느 정도 할 줄 알게 된 후에 길가나 5일 장터에 나가 성경 구절을 읽으며 사람들을 모은 후 전도했다.

(2) 사랑방 전도

이것은 가장 효과적인 개인 전도의 한 방법이었다. 한국 가정에는 대체로 사랑방이 있어서 거기서 손님 접대를 했다. 한가한 때에 사랑방에 모이는 것을 선교사들이 알고서 즐겨 사랑방을 찾아가서 전도했다. 여선교사들은 안방을 찾아갔다. 또한, 선교사들은 그들의 집에 객실을 마련하고 그들을 찾아오는 사람들을 맞이해서 전도했다.

(3) 순회 전도

초기 선교사들이 지방을 광범위하게 순회하면서 전도했다. 선교 초기에는 국내 정세가 불안정하여 주로 서울에 집중했지만, 그 다음에는 한국 전체를 복음화해야 한다는 사명의식으로 선교 지역을 구분해서 선교 지부를 전 지역에 미치도록 해 1894년 청·일 전쟁이 일어나기 전까지 대체로 한국 전체를 순회하는 셈이 되었다.

미국 북장로회 소속의 마펫 선교사는 1890년 1월에 내한해 그해 8월 제1차 전도 여행을 했다. 그후 그는 전도 여행을 1893년 11월 제11차까지 계속하며 많은 사람을 만났다. 그는 한국뿐아니라 만주까지 가서 전도했다. 그가 서북 지역을 다닌 거리는 10만 킬로미터가 넘는다. 그는 또한 중국 만주에 있는 로스 선교사에게서 선교에 관한 지혜를 구하기도 했다.

서상륜 같은 전도자는 황해도 장연 소래에서 복음을 전하여 한국 최초의 소래교회를 세워 온 마을의 58세대 중 50세대가 예수를 믿게 했다. 그리고 그는 1887년 9월 27일 서울 새문안교회가 세워질 당시 교인 14명 중 13명을 전도한 것으로 알려져 있다.

백홍준 조사는 1883년 로스 번역 복음서를 가지고 고향 의주로 돌아와서 고지(古紙) 속에 숨겨 온 복음서를 꺼내서 의주, 위원, 강계 등지에 배포하며 전도해서 반 년이 못되어 십여 명의 신자를 얻어 주일마다 자기 집에 모여 예배드렸다.

(4) 교육 전도

의료 선교와 마찬가지로 교육 사업은 오늘에 와서는 그 자체가 복음 전도를 떠나서도 독립적 사업으로 훌륭한 의의와 목적을 가지고 있다. 그러나 한국 선교 초기에는 이와 사정이 달랐다. 그 사역 자체보다는 복음 전도의 길잡이가 되었다. 그래서 전도를 위한 교육 선교는 문호를 개방하기 위한 방편으로 여겨졌다.

기독교 학교에서 수많은 사람이 성경을 배우고 복음을 들어 예수님을 믿게 되었다. 그들이 유능한 지도자가 되어 사회에 진출하고 애국지사가 되어 구국 운동에 나서서 나라와 민족에 기여한 것을 역사가 증명해 준다.

(5) 의료 전도

의료 사역이 한국 선교의 문을 연 사실과 그 후 광혜원을 세우고 크게 활동한 사실 또 윌리엄 스크랜턴 박사가 따로 나와 정동에 시병원(施病院)을 세운 일은 이미 말한 바 있다. 의료 사역이 선교의 방법으로 위대한 성과를 거두었다는 것은 두말할 필요 없다.

1893년 선교 연합회는 의료 사역을 선교 사역의 하나로 결정하고 서울뿐만 아니라 부산, 평양, 대구, 인천, 선천, 재령, 청주, 강계, 전주, 광주, 해주, 안동, 원산, 군산, 목포, 개성, 춘천, 진주, 성진, 함흥 등지에 병원을 세웠다.

선교사들은 우리나라에 전염병 예방과 공중위생 개념을 처음으로 도입한 은인들이기도 하다.

(6) 문서 전도

우리나라에는 '한글'이 있음에도 당시 사대사상(事大思想)에 사로잡힌 지식인들은 우리 글을 언문(諺文)이라고 멸시하고 천하게 여겼다. 그러나 선교사들이 들어와서 한글의 우수성을 발견하고 기독교 진리를 전하는 데 가장 좋은 방도로 '한글'을 사용했다.

특히 호머 B. 헐버트(Homer B. Hulbert, 1863-1949) 선교사는 한글의 우수성을 세계에 알리고, 한글 띄어쓰기, 점찍기 등을 만들어 보급했다. 1896년 독립신문이 처음 간행되어 한글 최초 띄어쓰기가 이루어졌고, 아리랑을 역사상 최초의 서양식 악보로 채보했다. 그는 1901년 미국 감리회 운영의 '삼문출판사' 책임자로 문서 선교에 힘썼다.

▲ 헐버트 선교사

선교사들은 무엇보다도 먼저 한글로 성경 번역을 시도했다. 사실은 선교사가 우리나라에 들어오기 전에 만주에서 로스 선교사의 번역 성경이 있었고, 일본에서 이수정의 마가복음 번역이 있었다. 그러나 이 두 번역본은 지방 사투리가 많았고 오역이 적지 않았다. 아무래도 서울 표준어로 새롭게 번역할 필요성이 절실해졌다.

1887년 2월 언더우드 선교사가 일본에 갔을 때 미국 장로교 선교사 제임스 C. 헵번(James C. Hepburn, 1815-1911) 박사가 성경번역위원회를 조직할 것을 권했다. 그래서 언더우드는 돌아와서 그해 여름 아펜젤러, 스크랜턴, 헤론 등과 함께 성경번역위원회를 조직했다.

마태복음, 마가복음, 요한복음, 사도행전이 1891년에 번역되었고, 신약성경 전체가 완역된 것은 1900년이었다. 1898년 알렉산더 A. 피터스(Alexander A. Pieters, 1871-1958)의 『시편촬요』가 출간되었다.

공인번역위원회가 구약을 번역하는 데 걸린 시간은 1904년 10월 17일부터 1910년 4월 2일까지 약 5년 5개월이 소요되었다. 신약과 구약이 합하여 1911년 3월 9일 구약 2권, 신약 1권으로 출간되었다.

신약성경은 1907년까지 877,712권이 간행되었는데, 고종을 비롯하여 수백만 명이 애독했다. 1922년부터 『선한문 관주 성경전서』(鮮漢文貫珠聖經全書)를 성서번역자회가 번역하고 1926년에 조선경성 대영성서공회가 발행했다. 1925년에 게일 선교사의 사역본 『신역 신구약전서』(新譯新舊約全書)가 조선기독교창문사에서 간행되었다. 1935년에 『성경전서』를 성서번역자회가 번역하고 대영성서공회에서 출간했다.

▲ 시편촬요(1898년)   ▲ 구약전셔(1911년판)

1935년 새해부터 레이놀즈와 피터스가 다시 구약 개역에 힘썼고, 같은 해 3월에 이원모가 개역위원으로 선임되어 그해 여름 내내 레이놀즈, 피터스, 이원모 3인은 지리산 노고단에 있는 미국 남장로회 선교사 수양관에 모여 구약성경 개역에 전력을 다했다. 그리고 1911년 『성경전서』가 개역 작업을 거쳐 마침내 1938년 9월 3일 『개역성경전서』로 출간되었다.

레이놀즈 선교사는 미국 남장로회 소속으로 탁월한 언어학자였다. 그는 일반 평민이 성경을 읽고 기독교 진리를 깊이 알 수 있도록 전깃불도 없는 시절 호롱불에 의지해 한글 성경 번역에 힘쓴 선교사였다. 그는 예레미야서를 제외한 모든 성경을 번역했다고 한다.

피터스는 정통 유대인 가정에서 태어나 구약 히브리어 지식이 탁월했다. 그는 1901년 미국 장로회 해외선교부에 제출한 선교사 지원서 5번 항목 질문에 아래와 같이 대답했다.

"영어 외에 어떤 언어들을 공부했는가?"

"라틴어, 희랍어, 고대 슬라브어, 히브리어, 불어를 공부했으며, 영어, 러시아어, 이디쉬어(yiddish), 독일어, 한국어로 회화를 할 수 있다."

그동안 우리나라에서 사용하는 '개역한글' 특히 구약성경은 처음부터 히브리어 원어 성경에서 번역한 것이 아니라, 한문 성경이나 영어 성경에서 번역한 것으로서 오류가 많다고 주장하는 경우가 있다. 이것은 사실이 아니다.

찬송가도 처음에는 큰 종이에 써서 벽에 붙여 놓다가, 1892년 주로 인천 지역에서 사역하던 감리교 존스 목사와 이화학당에서 사역하던 루이스 C. 로스와일러(Louise C. Rothweiler)가 공동으로 번역 찬송가 27편을 편집한 『찬미가』를 발간했다.

1894년 언더우드는 한국 최초로 가사와 악보가 공존하는 찬송가 『찬양가』를 발간했다. 그런데 선교회는 이것을 공식적으로 택하지 않았고, 공식 찬송가가 나온 1908년까지 사제 찬송가로 사용되었다.

서울 지역에서 언더우드의 『찬양가』가 사용된 것과 달리 서북 지방의 장로교회 선교사들은 독자적 찬송가를 편찬했다. 1895년에 미 북장로회 그레이엄 리(Graham Lee) 선교사와 매리 H. 기퍼드(Marry H. Gifford) 부인이 공동으로 편찬한 『찬셩시』가 그것이다. 1902년 장로교공의회에서는 『찬셩시』를 장로교 공식 찬송가로 사용한다고 결의했다.

이후 원산 부흥 운동과 평양 대부흥 운동을 거치면서 분열된 교회가 '하나된 교회'로 바꾸려는 움직임이 일어났다.

그리하여 연합공의회 찬송가위원회 조직을 통해 장로교와 감리교 연합 찬송가의 편찬이 가시화되었다. 이 위원회의 위원은 미국 북장로회의 애니 L. 베어드(Annie L. A. Baird, 한국 이름 안애리, 1864-1916) 부인과 프레드릭 S. 밀러(Frederick S. Miller) 선교사와 미 북감리회의 달젤 A. 벙커(Dalzell A. Bunker) 선교사 등이었다. 애니 베어드 부인은 숭실대학교를 세운 윌리엄 베어드 선교사의 아내로서 "한국 찬송가의 어머니"라 불리는 인물이다.

1908년 한국 교회 최초로 장로교와 감리교가 합동으로 예수교서회를 통해 266장의 『찬숑가』를 발행했다.

▲ 찬미가   ▲ 찬숑가

1889년 배재학당 안에 삼음사(三音社)가 설치되어 교리서들이 출판되었다. 언더우드, 아펜젤러, 게일, 헐버트, 올링거 등 선교사들이 문서 선교를 위해 1890년 6월 25일 '조선의 거룩한 가르침의 모임'이란 뜻의 "조선성교서회"(대한기독교서회의 전신)를 조직했다. 1890년 언더우드의 『성교촬리』(聖敎撮理)를 비롯하여 1903년까지 25만권의 기독교 서적이 출판되었다.

게일 선교사는 1895년 어학 선생 이창직의 협력을 받아 존 번연의 『텬로력뎡』(현재의 천로역정)을 한글로 번역하여 출간했다. 『천로역정』은 한국 근대 문학사 최초로 역간된 서양 문학서이다.

헐버트 선교사가 1889년 한글로 쓴 최초의 인문지리서이며 세계 소개서로서 선비나 백성은 누구라도 알아야 할 지식이란 뜻의 『사민필지』(士民必知)는 교회 내외에서 널리 읽혀진 책이다.

마펫 선교사는 1910년 19세기 동아시아 최대 베스트셀러로 알려져 왔고, 한국 초기 기독교에 큰 영향을 끼친 전도 책자 및 기초 신학서였던 윌리엄 밀른의 『쟝원량우샹론』(張袁兩友相論)을 한글로 번역해 발행했다.

1897년 2월 2일 감리교 아펜젤러가 「조선 크리스도인 회보」를 발행했고, 장로교 언더우드는 1897년 4월 1일 「그리스도 신문」을 발행했다. 1903년 원산 부흥 운동 이후 '오순절 성령 체험'을 한 선교사들은 교파를 초월한 연합 운동이 활발하게 진행되어 장로교와 감리교는 신문을 통합했다.

잡지도 장로교의 「코리아 필드」(*The Korea Field*)와 감리교의 「코리아 감리교인」(*The Korea Methodist*)이 1904년 「코리아 미션 필드」(*The Korea Mission Field*)로 합쳐졌고, 이 잡지는 일본에서 선교사들이 강제로 추방되는 마지막 해 1942년까지 기독교 각 교파 선교회의 연합 기관지로 선교와 한국의 문화와 역사를 다루었다.

이 외에도 선교사들은 한국의 역사, 지리, 문화, 언어, 풍습, 종교 등을 연구했다. 언더우드는 1890년 『한영사전』, 『영한사전』, 『한글문법서』를 펴냈다.

게일은 미국 북장로회와 남장로회의 공동출자로 1897년 『한영자전』을 출판했다.

1926년에는 우리나라 선교에 지대한 영향력을 끼친 무디(1837-1899) 목사에 관한 책 『무듸행슐』이 소개되기도 했다.

그 외에 헐버트의 『한국사』, 『대한제국 멸망사』(The Passing of Korea), 「한국휘보」(The Korean Repository, 1892-1898), 「한국 평론」(The Korea Review, 1901-1906), 「코리아 매거진」(Korea Magazine, 1917-1919) 등은 한국사 연구의 귀중한 문헌이다.

  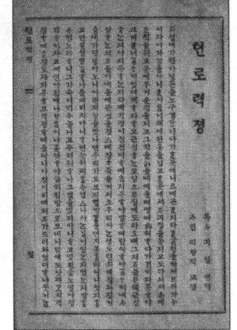

▲ 텬로력뎡(천로역정)

제8장

원산 회개부흥 운동

1. 하디 선교사의 회개

▲ 로버트 하디 선교사 가족

로버트 A. 하디 선교사(Robert A. Hardie, 한국 이름 하리영[河鯉泳], 1865-1949)는 1890년 9월 30일 25세에 캐나다 기독청년회(YMCA) 지원으로 우리나라에 아내 켈리와 함께 의료 선교사로 내한했다. 그는 1886년 학생자원운동의 영향을 받은 포어맨 선교사를 통해 해외 선교의 비전을 가지는 가운데 한국 부산에서 사역하는 토론토대학교 동문 게일 선교사를 알게 되어 한국을 선교지로 결정했다.

그는 한국에 와서 서울 제중원에서 에비슨 선교사의 의료 사역을 도왔고 의료 선교사가 없는 부산에 가서 의료 사역을 했다. 그는 부산에 선교사들이 많아지자 1892년 다시 의료 선교사가 없는 원산으로 옮겨 시약소를 열고 한국인을 돌보았다. 그는 1899년 선교비 지원이 중단되어 귀국하려던 예정이었다. 그때 한국 선교를 시작한 지 얼마 안 되는 미국 남감리회 해외선교부로 소속을 변경했다. 그리고 그는 강원도 원산, 통천, 양구, 철원, 김화 지경대를 중심으로 사역하다가 개성에 남도병원을 설립했다.

그는 원산을 중심으로 북쪽 함경도 북청에서 남쪽 강원도 원주에 이르기까지 걷고 또 걸어서 복음을 전하고 아픈 이들의 상처를 치료했다.

게다가 그는 큰딸 매리(Marie)가 1893년 8월 한국에서 태어난 지 하루만에 죽었고 그리고 작은 딸 마가렛 조이(Margaret Joy)가 1903년 9월 7살 때 풍토병으로 사망하여 서울 양화진 묘역에 묻는 아픔을 겪었다. 그는 이런 아픔을 잊기 위해 더욱 최선을 다해 의술을 베풀며 복음을 전했다.

하지만 그가 기대했던 것만큼 결과를 얻을 수 없었다. 그가 교회를 순회하면서 느낀 것은 영적 폐허였다. 신자들은 주일예배에 잘 참석하지 않았고 성적으로도 방종했다.

또한, 신자들이 공금을 횡령하고 폭력을 일삼았다. 죽은 조상에게 제사하는 일을 여전히 행했다. 그는 이들에게 성찬을 금하고 심한 경우에는 교회에서 제명하기도 했다. 심지어 어떤 집회 장소에서는 사람들이 모여 무당굿을 하려 했다.

그는 이런 현실을 보면서 하나님께 기도했다. 그는 한국 교인들에게서 참된 회개의 열매를 보기 원했다. 하지만 그는 분명하고도 지속적 회개의 구체적 예를 볼 수 없었다. 모든 악한 세력이 자신을 넘어뜨리려고 궤계를 부리는데 이길 힘이 없었다.

그는 당시 자신의 영적 상황을 다음과 같이 적고 있다.

마치 악령의 세력들이 연합하여 사방에서 공격해 오는 것 같았다. 그뿐 아니라 이미 가지고 있던 확신도, 이미 이루어 놓았다고 생각했던 사역도 파괴하려고 덤벼들었다. 내가 노력하고 애쓰는 만큼 나의 사역에 결과가 나타나지 못하도록 만드는 내 안의 장애물을 분명히 의식하지 못했지만, 점점 더 뚜렷하게 영적 능력의 결핍을 인식할 수 있었다.

하디의 1904년 보고서에 아래와 같이 기록하고 있다.

나는 3년 동안 강원도의 교회가 처음 세워진 지경대(地境垈) 지역에서 애써 일했으나, 선교 사역의 실패는 나에게 말할 수 없는 타격을 안겨 주었고, 사역을 더 할 수 없을 정도의 절망감을 가져다주었다.

1903년 원산에서는 캐나다의 여자 선교사 둘이 모여 선교사 사이에 부흥이 일어나기를 기도했다. 그녀들은 마침 중국에서 활동하던 '기도의 여걸' M. C. 화이트(M. C. White)와 1900년부터 한국에서 사역하고 있던 루이스 H. 맥컬리(Louise H. McCully, 한국 이름 이부인, 1864-1945)였다. 그해 8월 24-30일 남감리교 여선교사 모임에서 성경 공부와 기도회를 인도해 달라는 부탁을 하디 선교사에게 전했다.

하디는 '그리스도를 믿음', '그리스도 안에 거함', '오순절 성령 체험' 세 편의 설교를 준비하고 기도하던 중에 다니엘 5:27 말씀이 떠오르면서 자신을 돌아보니 설교 할 자격이 없는 부끄러운 존재임을 깨달았다.

구하는 자에게 성령을 주시지 않겠느냐(눅 11:13)

누가복음 말씀을 붙잡고 밤새 기도하다가 그리스도의 사랑으로 대하지 못한 것을 고백하게 되었다.

자신이 의사라는 자부심과 백인 우월주의에서 벗어나지 못함과 사역이 실패한 것은 모두 한국 사람들 때문이라고 여겼지만, 말씀을 통해 실패의 원인이 자신에게 있다는 것을 깨달았다. 성령을 의지하지 않고 자신의 힘과 능력으로 교만하게 행한 것들을 회개했다.

선교와 목회의 결과가 없는 것이 환경이나 한국인 탓이 아니라 자기 자신에게 있었다는 것을 깨닫게 되었다. 새벽쯤에 온전하게 회심(conversion)하면서 성령의 능력이 임하는 체험을 이렇게 고백했다.

> 이제부터는 말씀보다 기도보다 성령보다 앞서지 않겠습니다. 성령께서 이끄시는대로 하겠습니다.
> 성령께서 내게 오셨을 때 그분의 첫 요구는 선교사 생활의 대부분을 함께 보냈던 선교사들 앞에서 나의 실패와 그 실패의 원인을 시인하는 것이었다. 그것은 고통스럽고 굴욕적인 경험이었다.

그는 그 말씀에 순종하여 자신이 준비했던 설교 본문이 아니라 성령께서 요구하신 말씀을 동료와 후배 선교사들 앞에서 간증했다. 자신이 토론토의과대학 출신이라는 자만심으로 남을 무시하고, 하나님의 능력을 의지하지 않고 자기의 능력을 의지해 목회했던 것과, 냄새나고 배우지 못한 사람들이라고 한국 사람들을 무시했던 것을 회개했다.

하디의 간증을 들은 선교사들도 '저 이야기는 내 이야기이구나' 하면서 자신의 영적 교만함을 회개했다. 성령의 강권함으로 인한 회개였다.

하디는 8월 30일 원산감리교회에서 열린 주일예배 회중들에게 부끄럽고 당황한 얼굴로 마음속으로 무시하고 인종차별적으로 우월감을 가지고 대했던 자신의 교만, 닫힌 마음, 신앙의 결핍, 한국인을 배려하기보다는 멸시했던 죄를 공개적으로 자복하고 눈물로 회개했다.

하디는 '회개의 본'을 보였다. 그는 지금까지 '회개에 대해' 설교를 많이 했지만 '회개하는' 설교는 못했다. 그러나 이제는 말이 아닌 행동으로 회개가 어떤 것인지 보여 주었다.

하디의 회개는 곧 한국인들의 가슴에도 불을 붙여 원산 대부흥의 도화선이 되었다. 그 한 예로 주중 성경 공부 시간에 원산에 사는 교인 중 양반 진천수는 다음과 같이 회개했다.

> 아내가 병들어 죽게 되었을 때 "빨리 죽어라"라고 말하고 "설날 기생들과 놀기 위해 친구들과 계를 들었는데 아내가 설날에 죽자 장례식 때문에 술도 못 먹고 놀러 가지 못했다"며 불평했습니다.

많은 교인이 성령의 강권하시는 능력이 아니고는 밝힐 수 없는 수치스런 죄를 토해 내는 회개를 했다.

2. 양심전(良心錢)

남의 물건을 훔치거나 횡령한 것을 깨달으면 훔친 물건을 돌려주거나 금전적으로 배상하는 행위를 통해 회개의 증거를 보여 주었다.

교인 윤성근은 10년 전 탁지부(지금의 기획재정부) 경리 직원의 실수로 월급을 4달러 더 받은 것을 원산에서 근무지가 있는 인천까지 찾아가서 반납하려 했다. 하지만 받지 않아서 서울에 있는 한국은행에서 반납해야 했다. 이를 "양심전 운동"이라 부른다.

그리고 돈을 안 받겠다고 하거나 떼인 돈을 받을 사람이 없을 때에는 헌금으로 바쳤는데, 이를 "양심전 헌금"이라 불렀다.

하디는 성령의 음성을 들었다.

"너는 다른 지역으로 가라."

이는 지난 3년 동안 지냈던 실패한 선교지 '지경대'로 돌아가라는 뜻임을 깨달았다. 그는 원산에서 5일 걸려 지경대로 갔다.

가는 동안 여호수아 14장 9절 말씀이 계속 생각났다.

> 그 날에 모세가 맹세하여 가로되 네가 나의 하나님 여호와를 온전히 좇았은즉 네 발로 밟는 땅은 영영히 너와 네 자손의 기업이 되리라 하였나이다(수 14:9).

지경대에 도착한 그는 잊을 수 없는 12일 동안 부흥 집회를 했다. 그는 여호수아 말씀의 뜻을 알게 되었다. 하나님께서 이 민족을 사랑하사 미천한 종을 통해 민족 각성 운동을 일으키셔서 나라를 살리려는 계획이 있으심을 깨달았다.

강원도 원산, 지경대 소식이 전국에 퍼지기 시작했고, 곳곳에서 하디를 초청하여 부흥회를 열었다. 1904년 새술막교회를 통한 강원도 지역 부흥 운동이 일어났다. 개성, 강화, 인천, 서울, 공주 등 부흥회가 열리는 곳마다 회개 운동이 일어났다.

충남 공주에서는 멀리 떨어져 있는 피해자에게 배상금을 부치려는 교인들로 우체국이 붐볐으며 피해자의 행방을 찾지 못한 경우에는 그 돈을 교회에 헌금으로 바쳤다는 기록이 있다.

　1906년에 남감리회 J. S. 게르딘(J. S. Gerdine) 목사가 목포에서 큰 성령의 역사를 일으켰다.

> 게르딘 목사가 말씀을 읽고 공의와 절제와 심판 그리고 죄의 무서움, 그 뒤 우침의 필요성을 강설(講說)하자 죽음과 같은 정숙이 여럿 위에 내려 덮였다. 그것은 마치 하나님의 말씀이 수술 해부용 칼처럼 사람의 마음을 속 깊이 갈라 쪼개서 감추어진 죄와 영의 암들을 도려내는 것 같았다. 그때 교인들 모두가 다투어 죄를 통회 자복했으며 힘센 어른이 어린이들처럼 방곡(放哭)하는 참회의 물결이 세차게 흘렀다. … 이제 그들의 얼굴은 생명으로 빛났고 교회는 승리의 찬송도 드높이 열광의 종소리를 울렸다. … 이 모임의 결과는 전라도 지방에 넓게 그리고 깊숙이 파고드는 영향으로 작용한 것이다(J.E.Preston; 민경배).

　원산 부흥 운동 이후 교인들이 회개한 죄목은 사기와 음모, 강도와 절도, 간음과 강간, 교만과 위선, 시기와 질투, 패륜 등 주로 인간 관계에서 빚어진 죄들이다.

　이런 교인들의 회개와 변화된 삶은 교회 밖의 불신자들과 사회에 커다란 영향을 끼쳤다. 당시 기독교에 대해 호감을 가지고 교회를 찾아오는 사람들이 늘었다고 하니 오늘날 침체되고 반기독교적 시대를 사는 우리에게 진정한 회개에 합당한 열매를 맺는 삶이 참된 부흥의 길이라 여겨진다.

　이런 보상과 배상 행위는 교회 안에서만 머물지 않았다. 교회 담장을 넘어 교회 밖 믿지 않는 사람들에게까지 확대되었다. 회개하여 변화된 기독교인들의 윤리적 삶이 사회를 변화시킨 것이다. 세상의 소금과 빛으로 하나님께 영광을 돌린 것이다.

1903년 8월 하디 선교사와 화이트 선교사 그리고 맥컬리 선교사의 기도회를 통한 원산 부흥 운동의 불길과 열기는 그 후 4년 동안 전국에 퍼져 한국 기독교인들의 신앙 체질과 교회 분위기를 바꾸어 놓았다. 원산 부흥 운동 이후 성령의 강력한 역사를 통해 회개를 한 해외 선교사들과 한국 교인들은 주님의 몸된 교회를 하나로 세워 가는 바람이 불었다.

장로교는 1904년 미국 북장로회, 남장로회, 캐나다선교회, 호주 빅토리아장로회 4개 선교부가 연합해서 평양에 장로회신학교를 설립했다. 감리교에서도 미국 남·북감리회 선교부 연합으로 1907년 협성신학교(감리교신학대학교의 전신)를 설립했다.

1905년 9월 장로교회와 감리교회 대부분의 선교사가 서울에 모여 하나의 '대한예수교회'를 조직하기 위해 복음주의 교회연합공의회를 설립했다.

제9장

이승만과 한성감옥 예배당

1. 이승만의 옥중 회심

▲ 한성감옥의 이승만(맨 왼쪽)

이승만(李承晩, 1875-1965, 대한민국 건국 대통령)은 1895년 아펜젤러 선교사가 세운 배재학당에 만 20세에 영어를 배우기 위해 입학했다. 학교에서 아침마다 드리는 예배에 참석해 기독교 교리를 익혔다. 그러나 그는 어머니에게 서양 선교사가 세운 학교에 다니더라도 '야소교'는 절대 믿지 않겠다고 약속했기 때문에 재학 중에는 기독교로 개종할 엄두를 내지 못했다.

그는 서재필이 이끄는 '독립협회'에 1896년 가입해 만민공동회 위원으로 열강의 세력에 무너져 가는 나라를 살리기 위해 입헌군주제 정부를 세울 것을 주장했다. 그는 '유약'하고 '몽매'한 고종황제를 물러나게 하는 대신 의회군 이강을 새 황제로 추대했다.

그는 박영효 중심의 강력한 혁신 정부를 수립하려던 무술정변에 가담했던 이유로 체포되어 1899년 1월 경무청 감방에 투옥되었다. 그는 탈옥에 실패해 중죄인이 되어 낮에는 온갖 벌레에 물리고, 밤마다 고문실에서 혹독한 고문을 받은 이후 손과 발은 수갑과 족쇄로 묶이고, 목에 드리운 10 킬로그램 무게의 칼을 머리에 얹은 절망적 상황이었다.

그는 어느 날 하나님께 기도하면 응답해 주신다던 선교사의 말을 기억했다. 그래서 그는 평생 처음으로 감방에서 기도를 드렸다.

오, 하나님, 나의 영혼을 구원해 주옵소서!
우리나라를 구원해 주옵소서!

그랬더니 금방 감방이 빛으로 가득 채워지는 신비한 체험을 하며, 마음에 기쁨이 넘치는 평안이 깃들면서 새로운 사람이 되었다.

이와 같이 이승만은 생지옥 같은 감옥에서 기독교를 받아들이기로 결심했다. 그가 옥중에서 기독교로 개종한 경위를 1901년 「신학월보」에서 밝히고 있다. 이때 미국 선교사들이 적극적으로 구명 운동에 나섰는데, 매일 이승만을 면회하며 출소를 위해 진정서를 냈다. 그는 국사범으로 평리원(고등재판소) 재판에서 '태 1백대와 종신징역형'을 선고받고 한성감옥으로 이감되었다.

2. 한성감옥이 예배당이 되다

그는 옥중에서 영문과 한문으로 된 성경을 정독했다. 그는 동료들에게 열심히 전도했다. 여기에 선교사들의 적극적 관여와 새로 부임하게 된 감옥서장 김영선과 간수부장 이정진의 배려로 도서관이 개설되었다. 동료 정치범들과 성경을 함께 공부하고 또 감옥을 가끔 심방하는 아펜젤러 부부, 언더우드, 에비슨, 게일, 벙커, 존스 등 북미 선교사들과 예배를 드리면서 동료 죄수 및 옥리(獄吏)들에게도 전도했다. 1902년 10월에 이르러서는 옥중학교가 개설되었다.

감옥 안의 도서관이 신학당이 되는 과정에서 30~40명의 죄수와 옥리를 기독교로 개종하게 만든 괄목할 만한 전도의 성과를 올렸다. 이때 개종한 인물 가운데에는 한성감옥의 간수장 이정진과 그의 동생 이정혁을 비롯해 나중에 민족의 지도자가 된 이상재, 유성준, 이원긍, 김린, 김정식, 홍재기, 양기탁, 안국선 등 여러 장로가 있다.

후일 이상재는 다음과 같이 말했다.

> 한국의 유일한 희망은 기독교에 있다. 다른 나라들도 기독교 진리를 통해서만 부강한 나라가 된다.

이승만은 기독교로 개종한 후 전직 고관과 양반들에게 복음을 전하고, 성경과 기독교 서적들을 읽게 했다. 그는 19세기말 한국에 입국해서 전도했던 어느 외국인 선교사보다도 더 많은 지식인을 기독교로 인도하는 데 성공한 전도자였다. 그의 전도 방법에 많은 외국 선교사가 관심을 가졌다.

이승만이 5년 7개월(1899.1-1904.8) 동안 지낸 감방 안 생활 공간은 단 0.23평(죄수 1명당 면적)에 불과했다. 그런 감옥에서 이승만은 예수 그리스도를 믿게 된 후 다음과 같이 고백했다.

나의 마음속에 드리운 그 안위와 기쁨을 표현할 수 없다.

이승만은 감옥생활을 하면서 선교사들이 하나님의 사람들이라는 것을 깨달았다. 선교사들을 미국 자본주의 앞잡이로 오해했던 이승만은 감옥에서 섬기고 봉사하는 선교사들을 보면서 그들이 하나님의 종들임을 알게 되었다.

미국에서 발견된 당시 선교사들의 기록에 의하면, 예수 그리스도를 믿고 변화된 이승만은 감옥을 복당(福堂)과 진리 탐구의 방과 기도(祈禱)의 집 그리고 예배당(禮拜堂)으로 만들었다고 한다.

선교사들은 콜레라가 돌아 사람이 죽어 나갈 때, 약품을 넣어 주었고 많은 물품을 차입하며 안타까움을 표시했다.

감옥 환경이 열악한 데다 1903년 3월부터 시작된 콜레라에 50-60명 이상의 죄수가 죽어 나갔다. 하루는 열일곱 명이 눈앞에서 쓰러져 수인(囚人)들은 시신과 함께 섞여 지내기도 했다.

그런 가운데서 이승만은 기독교 선교사들의 도움과 사랑, 하나님의 은혜로 역경을 견딜 수 있었다. 선교사들은 옥중의 처우 개선에 큰 역할을 했고, 이들의 석방을 위해 연명으로 진정서를 내는 등 많은 수고를 했다. 특별히 아펜젤러 부부는 이승만의 가족의 생계까지 돌보아 주었다.

3. 기독교 입국론

이승만은 감옥 안에 빛이 가득하게 비치는 신비한 체험을 한 후 성령충만하게 되었다. 그는 『청년 이승만 자서전』에서 이렇게 기록하고 있다.

> 오로지 남은 하나의 소망은 한국 사람을 거듭나게 하는 것이고, 그 길은 기독교 교육이다. 나의 인생 목적은 이 길을 위해 준비하는 것이었다.

1903년 8월 이승만은 이렇게 강조했다.

> 저 유명한 나라들에서는 사람의 몸이나 집안이나 나라가 하나님의 도(道)로써 구원(救援)을 얻었고, 저 열리지 못한 나라들에서는 사람의 몸이나 집안이나 나라가 사람의 도(道)로 고초와 환란 멸망을 면하지 못하여도 종시 깨닫지 못하고 … 예수교가 가는 곳마다 변혁하는 힘이 생기나니 대한 장래의 기초는 오직 예수교다.

▲ 이승만 저서 『독립정신』

그는 1903년 11월 『교회경략』에서 새로운 나라에 대한 비전을 꿈꾸었다.

우리도 오늘부터 깨달아 우리 손으로 힘들여 나라를 영국, 미국과 같이 만들어 놓고, 세계 각국에 대한(大韓) 선교사를 파송하여 야만과 미개한 인종에게 전도할진대, 우리의 나중 복(福)도 크겠고 우리의 권리(權利)도 커지겠고 우리나라의 영광(榮光)도 영국, 미국같이 드러날지라.

그는 1904년 2월 9일 러·일 전쟁 발발 소식을 듣고 『독립정신』을 집필하기 시작했는데, 저술 목적은 "기독교를 통해 한국을 개화시키고 개화된 한국인을 통해 독립을 이루겠다"는 것이다.
『독립정신』의 마지막은 이렇게 끝이 난다.

기독교를 근본으로 삼지 않고는 온 세계와 접촉할지라도 참된 이익을 얻지 못할 것이다. … 그러므로 우리가 기독교를 모든 일의 근원으로 삼아 자기 자신보다 다른 사람을 위해 일하는 자가 되어 한마음으로 받들어 우리나라를 영국과 미국처럼 동등한 수준에 이를 수 있도록 최선을 다해야 할 것이다. 그리고 천국에서 가서 다같이 만납시다.

1905년 9월 「코리아 감리교인들」(The Korea Methodist)에 당시 한국에 있던 감리교 선교사들은 이렇게 말하고 있다.

하나님께서 어떤 목적으로 이 나라에 그분의 능력을 그토록 놀랍게 현시하는가?
하나님께서 단지 한국만을 구원하시려고 하시는가?
아니면 한국을 영적 누룩으로 삼으시려는가?

우리는 하나님께서 한국을, 황인종을 복음화하시기 위한 도구로 만드시려고 계획하심을 믿는다.

이것은 1899년부터 이승만이 한성감옥에서 해 오던 말이다. 기독교만이 이 민족을 살릴 수 있고, 아시아 국가에 복음을 전하는 민족이 될 것이라고 이승만은 예언적으로 말했다.

과연 대한민국은 지금 20세기 교회 성장률 세계 1위, 인구비례 선교사 파송 숫자 세계 1위, 경제 성장률 1위를 기록하는 역사를 가졌다.

이승만에게 기독교 문명은 한국이 구원을 얻기 위해 지향해야 할 목표였다. 기독교 복음의 역할과 가치를 국가 구원으로 연결시켰던 것이다. 그것은 회심의 과정을 거쳤던 이수정이나 윤치호에게서 나타났던 신앙 유형과 크게 다르지 않았다.

한 개인의 내적 회심이 한국을 구원시켜야 한다는 사명 의식으로 연결되었고, 동시에 교회의 역할도 국가 존망(存亡)과 직결되었다. 한국은 기독교 문명 국가로 미국과 같은 자유와 평등의 자주 독립 국가가 되어야 했다.

개인 구원의 문제와 교회 활동, 그리고 한국의 장래 문제가 별개의 것이 아니었다. 1904년 8월 선교사들의 노력과 민영환, 한규설의 도움으로 이승만은 석방되었다. 그리고 게일, 언더우드, 벙커, 질레트, 스크랜턴, 프레스턴 선교사 등이 써 준 추천서 19통을 가지고 러·일 전쟁 중인 1904년 11월 미국으로 유학을 떠났는데, 실은 유학이 아닌 민영환 대신 밀사 자격으로 외교 독립 운동 때문이었다. 선교사들의 추천서에는 옥중에서 거둔 전도의 성과와 이승만이 장차 한국의 복음 전파를 주도할 인물임이 강조되었다.

원산의 두 여 선교사의 기도 모임을 시발점으로 로버트 하디의 회개를 통해 교회의 영적 각성이 일어났다. 한편 서울의 한성감옥 이승만에게 임한 성령의 능력을 통해 민족의 지도자들이 세워졌다. 1905년 을사늑약으로 대한제국의 외교권을 일본에게 빼앗겨서 실질적으로 나라가 망해 가는 때에 기도의 사람, 영적인 사람들을 세워 가시며 역사를 주관하시는 하나님의 섭리(攝理)를 보게 된다.

제10장
1907년 평양 대부흥 운동

1. 원산 부흥에서 평양 부흥으로

▲ 평양 대부흥 운동

　원산 부흥 운동의 소식을 듣고 평양의 부흥을 사모하는 선교사들이 1906년 8월 하디 선교사를 초청하여 요한일서를 공부하며 성령으로 충만하기와 겨울에 있을 사경회(査經會)를 위해 서로 기도할 것을 약속했다. 이 사경회에 로제타 홀 선교사와 그녀의 아들 13세의 셔우드 홀이 참석했다. 아버지 윌리엄 홀과 누이동생 이디스를 사별한 셔우드 홀이 집회에서 하나님의 은혜를 받아 장래 선교사가 되기를 소망했다. 이 평양의 사경회를 이어 9월에는 서울에서 선교사들의 연례회가 열렸다.

이때 미국에서 하워드 A. 존스톤(Howard A. Johnston) 목사가 와서 인도 카시아와 영국 웨일즈에서 일어난 부흥 운동을 말하자 선교사들과 한국인 신자들이 깊은 감동을 받았다. 그가 청중을 향하여 성령 받기를 원하는 자는 일어서라고 할 때 길선주 장로(당시 목사 안수를 받지 않을 때임)가 일어섰다. 존스톤 목사는 이 땅에도 성령이 장차 강림하리라 예언했다.

1907년 1월 2-14일 평양 장대현교회에서 평안남도 사경회가 열려 선교사들과 한국인 신자들이 참석했다. 그때 존스톤 목사가 예언했던 성령의 놀라운 은사가 임했던 것이다. 사경회에 남자만도 매일 천오백 명에서 이천 명이나 되었기 때문에 여자들은 평양 시내 네 교회에서, 남녀 중학생과 소학생들은 자기 학교 강당에서 모였다. 그때는 영하 40도나 되는 추운 겨울이었다.

낮에 선교사들은 정오의 기도회를 계속했다. "이 정오의 기도회는 우리에게 있어서 벧엘 그것이었다"는 이길함 선교사(영어 이름 Graham Lee)의 말에서 그 기도회가 은혜의 시간이었던 것이 입증된다.

그러나 이렇게 큰 부흥회도 처음부터 성령의 은사가 쏟아진 것은 아니었다.

▲ 그레이엄 리(이길함) 선교사

주일 밤 이상한 경험을 했다. 설교가 끝난 후 몇 사람의 형식적 기도가 있은 후 우리는 피곤한 몸으로 집에 돌아왔다. 마귀의 역사가 이긴 것을 의식하면서(Allen D. Clark).

2. 회개의 물결

어느 날 길선주 장로가 "맛을 잃은 말라빠진 사람들아" 하고 외쳤을 때 사람들의 마음 속에는 큰 충격과 변화가 일기 시작했다(Samuel A. Moffett, 한국 이름 마포삼열).

장대현교회 정익로 장로는 그때의 경험을 다음과 같이 증언했다.

그날 밤 길선주 장로의 얼굴은 위엄과 능력이 가득찬 얼굴이었고 순결과 성결로 불붙는 얼굴이었다. 그는 길 장로가 아니었고 바로 예수님이었다. 그는 눈이 소경이어서 나를 볼 수 없었을 터이나 나는 그의 앞에서 도피할 수 없었다. 하나님이 나를 불러 놓은 것으로만 생각되었다. 전에 경험하지 못한 죄에 대한 굉장한 두려움이 나를 엄습했다. 어떻게 하면 이 죄를 떨쳐 버릴 수가 있을까 나는 몹시 번민했다. 어떤 사람은 마음이 너무 괴로워 예배당 밖으로 뛰어나갔다. 그러나 전보다 더 근심에 쌓인 얼굴과 죽음에 떠는 환영을 가지고 예배당으로 되돌아 와서, "오 하나님! 나는 어떻게 했으면 좋겠습니까"라며 울부짖었다.

사실 그때 길 장로에 대한 회중의 인상은 옛날 광야에서 죄를 회개하라고 외치던 세례 요한과 같았다. 길 장로의 죄를 회개하라는 부르짖음에 사람들은 죄를 자복하지 않을 수 없었고 통회의 행동을 실천하지 않을 수 없었다.

순포(경찰)인 방은덕이 1주일 내내 회개가 계속되자 소문을 듣고 흉악범을 잡으려고 1월 8일 사경회에 참석했다가 "천당에 와서 지옥을 찾으려는 사람입니다"라고 회개하고, 예수를 믿게 되는 일이 일어나기도 했다.

또한, 승려 김덕엽은 1월 9일 "성령 앞에서 숨을 자가 없다. 영혼의 평화를 얻으라"라는 설교를 듣고 자신은 10년 동안 구도(求道)했으나 평화가 없다고 회중 앞에서 고백했다.

1월 12일 토요일 저녁 집회는 미국 북장로회 선교사 윌리엄 N. 블레어(William N. Blair, 한국 이름 방위량)의 설교로 절정에 달했다.

> 너희는 그리스도의 몸이요 지체의 각 부분이라(고전 12:27).

교회가 병이 나면 신체에 병이 난 것과 같고, 한 교우가 고난을 당하면 모든 교우가 다 아프다는 내용의 설교가 끝나고, 수백 명이 통성으로 기도할 때 성령의 큰 역사가 임했다. 저마다 일어나 죄를 자복하고 간증을 했다.

그런데 1월 14일 월요일 밤 집회 때 이길함 선교사(당시 장대현교회 담임목사, 1861-1916)가 설교를 간단히 하고 "다같이 기도하겠습니다" 했는데, 아무도 기도하지 않았다. 그때 길선주 장로가 앞에 나가서 공개적으로 회개했다.

> 나는 아간과 같은 자입니다. 나 때문에 하나님이 복을 주실 수가 없습니다. 약 1년 전에 내 친구 중 한 사람이 임종 시에 나를 자기 집으로 불러서 이

렇게 부탁했습니다.

"길 장로, 나는 이제 세상을 떠날 것 같으니 내 재산을 잘 정리해 주시오. 내 아내는 셈이 약하기 때문이오."

"내가 잘 돌봐드릴 테니 염려 마십시오."

나는 이렇게 대답했지만 그 부인의 재산을 관리하다가 미화 100달러 상당의 금액을 사취했습니다. 나는 하나님의 일을 방해해 온 것입니다. 내일 아침에 그 돈 전액을 그 부인에게 돌려 드리겠습니다.

오, 하나님!

이런 죄인도 용서해 주실 수 있으십니까?

길 장로의 공개적 회개는 마치 뇌관에 불을 붙인 것처럼 되어 청중 가운데서 성령의 강한 임재와 회개의 역사가 나타났다. 사람들이 여기저기서 일어나 자기 죄를 고백했고, 새벽 두 시까지 자백과 울음과 기도가 계속되었다.

당시 현장에 있었던 마펫 선교사의 자료집에는 다음과 같이 기록되어 있다.

인간이 범할 수 있는 가능성이 있는 죄는 거의 다 고백되었다. 사람의 체면은 이제 다 잊어버리고 오직 이때까지 자기들이 배반하던 예수를 향하여 "주여 나를 버리지 마시옵소서"라고 울부짖을 뿐이었다. 국법에 의하여 처벌을 받는다든가 또 죽음을 당한다 하더라도 문제가 아니었다. 다만 하나님의 용서를 받는 것만이 그들의 유일한 소원이었다. 심지어 어떤 여신도는 청·일 전쟁 때에 어린아기를 업고 도망가다가 무거워서 빨리 갈 수 없어 애기를 나무에 부딪쳐 죽이고 달아났던 참혹한 일을 자백했다.

당시 목격한 한 여선교사는 그 광경을 아래와 같이 썼다.

> 저런 고백들!
> 그것은 마치 감옥의 지붕을 열어젖힌 것이나 다름없다. 살인, 강간 그리고 상상할 수도 없는 모든 종류의 불결과 음색, 도적, 거짓, 질투 ….
> 부끄러움도 없이!
> 사람의 힘이 무엇이든 이런 고백을 강제할 수는 없을 터이다. 많은 한국 교인이 공포에 질려 창백해진 얼굴을 마루에 숨겼다.
> 성령이 임하셨다. 온 회중은 물 끓듯 몸부림치며 주님을 붙들고 애원하듯 한마디 압축된 기도를 드렸다.
> "주여, 주여, 나를 버리지 마옵소서!"
> 또 그 자리에 참석했던 어떤 선교사는 기도 소리가 마치 하늘 보좌를 향해 포효(咆哮)하는 것 같았다고 증언했다. 다같이 성령을 받고 몸부림치며 마룻바닥을 두들기며 가슴을 쳤다. 자기도 멈출 수 없고 남도 멈추게 할 수 없는 한결같은 태도였다. 모두가 찬송했다.
> "성령이여 강림하사 나를 감화하시고 애통하고 회개할 맘 충만하게 합소서 예수여 비오니 나의 기도 들으사 애통하며 회개할 맘 충만하게 합소서."
> "이 죄인을 완전케 하옵시고 또 맘속에 거하심 원합니다 ….."
> 찬송을 연거푸 부르고 기쁨이 충만한 가운데 산회했다.

평양 집회에 참여했던 교인들은 각기 집으로 돌아갔다. 무려 140킬로미터나 되는 거리에서 온 교인도 있었다. 회개 운동은 통회만으로 끝난 것이 아니라 각기 잘못을 고치는, 회개에 합당한 열매를 맺는 생활로 번졌다. 미워하는 사람을 찾아가서 사과하고, 훔친 것은 도로 갚아 주고, 잘

못 계산된 돈은 돌려주었다.

이런 일들이 신자들끼리만 아니고 불신자에게도 행해져 이 회개 운동은 전국으로 퍼졌다. 이에 감화를 받은 불신자들이 교회로 몰려들어 교회마다 초만원을 이루었다. 이 부흥 운동은 전국 교회를 크게 부흥시켰다.

3. 부흥의 물결

부흥의 물결은 학교에도 번져 나갔다. 김찬성의 인도로 숭덕학교 300여 학생들이 회개했고, 채정민 목사의 인도로 감리교학교 학생들에게도 부흥의 물결은 홍수처럼 밀어닥쳤다. 숭실대학에도 이 부흥은 요원(燎原)의 불처럼 타올랐다.

아서 L. 베커(Arthur L. Becker, 1879-1978) 교수는 이에 대해 다음과 같이 기록했다.

> 2월 달 바로 학교가 시작하기 직전 장로교 사경회에 성령이 강림하셨다. 우리는 학교도 복 받기를 원했다. 학생들이 모인 후 우리는 정상 수업을 그만두고 아침과 저녁을 통한 성경 연구와 기도를 위한 특별계획을 세우는 것이 지혜로운 일이라고 생각했다. 우리는 단순히 감정을 자극시키고 이끌어 나가는 일은 별로 하지 않았다. … 우리는 그저 십자가를 보여 주려고 했을 뿐이었다.
>
> 그러나 성령의 능력은 너무도 분명하여 회의적인 사람들까지도 넘어져 통절한 참회를 했다. 한 번은 수를 세어 보았다. 30명 이상의 학생이 몇 시간이고 서서 죄짐을 벗어 버릴 기회를 기다리고 있었다. 약 9할의 학생들이

이때에 깊이 감동받고 새 사람이 되었다. 많은 수의 학생이 불타는 열심으로 십자가를 전하여 부흥의 불길은 평양 가까운 촌 교회들만 아니라 제물포와 공주에까지도 번져 갔다.

4. 부흥 운동의 결실

1) 순수한 영적, 도덕적 운동

 부흥 운동을 지도하는 선교사들도, 그리고 멀리서 이를 지켜보는 미국 선교 본부 당사자들도, 이 운동이 정상이 아닌 이상심리의 발작이 아닐까 염려했던 것이 사실이다. 그러나 이런 염려는 해소되었다.
 1908년 일본 주재 감리교회 감독 메리맨 C. 해리스(Merriman C. Harris, 1846-1921)는 미국 메릴랜드주 볼티모어에서 4년마다 열리는 총회에서 아래와 같이 증언했다.

> 이 운동의 결과는 매우 좋다. 교회는 높은 영적 수준으로 올라갔고 미리 주의 깊은 성경 교육 덕분에 광신적 사례는 거의 찾아볼 수 없었다. 정신착란을 일으킨 일이란 한 번도 없었고 수천 명의 사람이 다 정상이다. 성직(聖職) 소명을 느낀 사람들이 수십 명이었고, 한 장소에서 200명이나 되는 많은 군중이 모여 성경 공부를 하고 있다. 수천 명의 사람이 글 읽기를 배우고 질문을 한다. 주정뱅이들, 도박꾼들, 도둑놈들, 간음한 자들, 살인자들, 스스로 의인 행세를 하는 유교 신자들, 죽은 것이나 다름없는 불교도들, 수천 명의 마귀 숭배자가 그리스도 안에서 새 사람이 되어 옛 것은 영원히 사라졌다.

1910년 영국 에든버러 세계선교대회에서 가장 주목 받은 선교 보고가 있었다.

> 지난 몇 년간 한국 선교 역사에서 가장 현저한 특징은 한국의 대부흥(Korean Revival)이었다. 그것은 진정한 오순절이었다. 5만 명의 한국 기독교인이 정화시키는 부흥의 불을 통과했고, 그 경험을 통해 오늘 한국 교회는 죄의 무시무시한 본성, 구원하시는 그리스도의 능력, 기도의 효능, 하나님의 임재를 알게 되었다.

실제로 극도로 사악하고 음란한 도시 평양을 중심으로 서북 지방의 사람들이 예수 그리스도 안에서 새로운 피조물 새사람이 되었다.

2) 선교사와 한국인 신자들과의 화해

외국 선교사와 한국 신자 사이에 서로 이해할 수 없는 이유들이 있었다. 민족성, 풍속, 습관, 사고 방식의 차이 그리고 감정 차이는 상호 이해의 길을 막는 벽이 되었다. 선교사들은 일반적으로 자신이 한국 신자들보다 우월하다고 생각했던 것도 부정할 수 없다.

존 Z. 무어(John Z. Moore) 선교사는 1907년 평양 대부흥의 역사가 일어나기 전까지 한국인들은 서방이 가졌던 종교적 체험을 결코 가질 수 없을 것이라고 말한 것을 고백했다. 그는 평양 부흥 운동이 자신에게 두 가지를 가르쳐 주었다고 했다.

첫째, 표면상으로 서방과 천 가지나 다른 것이 있을지 모르나, 한국인들은 그 마음에 있어서 또 모든 근본적인 것에 있어서는 서방의 형제들과 일치한다는 것이다.

둘째, 이 부흥은 나에게 모든 신앙생활을 함에 있어 어린아이가 단순하게 부모를 신뢰하듯이 전심으로 하나님을 신뢰하는 기도를 알게 했다.

허버트 E. 블레어(Herbert E. Blair, 한국 이름 방혜법)의 수기에서 민족 심리의 차이가 한국 사람의 마음속에 선교사들에 대한 오해뿐만 아니라 증오심을 불러일으켰다는 사실을 보게 된다.

화요일 밤 우리는 교회 직분자 사이에, 특히 두 사람이 서로 나쁜 감정을 가지고 있다는 것을 알았다. 그중 한 명이 일어나서 다른 이를 미워한 죄를 고백했으나 그 다른 사람은 잠자코 있었다. 집회가 계속되어 가면서 나는 강단 뒤에서 잠자코 있는 장로가 머리를 숙이고 있는 것을 보았다. 나는 앉아 머리를 숙이고 하나님께 그를 도우시기를 기도했다. 머리를 들었을 때 그가 앞으로 걸어 나오는 것을 보았다. 강단을 붙잡고 그는 고백했다.
"나는 하나님을 대항해 싸운 죄를 지었습니다. 교회의 장로이면서 나는 나의 형제 장로를 미워할 뿐만 아니라 방위량 목사(블레어의 한국 이름)도 미워했습니다."
그는 나를 향해 말했다.
"나를 용서해 줄 수 있습니까?
나를 위해 기도해줄 수 있습니까?"

3) 그리스도의 몸된 지체로서 교회 공동체

윌리엄 N. 블레어 목사의 수기에 다음과 같이 기록되어 있다.

> 토요일 밤 나는 고린도전서 12:27, "너희는 그리스도의 몸이요 지체의 각 부분이라"라는 말씀을 가지고 설교했다.
> 교회 안에서의 불일치는 몸에 병든 거와 같다. 한 지체가 고난당하면 모든 지체가 상할 뿐 아니라, 교회의 머리되신 그리스도께 고통이 된다. 한국에 온 지 얼마 안 되어 나는 사냥하다가 내 손가락 하나를 쐈다. 모든 한국인이 이것을 알고 있다. 그 손가락 들면서 나는 말했다. 상처받은 손가락과 함께 내 머리도 내 몸 전체도 다 아팠다고. 이 말이 그들의 마음속을 파고 들어간 것 같았다. 설교가 끝난 후 많은 사람이 죄(罪)가 무엇인가를 알았다고 증언했다. 그리고 많은 사람이 근심하며 다른 사람에 대한 사랑이 없음을 자백했다.

윌리엄 N. 블레어 목사는 당시를 회고하면서 "여럿이 아니고 하나인 교회", "나뉘어져 있을 때 당하는 그리스도의 몸된 교회의 아픔"을 온 교인이 보고 체험했다고 쓰고 있다.

또한 1907년 평양 대부흥 운동 후에 각 선교부는 선교 지역 배분이 큰 문제없이 정해짐으로써 그 후 20여 년 구역 마찰 없이 지내게 되었다. 그리고 공동체 의식이 집결되어 교회는 개교회적인 것을 탈피해 교단조직으로 발전했다. 1906년 침례교는 대한기독교회로 명칭을 정했고, 장로교회는 1907년 독노회를 조직해 1912년 조선예수교장로회총회로 발전했다. 1906년 숭실대학을 장로교 선교부와 감리교 선교부가 공동 운영키로 하고 학교명을 연합기독대학(Union Christian College, 숭실대학교 전신)으로 변경했다. 수년 후 서울의 세브란스병원과 연희전문학교, 평양의 기홀병원 등을 장로교와 감리교 선교부가 공동으로 운영키로 했다.

평양 대부흥 운동의 영향이 전국적으로 퍼지면서 노비를 속량해 주는 일이 교회 안에서 일어났다. 「조선크리스도인회보」에 이런 기사들이 실렸다.

남양교회 박정렬은 노비를 속량해 수양딸을 삼았다(1911년 3월 11일).

황해도 법내감리교회의 이연철은 노비문서를 불사르고 노비 가족들을 속량해 주면서 주를 진실히 믿으라고 권했다(1911년 3월 30일).

4) 선교사 파송

장로교회에서 1907년에 목사 안수를 받은 이기풍을 제주도 선교사로 파송했다. 1908년 평양 여전도회 연합회는 이선광 여전도사를 제주도에 파송했다. 1909년 윤명식, 1912년 최태진을 추가로 제주도에 선교사로 파송했다. 1909년 평양신학교 제1회 졸업생 7인 중 한석진 목사를 일본 도쿄에 파송해 도쿄 유학생 전도에 힘썼다. 그해 최관흘 목사를 시베리아 해삼위(러시아 시베리아 동남부, 동해 연안에 있는 항구 도시. 시베리아 횡단 철도의 동쪽 종착점이며 러시아 함대의 기지가 있다)에 파송해 연해주 교포들에게 선교를 시작했고, 김진근 목사를 남만주에 파송해 만주 전도를 시작했다.

1912년 박태로, 1913년 사병순, 김영훈 목사를 중국 산동 지방 선교사로 파송했다. 산동성은 공자(孔子)의 출생지로 외래 종교에 대한 배격이 강해서 미국 장로회 선교부의 수십 년 선교 역사에서도 실적이 거의 없는 불모지였다.

그러나 한국 교회는 이 불모지가 오히려 의의가 깊다는 사명감으로 선교를 감행해 1942년 선교 30주년에 교회 36처소, 세례 교인 1,716명을 얻어 중국 선교 역사상 최대의 기적을 낳았다. 1910년 최성주, 1911년 김덕선, 차형준, 1913년 김내범, 1913년 최봉석(최권능이라고도 불림), 1914년 한경희 목사가 만주 한인을 위한 목회를 담임했다.

한편 남감리회는 1908년 간도 선교회를 조직해 이화춘 전도사를 간도에 파송했다.

▲ 손정도 목사

북감리회는 1910년 손정도(1882-1931) 목사를 북중국에 파송해 중국 선교를 시작했다. 1912년에는 손정도 목사를 러시아 시베리아에 파송해 그곳 선교 사역에 큰 진전이 있었다. 그러나 시베리아에서 오랫동안 터전을 닦은 그리스정교회의 방해를 받았다. 그리고 그는 일본 수상 가쓰라 암살 음모 혐의로 러시아 관헌에게 체포돼 서울로 압송되었다. 거기서 모진 고문을 받아 심장질환을 얻었다.

또한, 손정도 목사는 북간도의 한인 무관학교 설립 기금 모금 사건으로 재판을 받아 전남 진도에 1년간 유배되기도 했다. 1915년에는 정동제일교회의 담임목사로 일하면서 엡윗청년회를 다시 만들어 적극 지원했다. 그는 정동교회에서 남녀를 구분하는 휘장을 없애 남녀노소 신분을 불문하고 한 자리에 앉게 했다.

3·1 운동 후 그는 상해임시정부 의정원 의장으로 독립 운동을 했고, 임시정부가 각 파로 대립되어 더 이상 희망이 안 보이자 1924년 만주 길림으로 들어

가 길림교회를 세웠다. 독립 운동 근거지를 세우기 위해 고향의 재산을 팔아 액목현 지역에서의 토지 구입과 농민호조사(1927년 만주에서 조직되었던 농민 단체) 설립을 위해 전력을 다했다. 그는 일본의 만주 침략 야욕이 노골화되는 시기 1931년 2월 19일 고문 후유증으로 몸이 쇠약해지고 지병인 위궤양이 악화해 순직했다.

손 목사의 아들 손원일은 8·15 해방 후 대한민국 해군을 창설하는 주역이 되었고, 6·25 전쟁이 발발했을 때 해군참모총장으로서 공산 세력에게서 대한민국을 지켜내는 데 헌신했다. 서울 국립묘지 현충원에 부자(父子)가 안장되어 있다.

나라가 일본의 만행으로 무너져 독립국은 못 되어도 선교국은 되어야 한다는 자세로 선교사를 파송해 세계 교회의 이목을 끌게 되었다.

5) 성경 공부와 새벽기도회

1891년 네비우스 방법을 채택한 선교사들이 한국 교회 지도자를 양성하고자 1892년 11월 28일부터 12월 24일까지 서울에서 신학반을 개설했을 때 백홍준, 한석진 등 참석자가 자발적으로 새벽에 일어나 기도회로 모였다. 1893년 평양 선교 지부를 개척하던 마펫 선교사와 한석진 조사가 가정 새벽기도회를 했다. 1898년 2월에 열린 황해도 강진교회 사경회에서도 새벽기도회가 있었다.

1907년 평양 대부흥 운동의 영향은 한국 사람의 신앙생활의 핵심이 된 성경 공부와 새벽기도다. 원래 부흥 운동이 1903년 원산에서 성경 공부와 기도회에서 비롯되었다. 1905년 평양 평안도 사경회 때 새벽기도회가 정식 프로그램으로 채택되었다. 1907년 평양 대부흥 운동이 일어난 후 개

별적으로 교회에 모여 새벽기도회를 가졌다. 1908년 민간 도교에서 개종해 평양신학교를 졸업한 후 안수 받은 길선주 목사는 장대현교회 담임으로 시무했다. 1909년 길선주 목사와 박치록 장로가 주도해 일반 신자들이 새벽기도회로 모였다.

　복음을 믿고 실천하는 진정한 그리스도인이 되기 위해 하나님의 진리의 말씀을 바르게 알아야 함을 부흥 운동을 통해 절실히 깨닫게 되었다. 이때를 계기로 거의 모든 신자는 성경 공부를 신앙생활의 요소로 알고 있고 오늘까지 지속되고 있다.

　매 주일 새벽기도회를 하는 교회가 생겼으며, 주일이 아닌 날에도 교인들은 개인적으로 교회에 나와서 기도하는 것이 오늘날 한국 교회 새벽기도회의 전통이 되었다. 당시는 나라가 일제에게 넘어가는 시기여서 기도하지 않고는 살 수 없는 숨 막히는 시절이었고, 신자들이 하루를 시작할 때 제일 먼저 하나님께 기도했기 때문이다. 그리고 새벽기도회가 교회마다 매일 기도회로 정착한 것은 1920년 후반으로 보고 있다.

6) 백만 명 구령 운동

　이는 1909년 9월부터 1911년 3월까지 한국 기독교계에서 100만 명 신자달성을 목표로 전국적으로 전개한 초교파적 부흥 운동을 말한다.

　1907년 평양 부흥의 물결이 지속되지 못한 것을 보고 애석해하는 미국 남감리회 선교사 매리안 B. 스톡스(Marian B. Stokes, 한국 이름 도마련, 1882-1968)와 포스터 K. 갬블(Foster K. Gamble, 1880-1969)과 와이트만 T. 리드(Wightman T. Reid) 목사는 개성에서 산상기도회를 갖고 지방 전도 여행에 나서면서 교인들에게 5만 명의 새신자를 얻을 수 있도록 힘쓸 것을 당부

▲ 백만 명 구원가

했다. 이 목표는 같은 해 9월 선교연회에서 금년에 "20만 심령을 그리스도에게로"로 확대되었다. 그리고 10월 8-9일 서울 복음주의 선교부 위원회에서 다시 "백만 인의 심령을 그리스도에게로"로 확장되었다.

이에 따라 각 교파에서는 특별추진위원회를 구성하고 초교파적 대규모 부흥 운동을 전개했다. 이때 한국에는 약 20만 명의 출석교인이 있었으므로 한 사람이 네 명에게 전도하면 백만 명 신자 목표를 달성할 수 있다는 계산을 했다. 존 W. 채프만(John. W. Chapman)과 찰스 M. 알렉산더(Charles M. Alexander) 부흥팀이 서울의 황성기독교회관에서 선교사 대회와 한국인 집회를 열었다.

1910년 백만 명 구령 운동을 할 때 로버트 하크니스(Robert Harkness)가 작사 작곡한 영어 가사를 번역해 〈백만 명 구원가〉 찬송을 불렀다. 그러나 너무 급하게 번역한 결과 곡과 음절이 잘 맞지 않아 부르기가 쉽지 않았다. 그리하여 손승용(1855-1928) 목사가 직접 작사해 강화와 인천에서 가르친 〈백만 명 구원가〉를 불렀다.

손승용 목사가 친필로 쓴 〈백만 명 구원가〉는 다음과 같다.

1절 삼천여리 강산 우리 대-한국에 죄에 빠진 동포 가련하구나
그리스도왕의 봉명 사신된 자 백만 명 구하려 나아갑시다
2절 사면진을 벌인 원수 마귀 손에 사로잡힌 동포 구원해보세
우리 대장 예수 선봉되었으니 백만 명 구하려 나아갑시다
3절 우리 형제자매 일심 단체하여 성신 보검 들고 힘써 싸우세
퇴보하지 말고 용맹 전진하며 백만 명 구하려 나아갑시다
4절 열심히 나가 전도하는 이들 천당 영광 중에 면류관 쓰고
할렐루야 찬송 기뻐할 것이니 백만 명 구하려 나아갑시다
후렴 나아갑시다 나아갑시다 백만 명 구하려 나아갑시다

▲ 백만 명 구령 운동

구령 운동의 수단은 연합기도회와 매일기도회 개최, 호별 방문 전도, 복음서 판매 그리고 날연보(day offering, 獻日)를 통한 개인 전도였다. 특히 영국 성서공회는 마가복음 특별판 70만부를 출판해서 전도용으로 제공했다. 교인들은 남녀노소가 전도하는 날을 연보로 드렸는데, 날연보의 총계가 평양 지역의 1천 명 신자의 날연보를 비롯해 십만 일이 넘었다. 서울에서는 1910년 10월 한일병합 직후 대규모 전도 대회를 열었다.

그러나 백만 명 구령 운동의 결과는 목표를 이루지 못했다. 평양 대부흥 운동은 성령의 강력한 역사를 통해 이루어졌지만, 백만 명 구령 운동은 사람들의 계획으로 세워진 운동이었기에 그 성과를 달성하지는 못했다. 하지만 윌리엄 N. 블레어(William N. Blair, 한국 이름 방위량, 1876-1970) 선교사는 "100만 명 이상이 지난 1년 사이에 천국에 대한 관심을 갖게 되었다"고 평가했다.

한국 교회의 역사에서 1960년 통계청 인구조사 자료로 볼 때 기독교인 숫자가 1,257,428명이었으니, 하나님의 섭리하심에 따라 불과 50년 만에 백만 명 구령 운동의 결실이 나타난 것이다.

7) 외교 독립 운동의 발발

1904년 미국으로 유학한 이승만은 우리나라가 일본에게 외교권을 박탈당한 1905년 을사늑약부터 나라를 빼앗기는 1910년 한일병합에 이르는 동안 학사, 석사, 박사를 취득했다. 이승만은 단순히 공부에만 전념한 것이 아니라 조국 해방을 위해 미국 교회를 중심으로 순회 강연을 했다. 1905-1910년 유학 시절 미국 교회와 YMCA에서 한국 선교와 독립에 관해 무려 183여 회에 이르는 강연을 했다.

이런 이승만은 40년 동안(1905-1945) 외교를 통한 독립 운동을 했다. 이승만은 1908년 미국 펜실베니아 피츠버그 제1차 세계 선교 대회에서 평양 대부흥 운동의 소식을 전하면서 미국과 미국 교회가 한국 독립을 위해 도와줄 것을 강력하게 호소했다.

한국인이 나라를 일본에게 빼앗기면서 정신적으로 피폐해졌고 캄캄해서 길을 찾지 못할 때 교회는 어둠을 밝히는 등불이 되었다. 평양 대부흥 운동 이후 나라를 사랑하는 마음으로 많은 사람이 교회에 나와 예수를 믿기 시작했다. 예수만이 나라의 소망임을 깨닫게 되어 교회로 모여들었다. 교회를 중심으로 독립 운동이 일어나고 나라의 지도자들이 세워지면서 그리스도인들이 1919년 3·1 독립 만세 운동의 주역이 되었다.

제11장

신학교 설립과 교회 조직

1. 평양신학교 설립

원산 부흥 운동과 평양 대부흥 운동을 통해 한국 교회는 신학교의 설립이 요구되었다. 특별히 부흥 운동의 발원지 평양에서의 신학교 설립은 사경회를 더 구체화, 체계화시킨 것이었고, 한국 신학의 정립과 지속적 부흥의 원동력이 되도록 지도자 양성의 필요성이 현실화 된 것이다.

교회 일반 지도자의 훈련 기관으로 1890년 10월 서울에서 언더우드 선교사가 신학반(Theological Class)을 설립해 백홍준, 김관근, 서경조, 최명오, 서상륜, 정공빈, 홍정후 등에게 기퍼드, 헤론과 함께 신학 교육을 시작했다. 1900년 가을에는 장로교 평양공의회 위원회가 마펫 목사의 제안으로 평양에 신학교를 세우기로 하고, 장대현교회의 제1대 장로 김종섭과 제2대 장로 방기창을 목사 후보생으로 선정했다.

1901년 10월 '신학교육 위원회'는 수업 연한을 5년으로 잠정 결정했다. 1902년 양전백, 길선주, 이기풍, 송인서를 목사 후보생으로 교육했다. 1904년 4개 선교부 연합으로 지방공의회 위원회에서 한석진과 서경조 등 19명이 목회자 후보생으로 선정되어 신학교에 입학했다. 이때 평양신학교는 마펫 선교사 집에서 시작한 사설 학교로 시작했다.

그런데 1907년 대부흥의 자극을 받아 1907년 6월 20일 평양신학교가 "대한예수교장로회신학교"로 정식 신학교가 되었다. 제1회 졸업생으로 길선주(40세, 평양), 양전백(39세, 구성), 서경조(58세, 의주), 한석진(41세, 의주), 송인서(40세, 평양), 방기창(58세, 평양), 이기풍(40세, 평양) 등 7명이 배출되었고, 이들은 같은 해 9월 17일 독노회에서 목사 안수를 받았다.

이때 목사로 임직한 사람 가운데 서경조가 한국인 최초로 축도했다. 1907년 이후 1916년까지 171명의 졸업생이 배출되었고, 1916년에는 230명의 재학생이 있었다. 1908년 3월 1일 길선주 목사가 장대현교회에서 한국인 최초로 세례식을 집례했다.

장로회신학교('평양신학교'라고도 불림)는 한국장로교 선교회 사역의 '사경회제도'의 성장에 따라 제도화한 것이었다. 역사적으로는 칼빈주의 배경에서 웨스트민스터 신앙고백을 표준으로 받아들이고, 장로 정치를 수용한 성경 중심의 학교이다.

장로회신학교는 구학파 신학을 계승한 미국 프린스턴신학교와 웨스트민스터신학교 그리고 맥코믹신학교의 맥을 잇고 보수 정통 신학을 지향했다. 예수 그리스도의 동정녀 탄생, 십자가 대속의 죽음, 육체적 부활, 기적의 역사성과 역사적 재

▲ 평양 장로회신학교 제1회 졸업생
(1907년, 뒷줄 왼쪽부터 시계 방향으로 방기창,
서경조, 양전백, 송인서, 길선주, 이기풍, 한석진)

림의 교리를 계승하는 복음의 근본주의 관점에서 신학 교육이 계속되었다. 이에 따라 모든 신학생은 신구약 66권을 공부해야 하고, 성경을 성령에 감동된 정확무오한 살아 계신 하나님의 말씀으로 배우며, 성경을 진실로 신앙하고, 삶으로 실천해야 하는 사명감을 가져야 했다.

1907년 개교 후 수많은 하나님의 일꾼을 양성했다. 1938년 우상에게 절하는 신사 참배를 거부했고 이로 인해 폐교가 되기까지 평양의 대한예수교장로회신학교는 그 사명을 다했다.

2. 장로교회의 조직

장로교의 치리 기구는 3단계로 되어 있다. 개교회 목사와 장로의 모임인 당회(堂會), 당회의 상회인 노회(老會) 그리고 노회의 상회인 총회(總會)이다. 1885년 한국 장로교를 개척한 각 장로교 선교부는 선교사 친교 교류 단체인 선교공의회(Committee of Council)를 조직했다.

그 후 선교 사역이 점차 확대됨에 따라 지역 공의회 위원회를 설치했다. 이에 1895년 서울위원회와 평양위원회를 설치했다. 1901년 전라위원회(남장로교 선교회), 경상위원회(호주 장로교 선교부), 1902년 함경위원회(캐나다 장로교 위원회)를 각각 조직했다.

1905년에 선교연합 공의회를 조직한 후에 공의회 밑에 당회 위원회를 또한 설치했는데, 그것은 선교사들이 상주하는 지방을 교회 당회와 같은 형태로 각 선교 지부마다 설치한 것이다.

한국 교회 최초로 서상륜 조사를 장로로 장립하는 과정에서 문제가 생겼다. 서상륜 조사는 부모가 중매한 본처와 결혼생활을 하지 않고 자기가 사랑하는 여인과 생활해 일부다처제 축첩 문제로 장로로 임명하는 데 결격 사유가 있었다.

그래서 한국 최초로 1900년 황해도 장연군 소래교회에서 서경조 장로가 세워졌다. 1900년 6월에는 평양 장대현교회에서 김종섭이 장로로 장립되고, 1901년 방기창, 길선주가 장로로 장립되었다. 그 후 각 교회마다 장로가 세워져서 장로교 조직교회가 세워졌다.

장로교 공의회는 한국인에 의한 최초의 교회 정치 규정을 명시하고, 한국 교회가 독노회 조직 근거를 제공해 주었다. 장로 1인 이상의 지교회 12 교회와 임직 목사 3인 이상이 상시 존재할 때 예수교장로회를 설립하되 선교사는 본국과 한국에 이중적 회원권을 부여한다는 것이다.

1907년 9월 17일 평양 장대현교회에서 북장로회, 남장로회, 호주 장로회, 캐나다 장로회 선교사 33명과 한국 장로 36명과 찬성위원 9명 등 78명이 모인 공의회는 '대한예수교장로회 노회'가 조직됨을 선포했다. 이것이 한국 장로교 최초 노회로 제1대 노회장 마펫 목사, 부노회장 방기창, 서기 한석진, 부서기 송인서, 회계 이길함을 임원으로 선임했다. 동시에 공의회 소속 경기·충청, 평남, 전라, 경상, 함경, 평북, 황해 7소회는 7 대리 위원회가 되어 1912년 총회가 조직될 때 7노회로 승격됐다.

이어 장로교 신경은 서문(序文)을 제외하고는 1904년 인도 장로교회에서 택한 신조 그대로를 채택했다. 이것은 아시아 지역 교회의 연결성과 통일성을 표방한 것이다. 또 노회 조직을 기념해 이기풍 목사를 제주도 선교사로 파송하기로 결정했다.

그리고 1912년 9월 2일 평양 경창리 여자성경학원에서 7노회가 파송한 대표 목사 96명(외국인 목사 44명, 한국인 목사 52명)과 장로 125명, 합해서 221명 회원으로 역사적 조선예수교장로회총회가 조직되었다.

▲ 조선예수교장로회 창립 총회(1912년)

제1대 총회장 언더우드, 부회장 길선주, 서기 한석진, 부서기 김필수, 회계 방위량, 부회계 김석창을 선임했다. 총회 결성 기념으로 중국 산동성에 선교사를 파송하기로 결의했고, 박태로, 김영훈, 사병순 목사를 파송했다.

3. 감리교회 조직

감리교회의 치리 제도는 개교회의 치리 기구인 당회와, 당회의 상회인 지방회, 그리고 지방회의 상회인 연회로 조직되었다. 초창기에는 개교회의 치리 기구를 계삭회(季朔會)로 지속하다가 당회가 되었는데 장로교 당회는 교회 대표 목사와 장로로 조직하지만, 감리교 당회는 세례 교인 전부가 참여하는 제도이다. 감리교는 영국 성공회에서 나와서 중앙집권적 감독제를 취했다.

미국 북감리교회는 1889년에 계삭회와 서울, 인천 두 지방회가 조직되고, 1901년 김창식과 김기범을 한국 기독교 최초의 목사로 안수했다. 1905년 조선 선교회가 조직되었으나 일본 주재 해리스(Merriman C. Harris) 감독의 권한 하에 있었다. 1906년에는 지방회가 다섯으로 늘어났다.

한편 남감리교회는 1897년 9월 10일 제1회 지방회를 서울에서 개최하고 구역을 서울, 개성 두 지방으로 나눴다. 그해 12월 8일 제1회 선교 연회를 이덕 박사의 집에서 개최했고, 1904년 최초로 김흥순을 전도사로 허가했다. 조선 남감리회가 중국 감리회에서 독립하기는 1906년이었다. 1908년에는 지방회가 경성-개성, 원산, 춘천 셋이 됐고, 1910년에는 일곱으로 늘어났다.

감리교회의 연회가 조직된 것은 1905년 6월 21일부터 27일까지 해리스 감독의 사회로 열린 한국 선교회는 한국 선교연회로 개칭해 해외 선교사와 한국인 공동 연회로 발족했다. 1908년 3월 10일에 미국 남감리교회 조선 선교연회로 변경했고, 같은 해 9월에 남감리교 선교연회로 조직했다. 이리하여 남북 감리회는 각기 연회가 성립된 것이다.

그리고 1928년 5월 미국 북감리교회 총회와 1930년 미국 남감리교회의 총회에서 양 교단이 통합하기로 승인해서 1930년 12월 드디어 양 교단은 통합되어 오늘의 감리교회가 된 것이다. 초대 총리사로 양주삼(1876-1950) 목사가 당선되었다.

양 목사는 평안도 용강군의 몰락한 양반 선비 가문 출신으로 한문 책자를 접하다가 기독교에 대해 알게 되었다. 그는 상경해 배재학당의 교사였던 헐버트의 도움으로 중국 상해를

▲ 양주삼 목사

거쳐 미국 유학길에 올랐다. 1912년 미국에서 목사 안수를 받고 귀국해 협성신학교(현 감신대) 최초 한국인 교수로 부임했다. 그는 미국 감리회를 대표하는 웰치와 함께 총회 창립 작업을 실질적으로 주도했다.

4. 협성신학교

1888년 아펜젤러 선교사는 배재학당에서 신학 교육을 시작했다. 1900년 1월 인천에서 조지 존스 선교사 집에서 2주간의 신학 교육이 시작되었고, 같은 해 11월 서울 상동교회에서 윌리엄 스크랜턴 선교사 중심으로 신학 교육이 이루어졌다.

감리교회는 1903년 원산 부흥 운동 이후에 교세가 확장되면서 교회 지도자 양성이 시급해졌다. 1907년 6월 미국 북·남감리교 한국 선교회가 연합해 신학교를 설립하기로 했다. 그리하여 그 해 가을부터 협성신학교(감리교신학대학의 전신)가 시작되었고, 교장은 조지 존스 목사였다. 1915년 서울 서대문구 독립문길 냉천동으로 이전했다. 1940년 10월 일본의 명령으로 폐교되었다.

제12장

겨레와 함께 멍에를 메는 교회

1. 한일병합

1904년 러·일 전쟁에서 이긴 일본은 조선을 완전히 침식하려고 강압으로 1905년 을사늑약을 체결했고 1910년 8월 22일 한일병합조약을 조인하고 8월 29일 반포한 후 조선을 식민 통치했다. 이때 애국 민족 지도자 다수는 잃어버린 국권을 찾는 길은 하나님께 있고, 민족 재생의 길이 기독교에 있다는 인식으로 교회에 들어오게 됐다.

또한 1903년 원산 부흥 운동과 1907년 평양 대부흥 운동의 결과로 1895년에 746명이던 교인이 1898년에는 8,496명으로 1900년에는 18,081명으로, 1906년에는 44,000명으로 1910년에는 167,352명으로 급속도로 교인 수가 많아졌다.

일본은 1908년 3월 23일 장인환, 전명운 의사(義士)의 스티븐슨 암살 사건, 1909년 10월 26일 안중근, 우덕순 의사의 이토 히로부미(이등박문) 피격 사건, 1909년 12월 23일 이재명 의사에 의한 이완용 피격 사건의 장본인이 대부분 기독교인이면서 서북 지방(황해도와 평안도) 사람이라고 했다. 이런 이유에서 일본은 서북 지방에 있는 기독교인들을 앞으로 조선을 통치하는 데 가장 큰 걸림돌로 여겼다.

2. 해서교육총회 사건(海西敎育總會事件)

1907년 부흥 운동 이후 교회는 반드시 교회 옆에 학교를 세워 교육을 통한 구국 운동을 벌였다. 1908년 황해도의 김구, 최광옥, 도인권, 이승길, 김홍량 등 기독교 지도자들이 중심이 되어 약 160여 명의 회원으로 해서교육총회를 조직했다. 이 조직의 목적은 도내에 있는 학교들을 포섭하고 일면일교(一面一校)제의 교육 시설을 확충할 것과 강습소 등을 열어 계몽 운동에 힘쓰는 것이었다.

1910년 12월 안중근 의사의 사촌 동생 안명근은 항일 독립 운동을 할 것을 결심하고 동지들을 모아 이완용 등 친일파를 없애고 간도로 가서 독립군을 양성할 계획을 세우고, 이를 위해 군자금 모집 계획을 추진하던 중 탄로가 났다. 안명근은 빌렘 신부(神父)에게 데라우찌 마사다께 총독 살해를 계획한 사실을 알렸다.

빌렘은 서울의 뮈텔 신부에게 이 사실을 서신으로 보고했고, 뮈텔이 천주교의 피해를 최소화하기 위해 헌병사령관 아카시 모토지로(明石元二郞)에게 밀고함으로써 안명근 외 160명이 체포되었다. 일본은 안명근 사건에 교육총회를 결부시켜 전 회원을 검거 투옥시켰다. 혹독한 고문으로 허위자백을 강요 내란미수죄를 적용시켜 김구 등 중요 인물 10여 명은 15년 이상의 중형으로 처벌하고 40여 명은 제주도와 울릉도로 유배시켰다. 이것을 '해서교육총회 사건' 또는 '안악(安岳) 사건'이라 부른다.

3. 105인 사건

1907년 도산 안창호(1878-1938)가 교회 지도자를 중심으로 신민회(新民會)를 창설, 배일결사 단체를 만들어서 강력한 민족 운동을 전개했다. 특히 선천의 신성중학교 한국 교사들은 신민회 회원들로 학생들에게 기독교 민족주의를 고취했다. 이에 일본 경찰은 이 신성(神聖)을 중심으로 한 기독교 민족주의자들을 탄압하기 위해 독립단체를 말살하려는 음모를 꾸몄다.

1910년 12월 27일 신민회를 중심으로 교회 지도자들이 압록강 철교 준공식에 참석하는 데라우찌 마사다께(寺內正毅) 총독을 선천역에서 살해하려고 계획했다가 실패했으나 탄로나지는 않았다. 그러나 일본은 각본에 따라 기독교 지도자들이 데라우찌 총독 암살 기도 음모를 꾸몄다는 이유로 1911년 11월 11일 검거하기 시작할 때에 가장 먼저 신성중학교 학생들을 체포했다.

목사 6명, 장로 50명, 집사 80여 명을 포함한 500여 명의 관서 지방 기독교 민족주의자들을 체포했다. 그중 123명이 가혹하게 고문받은 다음 검찰에 기소되었다. 그 123명은 온갖 고문에 의해 일부가 허위자백을 했고, 1912년 6월 28일 열린 첫 공판에서 실형을 선고 받은 사람이 105인이라서 이 사건을 훗날 '105인 사건'이라 불렀다. 105인 가운데 89명이 기독교인이었다.

당시 일본은 전대미문의 잔혹한 고문을 가했는데 그 과정에서 기독교 지도자였던 전덕기(1875-1914) 목사와 김근형, 정희순, 한필석 등은 고문으로 세상을 떠났고 4명은 정신병자가 되었다. 당시 신성중학교 학생으로 체포되어 모진 고문을 당하면서도 끝까지 굴복하지 않았던 105인의 피고 중 선우훈은 수기에서 이렇게 증언했다.

> 저들은 두 손가락 사이에 쳇대를 끼우고 손끝을 단단히 졸라맨 후 문턱 위에 높이 달아매고 때때로 줄을 잡아 당겼다. 온 몸이 저리고 쏘고 사지가 끊어져 오고 땀은 줄줄 흐르고 숨결은 가빠지고 견딜 수 없어서 몸을 잡아 이리 틀고 저리 틀었다. … 독사 같은 형리들은 또 다시 줄을 잡아당기니 손과 발이 다 떨어지는 것 같고 매달린 몸은 무거우니 쳇대에 끼인 손가락은 뼈가 드러났고 피는 흘러서 온 몸을 적셨다. 눈보라 치는 혹한 삭풍에 몸이 얼기 시작하여 동태같이 되었다. … 어떤 사람은 팔을 잃고 어떤 사람은 눈알이 뽑혀서 빈사 상태에서 피를 토했다.

제1심 재판에서 형을 선고받은 105인은 불복 상소하여, 제2심에서 99명이 무죄 석방되고, 주모자 6명에게만 징역 4~6년이 선고되었다. 1915년 2월 이들이 감옥에서 풀려 평양역에 도착했을 때 시민 9천여 명이 역 광장에서 이들을 환영했다.

한국 교회는 원산 부흥 운동, 평양 대부흥 운동 이후 전국적으로 번져가는 길선주, 김익두 목사의 부흥 집회 영향으로 빠른 속도로 교회가 세워지고 또 노회와 총회가 조직되면서 한국 교회는 이미 전국적 조직망을 갖춘 상태였다. 그래서 일본은 식민 통치에 교회가 언제든지 반대 세력이 될 수 있다는 우려를 했다.

또한, 미국 유학을 마치고 돌아온 이승만은 1911년 여름에 YMCA를 중심으로 전국을 돌아다니면서 두 달 동안 33번씩이나 기독교 집회를 인도했다. 전국적으로 기독 청년들을 일으키는 부흥 운동이 확산되자 결국 일본은 105인 사건을 일으키게 된 것이었다.

4. 3·1 독립 만세 운동

▲ 3·1 독립 만세 운동

1919년 기미년 독립 만세 운동 때 대한독립 선언서 대표 33인 중 16명이 기독교인이었다. 그것은 기독교의 진리가 인간의 존엄과 자유와 평등으로 이를 억압하는 어떠한 권력에도 굴복하지 않고 쟁취해야 하는 정신과 일치했기 때문이다. 그들은 일본 관헌들이 독립 운동을 누가 시켜서 하느냐고 물으면 하나님이 시켜서 한다고 대답했다.

한편 우리 민족의 자유와 독립은 이스라엘 민족을 통한 하나님의 섭리로 보아 하나님의 거룩한 뜻으로 믿기 때문이었다. 3·1 독립 만세 운동 시위가 있기까지는 국내·외의 기독교 지도자들의 계속적 독립 운동 영향이 컸다.

3·1 운동은 미국, 중국, 일본, 만주 등지에 흩어져 있는 해외 동포들로부터 시작되었다. 미국에서는 이승만, 정한경 등이 앞서서 대한인국민총회(大韓人國民總會)와 안창호가 설립한 흥사단(興士團)을 통해 독립 운동이 전개되었다.

특히 이승만은 알프레드 M. 샤록스(Alfred M. Sharrocks) 선교사와 여운홍에게 윌슨 대통령이 '민족자결주의'를 표방할 것이라는 정보를 국내에 있는 양전백, 함태영, 김성수, 이갑성(1889-1960, 민족대표 33인 중 한 명)에게 알려서 국내에서도 모종의 독립 운동이 일어나야 할 것을 알렸다.

이 소식을 들은 이갑성은 세브란스 의전 프랭크 W. 스코필드(Frank W. Schofield) 교수의 협력을 받아 3·1 독립 만세 운동을 준비했다.

중국 상해에서는 김규식, 여운형, 선우혁, 서병호, 신석우, 장덕수 등이 신한청년당을 조직하고, 김규식을 파리 강화 회의에 파견하여 조선의 독립을 호소했다. 한편 선우혁을 국내로 보내 국내 지도자들이 독립 운동 시위를 하도록 연락했다.

일본 도쿄에서 YMCA를 중심한 유학생들은 1919년 2월 8일 독립 선언을 했다. 그리고 노령 연해주에서는 이동휘 등이 3·1 운동을 일으켰다.

독립 선언에 서명한 민족 대표자 33인 가운데 16명이 기독교인이었다. 그 명단은 다음과 같다. 이승훈, 박희도, 이갑성, 길선주, 양전백, 신석구, 오화영, 최성모, 이필주, 김창준, 박동완, 신홍식, 이명룡, 유여대, 김병조, 정춘수 등이다. 이로써 3·1 독립 만세 운동의 주도권이 기독교에 있음을 보여 주며, 실제 전국에 있는 교회를 중심으로 태극기와 기미독립 선언서가 준비되어 만세 운동이 일어났다.

1919년 기미년 3·1 독립 만세 운동은 서울, 평양, 정주, 진남포, 안주, 선천, 곽산, 의주, 원산 등 제1회 만세 시위에서 모두 교회가 앞장섰고,

그 후로 연속된 만세 운동에서도 대부분 교회와 기독교 학교를 중심으로 일어났다. 경기도, 황해도, 평안북도, 경상남도, 대구와 경상북도, 충청도, 전라도, 제주도 전국에서 만세 운동이 일어났다.

제1회 독립 만세 운동에서 민족 대표 33인 중 김병조 목사를 제외한 전원이 체포되어 독립 만세 운동이 좌절되었다. 그리하여 서울 승동교회 김상진 목사, 안동교회 김백원 목사, 정주교회 조형균 장로, 의주교회 문일영 집사 등이 중심이 되어 독립을 요구하는 문서를 작성, 3월 12일 조선 총독에게 제출하고 서울에서 제2회 독립 만세 운동을 벌였다.

3월 18일 강화군 강화읍에서 1만여 명의 주민이 모여 "대한독립 만세"를 불렀는데, 이는 서울을 제외한 지방 중에서 가장 많은 인원이 참여한 강화 시위였다. 전국의 만세 시위는 13개도 212군에서 4월, 5월까지 계속되었다.

5. 교회의 수난

3·1 독립 만세 운동이 거국적으로 일어났기에 일본의 탄압은 무자비했다. 사망자 934명, 부상자 15,961명, 체포된 자 49,948명, 교회 소각 59개소, 학교 소각 3개소, 민가 파손 715개소였다. 여기서 주목해야 할 부분은 교회 소각 59개소로 그만큼 교회를 집중적으로 탄압했다는 증거다.

화성 제암리교회 집단 학살 사건, 정주교회 학살 사건, 강서 모략장교회 학살 사건, 곽산교회 학살 사건, 맹산교회 학살 사건, 서울 십자가 사형 사건, 북간도 노루바위 학살 사건 등 전국 각지에 있는 교회에서 3·1 만세 시위로 인해 많은 교인이 다쳤고 재산 피해도 심했다.

그중 가장 비극적 사건은 화성 제암리교회 사건이었다. 당시 제암리교회의 예배당 안에 마을 주민을 모아 놓고 23명을 불로 태워 죽였고, 집 34채를 불태워 버렸다. 당시에 집과 사람이 타면서 날아간 재가 12 킬로미터나 떨어진 곳에서도 확인될 정도였다고 한다. 이런 보복 학살은 곽산, 사천, 화성 화수리와 수촌리, 맹산, 대구, 합천, 남원, 강계, 강서, 정주, 홍천, 강화, 천안 등등 수많은 지역에서 자행되었다.

이리역의 3·1 독립 만세 운동의 지도자 남전리교회 문정관 선생이 태극기를 들고 만세를 부르니 일본 헌병이 칼로 오른팔을 내리쳤다. 그래서 그가 이번에는 왼팔로 태극기를 들고 만세를 외치니 헌병이 그 왼팔을 내리쳐서 두 팔을 잃었다. 그러자 그는 목청이 터지도록 만세를 부르다가 칼에 배가 찔려 선혈을 뿜고 쓰러졌다.

일본이 유독 기독교를 가장 심하게 탄압한 이유는 전국적으로 일어난 3·1 독립 만세 운동이 기독교인 중심으로 일어났고, 75퍼센트 지역이 이 운동에 동참했기 때문이다. 당시 전체 인구 약 1천 600만 명 중에 기독교인 수는 약 1.5퍼센트인데, 체포된 사람 중 17.6퍼센트가 기독교인이었고, 서울 서대문형무소에 수감된 사람 중 25퍼센트가 기독교인이었다.

서대문형무소에 수감되어 모진 고문을 받아 옥사한 이가 많은데 그중에서도 17세 유관순 열사의 이야기는 유명하다. 유관순(1902-1920)은 독실한 기독교 집안에서 태어나, 3·1 운동 당시 이화학당 고등부 1학년이었는데, 임시 휴교령이 내려지자 고향에 돌아와서 교회와 청신학교를 찾아다니며 서울에서의 독립 운동 상황을 알리고 만세 시위를 모의했다.

1919년 4월 1일 충남 병천 아오내 장터에서 수천 명의 군중을 모아 독립 만세를 선창하며 격렬하게 시위했다. 이 시위 과정에서 일본 헌병의 총칼로 아버지와 어머니가 피살당하고, 자신은 주동자로 잡혀 갖가지 모진 고문을 받았다. 공주지방법원에서 징역 3년형을 선고받았으나, 이에 불복 경성복심법원 항소심에서 재판을 받았다. 재판을 받을 때 독립 만세를 부르며 일제의 침략을 규탄했고, 일제 법률에 의해 일제 법관에게 재판받는 것이 부당하다고 역설했다. 이에 재판부는 법정모독죄까지 더해 징역 7년형을 선고했다.

그녀는 서대문형무소에 수감되었고, 복역 중에도 틈만 있으면 아리랑과 독립 만세를 불렀다. 특히 3·1 운동 1주년이 되는 1920년 3월 1일 오후 2시 그녀가 있는 8호실 감방에서 시작해 감옥 전체가 "대한 독립 만세"를 외쳤다. 그때에 형무관에게 끌려가 손톱이 뽑히는 고문을 포함해 93가지의 모질고 혹독한 고문을 받았다.

일본은 심지어 통에 물을 채워 미꾸라지를 풀어 그녀를 알몸으로 통 속에 집어넣어서 구멍마다 파고 들어가는 성질을 가진 미꾸라지 고문을 가했다. 그녀는 배고픔과 외로움, 동생들 걱정과 슬픔을 겪으며 고문과 상처의 후유증으로 방광이 파열되고 살이 썩어 들어 갔다.

끝내 1920년 9월 28일 지하 감옥 좁은 독방에서 숨졌다. 일본이 시신 인도를 거부하다가 계속 거절하면 국제 사회에 호소하겠다는 이화학당 지네트 월터(Jeannette Walter, 재한 선교 기간 1911-1926) 교장과 룰루 프라이(Lulu Frey, 1868-1921) 선교사의 말에 시신을 인도했다. 그녀가 이화학당 시절 다니던 정동교회에서 장례식이 거행되었다.

유관순은 순직하기 전 마지막에 다음과 같은 말을 남겼다.

다른 모든 고통은 이길 수 있으나 나라를 잃은 고통만은 견딜 수가 없습니다. 나라에 바칠 목숨이 하나밖에 없는 것이 이 소녀의 유일한 슬픔입니다.

제12장 겨레와 함께 멍에를 메는 교회   185

이와 같이 3·1 독립 만세 운동에 참여한 기독교인과 교회의 피해가 극심했다. 교인이 1918년 160,919명이었던 것이 1919년에 144,042명이었으니 16,877명이 줄어든 것은 3·1 운동에 관련되어 희생되었거나 은신 또는 국외로 이주한 것으로 보였다.

1919년 제8회 장로회 총회에 보고된 내용에 체포된 자 3,804명, 체포된 목사와 장로 134명, 감금된 남자 신자 2,125명, 감금된 여자 신자 531명, 매 맞고 방면된 자 2,162명, 사살된 자 41명, 현재 수감된 자 1,642명, 매 맞고 죽은 자 6명, 파괴된 교회 12개로 기록되어 있다.

6. 수난에 대처하는 교회

장로교 총회는 1919년 10월부터 1921년까지 3년간 '진흥년'(振興年)으로 첫 번째 해에는 준비기도와 개인 전도, 두 번째 해에는 부흥회와 단체 전도, 세 번째 해에는 유년 주일학교 부흥해로 정해 일대 부흥 운동을 벌였다. 이때 활약한 부흥사로는 길선주와 김익두 목사이다. 감리교회도 '백년 전진 운동'을 벌였고 이때 활약

▲ 조만식 장로

한 부흥사는 유한익 목사였다. 또 성결교회도 노방 전도(路傍傳道)와 야시 전도(夜市傳道) 운동으로 은연중에 장로교, 감리교, 성결교 세 교단이 동일하게 진흥 운동을 벌였다.

1929년부터 한국 교회는 제2차 진흥 운동을 벌였고, 이때 활약한 전도

단들은 장로교 여전도회, 감리교 여선교회, 성결교 신생부인회였다. 한국 교회 남녀 신자 비율은 언제나 여자 교인이 많았고, 그것은 그들이 전도 활동을 열심히 했기 때문이다.

3·1 운동으로 기독교청년회(YMCA)와 기독교여자청년회(YWCA)의 회원들이 많은 희생을 치렀으나 그 뒤 일제의 문화 통치를 틈타 전국에 지부가 생기면서 젊은이들을 기독교 정신으로 생활하게 하는 사업이 일어났다. 당시 대표적 사업은 1921년부터 기관지 「청년」을 월간으로 발행하여 민족 언론의 선구적 역할을 했다.

평양 YMCA 총무이며 산정현교회의 조만식 장로를 중심으로 시작된 '물산장려 운동'과 '금주·단연·절제 운동'이 전국적으로 확산되었다. 조만식(1883-1950) 장로는 평생 말총 모자와 수목 두루마기와 편리화를 착용하여 '한국의 간디'라 불렸고 한때 전국에 이 풍조가 유행한 때가 있었다.

이 절제 운동은 "공창 제도를 폐지하라"는 폐창(廢娼) 운동까지 벌여 기생 본거지 평양과 경남에서 전개했다. 1920년 호주 장로회 선교부에서는 총독에게 폐창법을 요구했다. YMCA와 YWCA와 각 노회와 지방회 등이 연합하여 폐창 운동을 일으켰다. 한편 평양에서는 기생조합 폐지와 무당판수조합 폐지 등을 당국에 건의하고 민중계몽에 나섰다. 같은 해 감리교 연회에서도 공창폐지위원회를 두었고 사이토 마코토(齊藤實) 총독에게 공창 폐지를 건의했다. 1925년에는 기독교 연합공의회도 사회봉사부를 두고 폐창 운동을 벌였다.

그리고 1920년대의 농촌 인구는 전 인구의 80퍼센트를 차지하는데 농촌 상황은 해마다 나빠져 자작농이 농토를 잃어버리는 문제가 교회의 제1 과제가 되었다. 점점 쇠퇴해가는 농촌에 관심을 돌려 여러 도시에 농민회를 세우고 촌락에는 농민협동조합, 소비조합, 저축조합, 야학 등으로 농민의 생활 향상, 의식 개발, 단결력 강화 등에 기여했다. 그리고 1927년에는 신흥우 총무와 홍병선 간사를 덴마크에 파견해서 농촌을 시찰케 하고 돌아와 전국을 순회하면서 덴마크식 농사 강습회를 열었다. 축산 장려와 농업기술 도입으로 농촌 경제 수준을 향상시켰다.

또 1917년부터 1941년까지 한국에서 선교 사역을 한 안대선(Wallaoe J. Anderson, 1890-1960) 선교사는 1919년 3·1 운동이 일제의 무자비한 탄압을 받아 좌절되고 있을 때, 안동의 농촌과 산골을 찾아다니면서 청년들을 만났다. 그는 청년들을 신앙지도(信仰指導)와 사상선도(思想善導)를 목적으로 경상북도 안동에서 기독청년면려회(基督靑年勉勵會, Young Peoples Society of Christian Endeavor, 약칭: C.E.)를 조직했다. 1921년 6월 7-9일 안동교회에서 열린 안동지방 면려회 연합회에 지회 26처 회원 600여 명이 참석했다.

그는 교회를 순회하면서 청년면려회 운동을 조직화해 대한예수교장로회 총회로부터 허가를 받았다. 그리고 1924년 12월 서울의 피어선성서학원 강당에서 각 지방 청년 대표자들을 모아 만국조선기독청년면려회를 조직했다. 그는 1925년 면려회 기관지 「진생」을 발간해 전국 교회에 보급, 활동했다.

1938년 제27회 장로교 총회에서 신사 참배를 결의한 후 한국 청년면려회는 지하에서 활동했다. 그는 1941년 일제의 강제추방 명령으로 한국 땅을 떠났다. 1945년 8·15 해방 후 청년면려회는 활동을 재개하였고, 예장 통합 교단에서는 '남선교회전국연합회'로, 예장합동 교단에서는 '남전도회연합회'로 이름을 바꾸어 농촌 교회 전도 운동에 힘쓰고 있다.

3·1 운동 이후 교회 지도자를 많이 빼앗긴 한국 교회는 미래 지도자 육성을 위해 유년 주일학교를 더욱 발전시키고자 1922년 12월 1일 조선주일학교연합회를 조직했다. 그리고 주일학교를 위한 책자 「아이 생활」 발간해서

널리 보급했다.

어린이 여름 성경학교는 1922년부터 시작되었다.

7. 상해 임시정부(上海臨時政府)

▲ 상해 임시정부

1919년 4월 11일 상해 임시정부는 대한민국 임시 헌장을 만들어 국내·외에 선포하고 3·1 운동 정신을 계승하여 독립 운동을 계속했다.

헌장 선포문은 다음과 같다.

신인일치(神人一致)로 중외협응(中外協應)하여 한성에 기의(起義)한 지 30 유일(三十有日)에 평화적 독립을 삼백여주(三白餘州)에 광복하고 국민의 신임으로 완전히 다시 조직한 임시정부는 항구완전한 자주독립의 복리를 아자손(我子孫) 여민(黎民)에 세전(世傳)키 위해 임시 의정원의 결의로 임시 헌장을 선포하노라

"신인일치"(神人一致)를 가장 처음에 넣은 것은 하나님과 사람이 하나가 되는 나라, 하나님이 다스리는 나라 곧 신국(神國)을 세우고자 하는 소망을 가지고 출발했다는 의미일 것이다.

임시정부에 국무총리 이승만, 내무총장 안창호, 외무총장 김규식, 군무총장 이동휘, 임시의정원 의장 이동령을 이어 의장이 된 손정도 목사 등 많은 기독교인이 참여했다. 이승만은 대한민국 건국 대통령이 되고, 손정도 목사의 아들 손원일(1909-1980)은 대한민국 해방병단(해군 전신임)을 창설하는 주역이 되고 초대 참모총장이 되었다.

8. 3·1 독립 만세 운동과 선교사

3·1 운동 당시 국내에 주재한 선교사는 약 4백 명에 이르렀다. 그들은 한국의 복음 전도를 위해 왔기에 독립 운동에는 동정적이었다. 초창기에는 정교분리를 원칙으로 그저 관망했으나 일본이 더 무자비하게 만행을 저지르자 그것을 국내·외에 알렸다. 이에 앙심을 품은 일본 경찰은 선교사들을 구타하고 가택을 수색하고 심지어 국외로 추방하기도 했다.

▲ 스코필드 선교사

그 실례로 3·1 운동에 가장 동정적이었던 세브란스 의전 교수 캐나다 선교사 프랭크 W. 스코필드(Frank W. Schofield, 한국 이름 석호필, 1889-1970)를 추방했다. 스코필드 선교사는 화성 제암리교회에서 일본군이 방화해서 죽인 주민 23명의 방치된 시신을 수습해서 장례를 치르게 했다. 그리고 제암리교회 방화 학살의 처참한 현장을 사진으로 찍어 세상에 알렸다. 그래서 그는 1970년 82세로 세상을 달리했을 때 민족 대표 34번째로 국립 서울 현충원에 안장되었다.

조오지 S. 맥큔(George S. McCune, 한국 이름 윤산온, 1872-1941) 선교사는 3·1 운동 학생 지도자 중 한 사람인 연희전문학교 학생 김원벽을 만나 "자신의 일은 자신이 개척해야 한다"는 독립 운동을 격려하는 말을 통해 용기를 북돋아 주었다. 1919년 3월 8일 자신의 선교지 선천에서 독립 만세 시위로 일본 군경의 탄압이 시작되자 목격 상황을 친필로 기록해 일본의 우편 검열을 피해 캐나다로 여행하는 사람에게 맡겨 미국 시카고의 「컨티넨트」(The Continent) 잡지사에 보내 게재하게 했다. 1919년 4월 10일 잡지에 일본의 만행을 폭로했다.

불쌍한 한국!

능히 한국을 도와줄 수 없는가?

현금(現今) 정형은 참으로 견딜 수 없도다. 이 산골(선천을 가리킴)에서 한인들이 3월 8일에 대를 이어 평양으로 모여 들어가며 "독립 만세!"를 부르며 평양성 안에 사는 인민의 애국정신을 고취하여 일본이 한국을 그네들에게 돌려줄 때까지 싸움하자 결심했는데, 이 아래 기록한 사실은 나와 다른 선교사들이 3월 8일부터 10일까지 목견(目見)한 것이라.

맥큔은 이밖에도 3·1 독립 만세 운동 당시 많은 학생의 독립 운동을 후원했다. 그는 1920년 9월 1일 선천경찰서에 폭탄을 던져서 체포된 신성학교 학생 박치의를 변호하여 "온량한 학생으로 결코 폭탄을 던질 사람이 아니다. 분명히 관헌들의 고문에 마지못해 자백했을 것"이라는 고문설을 유포시켰다. 그의 이런 행적으로 일본에게 극단적 배일자(排日者)로 지목되어 신성학교 교장직에서 물러나야 했다.

그는 1910년 12월 28일 압록강 철교 준공식에 참석하고자 신의주로 가는 데라우찌 총독을 선천역에서 저격하려는 애국지사들을 도와준 인물이기도 했다. 당시 선천의 신성중학교 교장으로 있을 때 안태국, 이승훈 등 평양을 중심으로 평안도 내의 애국지사 60명과 선우혁을 중심으로 하는 황해도 동지 20여 명이 신성중학교 제8 교실에 모였다. 이때 그는 다윗과 골리앗의 이야기로 구국 운동을 격려했다. 그리고 제7 교실 천정 감자 상자에 숨겨둔 권총 75정을 용감한 자들에게 분배해 주었다.

신성학교 교장 맥큔의 제자는 박형룡, 백낙준, 김양선, 장준하, 계훈제, 이대위, 계병호 등이 있다. 평양을 중심으로 한 서북 지방에서의 만세 운동은 사무엘 A. 마펫(Samuel A. Moffet, 한국 이름 마포삼열[馬布三悅], 1864-1939) 선교사와 엘리 M. 모우리(Eli M. Mowry, 1880-1971) 선교사 집에서 준비해 3월 5일부터 한 달간 계속했다.

마펫은 1918-1919년 연례보고서에 이렇게 선교 보고했다.

347명의 교회 지도자가 체포 및 구금되고, 19개 교회 건물이 파괴되었고, 26개 교회가 3개월 이상 폐쇄 조치되었고, 숭실전문학교, 숭실중학교 학생은 무조건 체포되었다.

그리고 그는 총독부 요인들과의 모임에서 담대하게 말했다.

나는 30년간 한국에서 살아온 한국인의 친구로서 말하겠다. 내가 아는 한국인은 정의감이 강하고 물질적인 것보다는 정신적인 것을 더 중요시하는 훌륭한 민족이다. 당신들이 생각하는 것처럼 물질적인 것으로 만족하는 사람들이 아니라는 뜻이다. 또한, 당신들이 짓밟은 사람들은 한국인 중에 가장 모범적이고 훌륭한 시민들이다. 그런 사람들을 야만적으로 폭행하고 감금하며 고문하는 것이 과연 당신들이 말하는 문화대국 일본의 합법적인 통치인가.

모우리 선교사는 3·1 운동 당시 자신의 집에서 '독립 선언서'를 등사했고, 만세 시위에 참여한 평양 숭실전문학교 10여 명이 경찰에 쫓겨 자신의 집에 들어온 것을 숨겨 주어 4월 4일 체포되고 같은 달 10일 평양 지방법원의 재판에서 징역 6개월을 선고받아 감옥에 갔다가 같은 달 21일 재심에서 보석으로 16일 만에 풀려났다.

제13장

신사 참배를 거부한 교회

1. 신사 참배 강요

　신사(神社)란 일본의 고유 민간 종교 신도(神道)의 사원으로서 씨족신이나 지역 수호신을 받드는 곳을 말한다. 일본 건국신화의 태양신 천조대신(天照大神, 아마데라스 오미가미)과 같이 왕실과 관계된 신을 받드는 곳은 신궁(神宮)이라 하고 나머지는 신사(神社)라 부른다. 신도(神道) 규정에는 이렇게 되어 있다.

> 일본은 신의 나라이고, 최고의 신은 천조대신(아마데라스 오미가미)이며, 가장 실질적인 신은 천조대신의 손자이며 살아 있는 신인 천황이며, 그 천황은 신성불가침이다. 이 천황에게 국민은 죽음으로 충성할 것이며, 천황의 조상신들을 모신 신사에 참배하지 않는 것은 국민이 아니다.

　신사 참배란 일본 건국신화의 태양신 천조대신(天照大神)을 섬기는 민간 종교 신도(神道, Shintoism) 사당(祠堂)인 신사(神社)를 곳곳에 세우고 한국인

▲ 조선신궁

에게 강제로 참배하게 한 일을 말한다. 일본이 우리나라에 신사(神社)를 들여온 것은 1913년 남산에 경성신사를 세우면서부터다. 1925년에는 남산에 조선 신궁을 세웠고, 제7대 미나미 지로(南次郞) 총독이 부임해서 일면일사(一面一社) 즉 한 개 면이나 읍에 한 개 신사를 건립한다는 정책을 써서 전국 각지에 1,062개의 신사를 세웠다.

처음에는 일본이 우리 민족에게 신사 참배를 강요하지 않았다. 그러다가 1924년 충남 강경에서 신사 참배 강제시행령을 학교부터 실시했는데, 강경교회의 백신영 전도사와 김복희 교사의 지도를 받은 주일학교 학생들 57명이 신사 참배하는 날 등교를 거부하거나, 옥녀봉에 건립된 신사에서 참배를 거부했다. 그러자 일본은 어린아이들이 이 정도면 어른들은 거부나 저항이 더 클 것이라면서 신사 참배 강제시행을 연기했다.

그런데 1930년대에 들어와서 만주 침략을 계기로 신사 참배 문제는 점차 심각하게 기독교인에게 대두되었다. 다시 중국 침략을 내다보면서 일본은 소위 국민정신 통일을 신사 참배에서 다져보려 했다.

이런 대륙 침략 정책이 추진되면서 이를 뒷받침하기 위해 내선일체(內鮮一體)를 표방한 일본 제국의 신민이 되고 일본 천황에게 충성을 강요하는 황국신민화정책(皇國臣民化政策)이 강력하게 추진되었다. 신사 참배는 그중 가장 기본적 정책이었다. 그리하여 일본은 신사 참배를 강요했다.

그러나 처음부터 다른 우리 민족에게 특히 여호와 하나님만을 섬기는 기독교인에게 신사 참배를 강요하는 것은 그리 쉽지 않았다. 그래서 교활

한 일본은 신사의 종교성을 교묘히 국민 의례로 가장해 다루기 쉬운 학교부터 시작해 이에 성공하자 마침내 전면적으로 교회에 강요했다.

2. 기독교 학교에 대한 강요

1932년 평안남도 학무국은 평양 춘계(春季) 황령제(皇靈祭)에 각급 학교의 참례(參禮)를 요구했다. 이 제례는 평양 서기산(瑞氣山)의 충혼탑에서 거행 했는데, 이 해에는 특히 1931년 만주사변에서 죽은 장병 위령제를 겸한 것으로 기독교 학교에 참여를 강요했다. 교리 위반으로 거부하는 학교 책임자들에게 당국은 제사 후 국민 의례만 참석해도 좋다고 교묘히 설명해 평양의 숭실전문학교, 숭실중학교, 숭의여중학교가 참석했다. 이렇게 첫 단계에서 성공한 당국은 1932년 전국 각급 학교에 신사 참배를 명령했다.

1936년 1월 16일 야스다께 다다오(安武直夫) 평남지사는 숭실전문학교와 숭실중학교의 교장 맥큔 선교사와 설립자 마펫 선교사를 초치(招致)하여 신사 참배에 대한 확답을 요구했다.

학교 이사회와 평양 교역자회의 결과 맥큔 교장은 학교 대표가 참배에 응한다는 답서를 제출하기 전에 박형룡 교수와 주기철 목사에게 그 찬부(贊否)를 문의했던 바 대표자의 파견조차 기독교 학교 전체의 굴종을 의미하는 것이므로 불가하다는 의견을 들었다.

맥큔 교장은 야스다께 지사에게 1936년 1월 18일자로 신사 참배를 거부한다고 답서를 보냈다. 그날로 맥큔은 숭실중학교와 1월 20일 숭실전문학교 교장직 인가가 취소되었다. 1937년 10월 29일 숭실전문학교, 숭실중학교, 숭의여자중학교 3개 평양 삼숭(三崇) 학교의 폐교원을 제출했고, 1938년 3월 폐교했다.

대구의 계성학교, 신명여학교, 재령의 명신학교, 선천의 신성학교, 보성여학교, 강계의 영실학교, 서울의 경신학교, 정신여학교 등이 차례로 문을 닫았다.

남장로회 선교부의 태도는 신사 참배 거부 입장이 분명했다. 광주 숭일남중학교, 수피아여중학교, 목포 영흥남중학교, 정명여중학교, 순천 매산중학교, 전주 신흥중학교, 기전여학교, 군산 영명학교, 멜본딘여학교까지 총 10학교와, 호주 장로회가 세운 부산 일신여학교, 마산 창신학교, 의신여학교가 폐교되었다.

3. 교회에 신사 참배 강요

감리교회는 1938년 9월 3일 총리사 양주삼의 이름으로 신사 참배는 국민이 반드시 봉행할 국가 의식이요 종교 의식이 아니라며 교리에 위반이나 신앙에 구애됨이 추호도 없는 것이라는 성명서를 발표했다.

장로교회는 1938년 9월 9일 제27회 총회를 앞두고 전국에 23개 노회 중 17개 노회가 신사 참배 결의안을 제출했다. 평양노회는 총독부가 무서워 신사 참배 동의안에 서명했다. 총회에서도 신사 참배를 결정하기 위해 이에 적극 반대하는 이승길 목사를 포섭하는 데 성공한 기독교친목회 오문환은 같은 해 5월 24일 이승길, 김응순, 장운경 목사를 데리고 일본에 가서 신사 참배에 대한 이해를 갖게 했다.

총회 개회 전일에 평남 경찰국장은 꾸며진 각본대로 평양, 평서, 안주 3노회 대표를 불러 평양노회장 박응률로 하여금 신사 참배는 종교 의식이 아니고 국민 의례이므로 기독교인은 솔선하여 수행해야 할 것을 제안했다. 평서노회장 박임현은 신사 참배 가결에 동의하고, 안주노회 부회장 길인섭은 재청할 것을 내락(內諾)받았다. 신사 참배를 적극 반대한 주기철, 이기선, 김선두 목사 등은 미리 검거되어 구속된 상태였다.

총회 당일 오후 8시에 평양 서문밖 교회에서 제27회 총회가 개회했다. 다음날 신사 참배 문제가 상정되었을 때 교회당 안팎에는 수백 명의 사복 경찰관들이 둘러쌌고, 강대상 아래는 평남 경찰부장 등 수십 명의 고위 경찰들이 칼을 찬 채 서 있었고 총대들 사이에 각기 그 지방에서 올라온 경관 2명이 끼어 앉아 있었고 총대석 좌우 후면에도 무술 경관 100명이 삼엄하게 둘러싼 상태였다.

경찰의 압력에 억지로 끌려나온 만주 4개 노회를 포함한 27개 노회 대표 목사 88명, 장로 88명, 선교사 30명, 모두 206명이 앉아 있을 때 오전 10시 40분에 이미 계획된 각본대로 위 세 사람의 신사 참배의 제안, 동의, 재청이 있었고 회장 홍택기는 이 안건에 가(可) 하면 '예' 하시오 하니 겨우 10여 명의 소리로 '예' 했을 뿐 침묵이 흐르자 임석했던 정·사복 무술 경관들이 일제히 일어나 위협했다. 그러자 홍택기 목사는 더 이상 부(否)는 묻지 않은 채 신사 참배 만장일치로 가결을 선언했다.

그때 선교사들 가운데 방위량 목사 등 두세 명의 선교사가 회장의 불법 사회에 항의하고 신사 참배의 부당성을 주장하려 했으나 경찰의 제지로 발언이 금지되었다. 이에 선교사 30명 전원은 일제히 일어나 "불법이요, 항의합니다"라고 외쳤고, 봉천노회 소속 브루스 F. 헌트(Bruce F. Hunt, 한국 이름 한부선[韓富善], 1903-1992) 선교사는 무술 경관의 제지를 무릅쓰고 불법에 항의하다가 옥외로 쫓겨났다.

이런 와중에서도 신사 참배를 솔선 이행하여 황국신민으로서 정성을 다하겠다는 성명서를 서기 곽진근 목사가 낭독했다. 또 평양 기독교친목회 심익현 목사가 총회원 신사 참배 즉시 실행의 특청이 있자 그날 12시에 부회장 김길창을 선두로 27개 노회의 장이 평양 신사에 참배했다.

총회보고서에 따르면 신사 참배한 사람의 명단은 다음과 같다.

> 부총회장 김길창, 경기노회 김영한, 경성노회 오천영, 평양노회 박응률, 평서노회 박임현, 평북노회 김일선, 안주노회 박선택, 용천노회 이기혁, 의산노회 이봉태, 삼산노회 장린화, 산서노회 최종진, 함북노회 박태한, 함중노회 안상필, 함남노회 김재황, 충청노회 남기종, 경북노회 김봉도, 경안노회 김진호, 경동노회 권영해, 경남노회 김석진, 전북노회 김열, 전남노회 박연서, 순천노회 오석주, 제주노회 이도종, 봉천노회 정상인, 남만노회 김석찬, 북만노회 서창희

그날 오후 1시 선교사들은 따로 모여 총회의 신사 참배에 항의하는 결의문을 제출했다. 9월 22일 권찬영 외 25명의 연서로 항의서를 제출했다.

> 총회의 결의는 하나님의 율법과 조선예수교장로회 헌법에 어긋날 뿐만 아니라 우리들에게 발언을 허락하지 않고 강제로 회의를 진행한 것은 일본 헌법에 부여된 신교 자유 정신에 위배된다.

그러나 이것마저 경찰의 방해로 기각되고 말았다.

신사 참배를 결의한 후에 목사들이 서울의 한강이나 부산의 송도 앞바

다에서 일본 신도 중(僧)들이 행하던 천조대신의 이름으로 '미소기바라이'라는 신도의 침례를 받았다. 신도의 침례를 받을 때 '천조대신보다 더 높은 신은 없다'라는 신앙고백을 했다.

그해 12월 12일 장로교회 총회장 홍택기, 부총회장 김

▲ 신도침례

길창, 감리교회의 양주삼, 김종우, 성결교회의 이명직 목사는 일본에 있는 이세신궁(伊勢神宮), 가시하라신궁(橿原神宮)에서 참배했다. 더 나아가 석 달 후에는 모든 교회에 총회장 명의의 공문을 보내 "신사 참배에 반대하는 무리를 처벌해야 한다"라고 공고했다. 각 노회에서는 신사 참배에 반대하는 목사와 선교사와 성도를 제명하거나 노회원 자격을 박탈했다.

이때부터 교회에서 예배할 때 가미다나(신붕, 神棚)라는 일본 신들을 모시는 우상단지를 교회 안 동편에 두고 그것을 향해 참배했다. 그리고 주일예배 중 12시 정오 사이렌이 울리면 예배를 드리다가도 일어나서 일본 천황이 사는 동쪽을 향해 고개를 숙여 절을 했다. 이를 황거요배(皇居遙拜) 또는 동방요배(東方遙拜)라 한다.

1939년 제28회 장로회 총회에서 '국민정신 총동원 조선예수교장로회 연맹'을 결성해 일본의 침탈 전쟁을 위한 기도 운동과 모금 운동을 추진했다. 이후 교회 예배에서 일본의 승전을 비는 기도를 했고 모금을 위해 헌금했다. 조선예수교장로회에서는 그 헌금을 모아서 해군 함정 '조선장로호'를 일본에 헌납했고, 교회 종탑의 종은 총알 만드는 데 내줬다.

또한, 목사들은 다음 세 가지에 답을 해서 관할 경찰서에 보내야만 했다.

첫째, "천황이 높으냐? 여호와 하나님이 높으냐?"
"천황이 높다."
둘째, "신사 참배는 종교 의식이냐? 국가 의식이냐?"
"국가 의식이다."
셋째, "국가 지상(至上)이냐? 종교 지상(至上)이냐?"
"국가 지상이다."

이 신사 참배는 우상 숭배로 한국 기독교 역사상 가장 치욕적인 배도 행위이다.

4. 신사 참배 반대 투쟁

1) 평양 장로회신학교 학생들의 반대 운동

신사 참배 반대 운동은 기독교 학교들을 강제로 폐교시켰고, 1938년 초부터 전국 노회에서 신사 참배를 결의시키는 데 동원된 경찰의 위압은 본격적 항거 운동의 불씨가 되었다. 같은 해 2월 6일 노회에서 평북노회장이 신사 참배를 결의하자 그 노회 신학생 장홍련 전도사는 울분을 참지 못하고 김일선 노회장이 평양신학교 교정에 식수한 나무를 도끼로 찍어 뽑아 짓밟아 버렸다.

신학교 교수 중 반대 의사가 강한 박형룡, 김인준 교수를 평양경찰서에서 불구속으로 연금 조치하고 반대 주동 학생을 다수 검거했다. 평양신학교 학생들이 집단적으로 신사 참배 반대 운동을 벌여 9월 20일 신학교가 무기한 휴교되는 사태로 발전했다.

2) 선교사들의 반대 운동

신사 참배에 대하여 선교사들의 견해가 일치하지 않았다. 평양의 장로회신학교 이사장 방위량, 교장 나부열, 동선교회 실행위원 소열도, 허대전, 노해리 등 유력한 선교사들은 강경하게 반대 입장을 취했다.

마펫 선교사는 "학교를 폐교해야 할지도 모른다. 그렇다고 해도 결코 신사 참배하지 않을 것이다"라며 반대했고, 맥큔 선교사는 "기독교도로서 나는 정부의 애국 의례는 기꺼이 참여하려 한다. … 그러나 개인적으로도, 교장으로서도 양심상 참배에는 참가할 수 없다"고 했다.

미국 북장로회선교사 실행위원회의 홀드크로프트는 "신사 참배는 우상 숭배이기 때문에 할 수 없다. 신사 참배하는 학교는 이미 기독교 학교가 아니다"라고 선언하고, 1936년 7월 1일 학교를 폐교하겠다는 교육 철수안을 통과시키고, 9월 21일에는 뉴욕 선교부 본부의 승인을 받았다.

미국 남장로회 선교부 대표 풀턴 선교사는 "신사 의식은 조상 숭배를 포함하고 있고 기독교는 그것을 금해 왔다. 국가 신도(神道)는 분명한 종교적 성격을 갖고 있다. 신사 의식은 종교 의식이다"라고 선언하고, 1937년 2월 선교사 실행위원회에서 학교 폐쇄를 결의했다.

반면에 미국 북장로회 선교부 소수파는 신사 참배를 수용하는 입장을 취했다. 서울의 연희전문학교 교장 언더우드 2세(한국 이름 원한경)는 "신사에 목례하는 것은 예배하는 것과 다르다. 국가와 지도자에 대한 존경을 표시할 수 있다. 국가 의식으로 신사를 받아들인다. 만약 학교 문을 닫는다면 반기독교 교육을 받게 될 것이다"라고 하면서 학교폐쇄를 반대했다. 그는 학교 안에다 신사를 설치하는 것이 아니면 신사 참배를 인정한다는 입장을 취했다.

캐나다 장로회 선교부는 "어느 정도 타협해 기독교 학교를 조선에서 계속하는 악과 결연히 폐교해서 학생들을 길가에 방황하게 하고 그 결과 신사에 쫓아가게 하는 악, 이 두 가지 악 중에서는 전자의 악을 선택해야 할 것이다"라는 입장으로 신사 참배를 수용했다.

3) 박관준 장로의 진정서 투쟁

▲ 박관준 장로

평북 영변교회 박관준 장로(1875-1945)는 1935년 봄 60세 때 기독교계 학교에 생긴 신사 참배 강요 문제를 놓고 기도하다가 이런 영음을 듣고 다음과 같이 대답했다.

"이제부터 십자가의 정병을 뽑는다.
나를 위해 피를 흘릴 자가 누구냐?"
"제가 피를 흘리겠습니다."

박 장로는 신사 참배 문제가 장차 한국 교회를 망칠 것을 우려하여 진정서를 작성해 평남지사, 조선총독, 일본국 문부대신 등에게 제출했다. 진정서에 이런 내용이 들어 있었다.

여호와는 유일신으로 그분은 천지 만물을 창조하시고 지배하시며 그분의 섭리 아래 인류의 역사가 전개된다. 여호와 하나님을 신봉하는 나라는 그분의 복을 받아 번성하고 그분을 섬기지 않는 나라는 형벌을 받을 것이다. 한국 신도에게 일본 신사에 참배를 강요하는 것은 하나님을 거역하는 죄다. 당신이 만일 신의 뜻을 순종치 않으면 신은 불원(不遠)에 일본을 멸망시킬 것이다.

박 장로는 1935년 제6대 우가키 잇세이(宇垣一成) 총독에게 일본이 신사 참배를 한국 교회 성도에게 강요하는 것은 부당하다는 탄원서를 보냈으나 무위로 돌아갔다. 박 장로는 1938년 2월 제7대 미나미 지로(南次郎) 총독에게 "신사 참배를 철회하지 않으면 대일본제국은 하나님의 진노를 피할 수 없을 것"이라고 경고했다. 그러나 '조선의 히틀러'라고 불리는 미나미 총독은 "기독교는 조선 통치 상의 암적 존재이다"라는 말로 이 탄원서를 무시했다.

박 장로는 1938년 9월 장로교 총회가 신사 참배를 가결하고 예비 검속에서 풀려났을 때 한시(漢詩)를 썼다.

      人生有一死何不死於死 인생유일사하불사어사
      君獨死於死千秋死不死 군독사어사천추사불사
      時來死不死生樂不如死 시래사불사생락불여사
      耶蘇爲我死我爲耶蘇死 야소위아사아위야소사

      인생 한 번 죽을 때가 있나니, 어찌 죽을 때 죽지 않으리
      그대 홀로 죽을 때 죽으면, 죽었어도 천추에 죽지 않았도다

죽을 때 죽지 않으면, 살아서 즐거움이 죽음만 못하리라
예수님 나를 위해 죽었으니, 나도 예수님 위해 죽으리이다

박 장로는 1939년 2월에는 신사 참배 거부로 교사직을 사퇴한 안이숙 여사와 함께 일본 도쿄까지 찾아갔다. 거기서 당시 동경신학교 학생이던 아들 영창 군의 안내로 귀족이나 입는 연미복을 모두 빌려 입고 중의원에 방청객처럼 가장해서 국회에 잠입했다.

1939년 3월 24일 제74회 일본제국 중의원의회가 종교법을 의결하려 했다. 2층 방청석에서 박 장로는 "여호와 하나님의 사명(使命)이다. 대일본제국은 반드시 패망하리라"라고 외치고, 또 안이숙이 일본어로 쩌렁쩌렁하게 말하는 순간 두루마리를 2층에서 길게 늘어뜨리고 준비한 전단지를 회의장 가운데로 뿌렸다. 그는 그 자리에서 일본 경호 경찰에게 체포되어 32일간 구속되었다가 석방 후 귀국했다.

귀국 후에도 계속 신사 참배 거부 운동을 벌이다가 6년간 옥고를 치렀다. 박 장로는 1945년 8월 일본 패망과 우리나라 해방을 예언했고, "앞으로 우리나라는 이사야 11:10-16 같이 됩니다. 여러분 끝까지 신앙을 잘 사수하다가 앞날 영광스러운 하늘나라에서 다시 만납시다"는 유언을 남기고 40일 금식기도 후 평양기홀병원에 입원한 지 5일째 되는 1945년 3월 13일 오전 10시에 순교했다.

박 장로의 아들 영창 그리고 손자 영남 모두 목사가 되어 하나님 나라를 위해 사는 가족이 되었다.

4) 김선두 목사의 일본 정계 요인 동원 투쟁

증경총회장이며 당시 봉천신학교 강사 김선두 목사는 제27회 총회가 개회되기 전 1938년 8월에 일본 유학생인 김두영(金斗英)과 함께 도쿄에 가면서 평양여자신학교 교장 윤필성 목사와 평양장로회신학교 박형룡 교수와 동행하며 한국 교회를 대표하는 팀이 되었다.

▲ 김선두 목사

김 목사 일행은 8월 24일 도쿄에 도착해 숭덕료(崇德寮), 박영출(朴永出) 목사의 안내로 일본 정우회 중의원 마쯔야마 쓰네지로(松山常次郎) 장로, 궁내대신 차관 세끼야 사다사부로(關屋貞三郎) 장로, 대장 히도시 노부다까(日辺信亮) 장로를 만나서 신사 참배로 인한 한국 교회의 수난을 말했다.

이 말을 들은 일본인 장로 3인은 미나미 총독에게 신사 참배 강제 시행 철회 권고를 약속받았다. 그리고 9월 2일 김선두 목사 안내로 총회장 이문주 목사와 교계 원로 김익두, 장홍범, 강병주 목사 등과 안대선(W. J. Anderson), 로드(H. A. Rhodes) 선교사 등과 신사 참배 문제에 대한 의견을 나눈 뒤, 당시 일본 시찰을 마치고 돌아온 이승길 목사를 만나기로 약속된 상태에서, 갑자기 검거 선풍이 닥쳐 김선두, 이문주, 장홍범, 강병주 목사 등이 종로경찰서에 구금되었다. 이들은 히도시 노부다까 장군의 도움으로 석방되었다.

9월 4일 내한한 일본 정계 거두 장로 3인은 미나미 총독, 오노 정무총감 등 5인 회담에서 미나미 총독이 9월 9일 평양 서문밖교회에서 열리는 제27회 장로교 총회 때 신사 참배를 결정하도록 평남도경에 지시한 것이 잘못인 줄 알면서도 그 철회를 끝내 회피함으로 히도시 노부다까 장군 일행은 한국 대표들에게 총회에서 신사 참배를 부결하도록 하는 차선책을 제안했다.

신사 참배가 거부되는 때에는 총회원 전원이 검속될 터이고, 전원 검속되면 이 문제는 조선 통치에 대한 중대한 문제가 될 것이며, 검속된 총회원은 10일 이내에 전원 석방해 줄 것을 약속할 터이니 빨리 평양으로 가서 총회원들을 설득하라는 것이었다.

이에 김선두 목사는 곧 평양으로 출발했다. 그러나 김 목사는 평양으로 가는 도중 개성역에서 일경이 강제로 하차시켜서 개성경찰서에 구속됐다. 일행 중 김두영만이 평양으로 갔으나 총회 주변은 벌써 수백 명의 경찰에게 포위되어 있었다.

5) 교역자들의 신사 참배 거부 운동

1938년 9월 9일 제27회 조선예수교장로회 총회에서 마지막으로 한국 교회가 신사 참배에 굴복하자, 이에 반대하는 교역자들과 성도가 서로 연대를 맺고 조직적, 집단적 저항 운동을 전개했다. 이들은 신사 참배를 강요하는 일제 당국과 이를 결의하고 실행한 제도권 교회를 모두 비판하면서 성도를 대상으로 신사 참배 거부를 권유하고 거부자들 사이의 결속을 강화하는 운동을 폈다.

중심 인물은 평안남도의 주기철, 평안북도의 이기선, 경상남도의 한상동, 이주원, 주남선, 전라남도의 손양원, 함경남도의 이계실, 만주 지역의 박의흠, 김형락, 김윤섭 등으로 각지에 흩어져 있었다.

1940년 3월 안동회합에서는 신사 참배를 죽어도 반대할 것, 신사 참배하는 학교에 자녀를 입학시키지 말 것, 세속화된 신사 참배하는 현 교회에 절대 출입하지 말 것, 신사 참배 불참배 동지끼리 가정 예배를 드릴 것, 신앙 동지를 확보해 신령한 교회 출현의 소지를 육성할 것 등을 협의하고 각 지역에 이 운동을 확산시킬 것을 결의했다.

이 운동의 지도자들은 평양에 모여 신사 참배를 거부하는 교회들로 구성된 노회를 조직하려고 했다. 그러나 일본은 1940년에 나온 '기독교에 대한 지도 방침'과 같은 해 9월 20일 새벽을 기해 전국에 걸쳐 실시된 '조선기독교 불온분자 일제 검거령'으로 신사 참배 거부자들을 검속 탄압하고 고문하여 재판에 회부해 옥고를 치르게 했다.

그 과정에 강종근, 주기철, 최봉석, 최상림, 조용학, 이영한, 김윤섭, 박의흠, 권원호, 김련, 박봉진, 전치규, 김영관, 허성도, 손상렬, 김경덕, 양용근, 박연세, 최태현, 김이준, 김하석, 김진봉, 김호, 손갑종, 김윤점, 전택규, 이우석, 이현속, 안영애, 권중하, 이준관, 이용희, 이변주, 김은규, 김동훈, 서정명, 유부영, 임용환, 진기룡, 김창옥, 최인규, 이상태, 김해용, 김종휘, 김묘생, 서순학, 이병규, 정태희, 김지봉 등의 순교자가 나왔다.

개인 차원의 거부 항쟁은 전국 어디서나 그 예를 찾아볼 수 있다. 충청남도의 정태희, 충청북도의 송용희, 경상남도의 조용학, 손명복, 김을길, 황철도, 경상북도의 이원영, 전라남도의 손양원, 황두연, 양용근 등과 전라북도의 배은희, 김가전, 황해도의 이종근, 박경구 등이 있었다. 이 외에도 최흥종(1880-1966) 목사와 같이 신사 참배에 반대하여 초야에 숨어서 신앙의 정절을 지킨 사람도 있다. 당시 투옥된 이가 2,000여 명, 폐쇄된 교회가 200여 개가 되었다.

여기에는 신사 참배에 반대한 몇 분의 행적을 대표적으로 소개하려고 한다. 이들은 신사 참배는 우상 숭배라 밝히고 끝까지 항거했다.

(1) 이기선 목사

평안북도 의주 이기선(1878-1950?) 목사는 총회가 신사 참배를 결의하자 9년 동안 시무했던 북하동교회를 사임하고, 전국 순회 여정을 떠나 1939년 4월 하순 평양 채정민 목사와 함께 신사 불참배 결사 동지를 규합하러 출발해 김의창 목사를 동지로 얻고, 평안남북도와 황해도 일대를 순방하면서 많은 동지를 규합했다.

1940년 5월 이기선, 김형락, 박의흠, 계성수, 오영은, 김성심, 김창인, 김화준, 심일철 교역자 등은 단결해 신사 불참배 기본 방향을 세웠다.

첫째, 신사 불참배 운동을 벌여 현실 교회를 약화, 해체시킬 것이다.
둘째, 신사 불참배 성도를 규합해 가정 예배를 드리고 그것을 육성해 새 교회를 세우는 것이다.

이기선 목사는 7차례에 걸쳐 구속 검거되어 모진 고문을 받으면서도 항상 '감사합니다'라고 말하며 찬송을 불렀다. 그는 1945년 8·15 해방이 되기까지 평양형무소에 투옥되었다.

(2) 한상동 목사

북쪽 지역에서 조직적으로 신사 참배 반대 운동을 한 이가 이기선 목사라면, 남쪽 지역에서 같은 운동을 한 이는 한상동(1901-1976) 목사이다. 남과 북을 다니면서 이 운동을 연결해 준 이가 이주원(인재) 전도사이다.

1938년 6월 경남노회가 해운대교회에서 모였을 때 김길창, 김석진, 양성봉 등 3인 대표가 관청에 들어가 신사 참배를 내락하고 나왔다. 노회에서 이 문제가 상정되자 한상동 목사가 신사 참배 반대에 동의하고 이약신 목사가 재청해서 노회장 최상림 목사가 찬부를 물어서 다수결로 부결되었다. 이로써 경남노회는 신사 참배 안건을 노회 차원에서 부결시켰다.

▲ 한상동 목사

이후 한상동 목사는 1938년 9월 총회에서 신사 참배가 결의된 이후에 같은 해 12월 이주원의 평안남북도 신사 불참배 투쟁 기본 방향을 보고받고 경남지방 교회가 나아갈 방안 다섯 가지를 정했다.

첫째, 현 노회 해체 운동
둘째, 신사 참배 목사 세례 수찬 불응
셋째, 신사 불참배주의자들로 새 노회 조직
넷째, 신사 불참배주의자들의 상호원조
다섯째, 적극적으로 동지를 규합할 것

한 목사는 부산, 마산, 진주, 거창의 주재 선교사와도 협조하기로 하고, 주남선 목사, 최상림 목사, 최덕지 전도사, 조수옥 전도사, 이주원(인재) 전도사, 윤술용 전도사 등 신사 불참배 결사 동지를 규합했다. 그리고 한 목사는 이주원과 더불어 전국적으로 확대 운동을 벌이려고, 1940년 4월 1일 주기철 목사가 석방되자 2일 평양에 가서 만주 동지들을 만났고, 3일에는 채정민 목사 집에서 전국 신사 불참배 동지 단합 대회를 열고, 전국 불참배 노회를 조직하기로 합의했다.
 이 운동은 선교사들의 후원이 큰 힘이 되었다. 평양의 플로이드 E. 해밀턴(Floyd E. Hamilton, 1890-1969)과 D. R. 매스베리(D. R. Masbery) 선교사는 활동 기금으로 도와주었고, 만주 주재 한부선(Bruce F. Hunt) 선교사는 신사 참배 반대 이유서를 인쇄해 만주 전역에 배포했다.
 한 목사는 신사 참배 거부 사유 여섯 가지를 들었다.

첫째, 계명을 어기게 되니 하나님이 노하시므로 할 수 없다.
둘째, 인생의 본분이 하나님을 영화롭게 하는 일인데 그렇게 못하니 할 수 없다.
셋째, 결국 교회가 없어지게 될 것이니 할 수 없다.
넷째, 강요하는 이도 망하니 남이 망하는 꼴을 볼 수 없으므로 할 수 없다.
다섯째, 신사 참배하면 국가도 망할 것이므로 할 수 없다.
여섯째, 나 자신이 지옥 갈까 두려워서 할 수 없다.

 한 목사는 신사 참배 반대 운동을 조직적으로 하다가 1941년 7월 3일 부산경찰서에 검속되었고 평양경찰서, 대동경찰서, 평양경찰서로 옮겨 다녔다. 그는 8·15 해방으로 석방되었다.

(3) 주기철 목사

 주기철 목사(1897-1944)는 경남 창원군 웅천 출신으로 정주 오산중학교에서 설립자 이승훈, 교장 조만식 선생을 통해 민족 정신을 배웠다. 1926년 30세에 평양신학교를 졸업하고 부산 초량교회에서 사역했다. 그는 6년 후 마산 문창교회로 전임해 목회하던 중 안면 종기 수술 후 회복 중이던 아내 안갑수 여사를 잃었다. 그리고 주위의 주선으로 교회 주일학교 교사였던 오정모 선생과 재혼했다.

1936년 평양 산정현교회는 신구 신학의 충돌로 내분이 있었고, 신사 참배 문제로 평양 산정현교회의 조만식 장로와 김동원 장로가 주기철 목사를 찾아왔으나 마산 문창교회 제직들의 반발에 부딪혔다.

▲ 주기철 목사

그러던 어느 날 오정모 사모가 꿈에 어떤 청년이 나타나서 쪽지를 주고 문앞에 광고를 붙이면서 속히 와서 보라고 하기에 가 보니 한국 교회에 보내는 광고였다. 아무래도 평양에 가야 할 것 같다는 이야기를 주 목사에게 건넸다. 그 즈음에 문창교회 제직 중 한 사람도 꿈을 꾸었는데, 감람나무인지 무슨 나무인지 과실나무가 북쪽으로 열매가 많이 맺고 남쪽으로는 적게 맺어 있는 내용이었다. 주 목사는 산정현교회를 놓고 계속 기도했다. 그는 평양행을 선택했다.

주 목사는 1936년 8월 평양 산정현교회에서 첫 설교를 했다.

> 신사 참배는 십계명의 제1계명과 제2계명을 어기는 여호와의 이름에 대한 범죄요 하나님께 대한 배신입니다. 우리 산정현교회 교우들은 절대로 신사 참배를 하면 안됩니다. 일본이 끝까지 우리에게 신사 참배를 강요한다면 순교를 각오하고 저항할 것입니다. 모든 책임은 담임목사인 주 목사가 집니다.

일본 경찰이 산정현교회 교우들에게 "여러분이 신사 참배를 반대한다면 주 목사는 이 못 위를 걸어야 할 것이다"라고 했다. 그러자 주 목사는 이렇게 말했다.

"성도 여러분, 나 주기철을 생각하지 마십시오. 오직 십자가를 보고 주께 다짐한 것을 굳게 지키세요."

그러면서 못이 박힌 널빤지 위를 걷기 시작했다. 그 때 주 목사는 찬송가 〈서쪽 하늘 붉은 노을 영문 밖에 비치누나〉를 불렀다고 전해진다.

이 찬송가의 가사는 다음과 같다.

> 서쪽 하늘 붉은 노을 영문 밖에 비치누나
> 연약하온 두 어깨에 십자가를 생각하니
> 머리에는 가시관 몸에는 붉은 옷
> 힘없이 걸어가신 영문 밖의 길이라네
>
> 한 발자욱 두 발자욱 걸어가신 자국마다
> 뜨거운 눈물 붉은 피 가득하게 고였구나
> 간악한 유대 관원 포악한 로마 병정
> 걸음마다 자국마다 갖은 곤욕 당했구나
>
> 눈물 없이 못 가는 길 피 없이는 못가는 길
> 영문 밖의 좁은 길이 골고다의 길이라네
> 영생 복락 얻으려면 이 길만을 걸어야 해
> 배고파도 올라가고 춥더라도 올라가세

아픈 다리 싸매 주고 저는 다리 고쳐 주사
보지 못한 눈을 열어 영생 길을 보여 주니
칠전팔기 할지라도 제 십자가 바로 지고
골고다의 높은 고개 나도 가게 하옵소서

십자가의 고개턱이 제아무리 어려워도
주님 가신 길이오니 내가 어찌 못 가오랴
주님 제자 베드로는 거꾸로도 갔사오니
고생이라 못 가오며 죽음이라 못 가오리

주 목사와 산정현교회는 신사 참배 반대 운동의 본거지가 되었다. 이로 인해 주 목사는 1938년 2월 1차 투옥부터 1939년 9월 3차로 옥고까지 치르다가 7개월 만에 석방되어 평양에 도착한 날이 1940년 2월 5일 첫 주일이었다. 교회에는 산정현교회 교우 1,000여 명과 다른 교회의 교우와 시민 1,000여 명 합계 2,000여 명이 주 목사를 기다리고 있었다.

주 목사는 감옥에서 입고 나온 옷 그대로 바로 교회로 가서 강단에 무릎을 꿇고 기도한 후, 이런 찬송을 다 같이 불렀다.

"내 주는 강한 성이요 방패와 병기되시니 큰 환난에서 우리를 구하여 내시리로다 …."

그 후 마태복음 5:10-12과 로마서 8:18, 31-39을 봉독했다.

> 나를 인하여 너희를 욕하고 핍박하고 거짓으로 모든 악한 말을 할 때에는 너희에게 복이 있나니 기뻐하고 즐거워하라 하늘에서 너희의 상이 큼이라 너희 전에 있던 선지자들을 이같이 핍박하였느니라(마 5:10-12).

생각건대 현재의 고난은 장차 우리에게 나타날 영광과 족히 비교할 수 없도다 (롬 8:18).

그런즉 이 일에 대하여 우리가 무슨 말 하리요 만일 하나님이 우리를 위하시면 누가 우리를 대적하리요 자기 아들을 아끼지 아니하시고 우리 모든 사람을 위하여 내어주신 이가 어찌 그 아들과 함께 모든 것을 우리에게 은사로 주지 아니 하시겠느뇨 누가 능히 하나님의 택하신 자들을 송사하리요 의롭다 하신 이는 하나님이시니 누가 정죄하리요 죽으실 뿐 아니라 다시 살아나신 이는 그리스도 예수시니 그는 하나님 우편에 계신 자요 우리를 위하여 간구하시는 자시니라 누가 우리를 그리스도의 사랑에서 끊으리요 환난이나 곤고나 핍박이나 기근이나 적신이나 위험이나 칼이랴 기록된바 우리가 종일 주를 위하여 죽임을 당케 되며 도살할 양 같이 여김을 받았나이다 함과 같으니라 그러나 이 모든 일에 우리를 사랑하시는 이로 말미암아 우리가 넉넉히 이기느니라 내가 확신하노니 사망이나 생명이나 천사들이나 권세자들이나 현재 일이나 장래 일이나 능력이나 높음이나 깊음이나 다른 아무 피조물이라도 우리를 우리 주 그리스도 예수 안에 있는 하나님의 사랑에서 끊을 수 없으리라(롬 8:31-39).

그리고 주 목사는 잠시 기도했다.
"5종목의 나의 기원"이라는 제목으로 다음 다섯 가지 내용을 설교했다.

첫째, 죽음의 권세를 이기게 하옵소서.
둘째, 장기간 고난을 견디게 하여 주소서.
셋째, 노모와 처자를 주님께 부탁합니다.
넷째, 의에 살고 의에 죽게 하소서.
다섯째, 내 영혼을 주님께 부탁합니다.

주 목사는 1940년 9월에 5차 투옥되어 극심한 고문을 받았다.

그는 1944년 4월 21일 오후 9시 30분 47세 나이로 순교했다.

주 목사가 모진 고문으로 순교하기 직전 아내와 마지막 면회에서 나눈 대화가 막내 아들 주광조 장로가 쓴 『순교자 나의 아버지 주기철 목사』에 다음과 같이 기록되어 있다.

당신은 꼭 승리하셔야 합니다.
결단코 살아서는 이 붉은 문밖을 나올 수 없습니다!
그렇소!
내 살아서 이 붉은 벽돌문밖에서 나갈 것을 기대하지 않소.
내 이 죽음이 한 알의 썩은 밀알이 되어 조선 교회를 구해 주기를 바랄 뿐이오.

그러고 나서 간수의 등에 업혀가는 주 목사와 오 사모가 나눈 대화가 이 세상에서의 마지막 대화였다.

"마지막으로 부탁할 말씀 없으세요?"

"여보…, 나 따뜻한 숭늉 한 그릇 먹고 싶은데…."

주 목사의 장례식 입관 때 온 교우가 울음을 터뜨렸다. 오정모 사모가 조용히 일어나 비장한 얼굴로 말했다.

"여러분!

지금은 울 때가 아닙니다. 지금은 기도할 때입니다. 주 목사님은 나약해서, 힘이 모자라서, 무식해서 죽은 것이 아닙니다. 당연히 말해야 할 때 벙어리가 될 수 없어서, 당연히 가야할 길을 도망치거나 피하고 싶지 않아서, 그리고 당연히 죽어야 할 시간에 살아남을 수 없어서 죽었을 뿐입니다. 그리스도와 함께 십자가를 지는 자만이 그리스도와 더불어 영광을 나눌 수 있습니다."

1945년 8월 15일 광복 이후 평양 숭실중학교 강당에는 미처 본국으로 철수하지 못한 일본인들이 임시로 집단 거주를 하고 있었다. 그때 오정모 사모는 유방암으로 하루하루 약으로 연명하며 투병 중이었다. 일본인들은 주 목사를 모진 고문으로 죽게 만든 원수들이었지만, 오 사모는 일본인들에게 밥과 반찬을 나눠 주었다. 막내 아들 광조와 대화했다.

"어머니, 아버지를 죽인 원수들한테 왜 밥을 주는 겁니까?"

"광조야, 일본이 저지른 죄는 미워해도 일본 사람들을 미워해서는 안 된다. 아버지는 일본인들 때문에 돌아가신 게 아니라 우상 숭배라는 그들의 죄 때문에 돌아가신 거야. 그러니 우리가 일본 사람들을 위해 기도하고 저들을 사랑해야 한다."

주 목사의 장남 영진 전도사는 평양 근교 김제교회에서 시무하다가 6·25 전쟁 때 공산군의 총에 순교했고, 아내 김덕성 사모는 1976년 북한에서 처형되었다. 아들 수현은 지금도 북한에서 고초를 당하고 있다고 한다.

4) 최봉석(최권능) 목사

최봉석(1869-1944) 목사는 '예수 천당'의 복음을 전하며 여러 교회를 세웠고 많은 사람이 예수님을 믿게 했다. 그는 1907년 평양신학교에 입학, 1911년에 졸업해야 했지만 신학교를 계속 다니고 있었다. 1913년 졸업생 명단에도 '최봉석'이 없었다. 그는 교인들을 볼 면목이 없어서 교무실에 찾아가 교수들에게 이야기했다.

"교수님들께 아뢸 말씀이 있어서 찾아왔습니다. 먼저 저와 함께 기도하십시다."

그리고 이렇게 기도했다.

"하나님 아버지, 감사합니다. 저 같이 부족한 죄인을 불러서 예수 믿게 하시고 또 신학교에 와서 공부하게 하시고 또 목사 되게 하시니 감사합니다.

▲ 최봉석(최권능)목사

공부만 잘해야 목사가 됩니까?

하나님의 종은 열심히 기도하고 열심히 전도해야 하는데 저는 기도하고 전도하느라 공부를 못했습니다. 그러나 교수님들이 나에게 졸업장을 주어 나도 목사 될 수 있도록 길을 열어 주옵소서. 주실 줄 믿고 감사하며 예수님의 이름으로 기도합니다. 아멘."

"아멘."

교수들도 모두 "아멘" 했다. 그는 기도를 마친 후 마펫 교장에게 졸업장을 달라고 요청했다. 그러자 어느 교수가 졸업장을 준다고 약속한 일이 없다고 말했다. 최 조사(조사는 현재의 전도사에 해당하는 직분임)는 이렇게 물었다.

"교수님, 어찌 이렇게 믿음이 없는 말씀을 하십니까? 기도할 때 구한 것을 이미 받은 것으로 확신하는 것이 바른 자세가 아니겠습니까?"

그러자 마펫 교장이 말했다.

"하나님께서는 구하는 이에게 주십니다. 맞습니다. 최 조사는 우리 신학 교육에 보탬이 되는 학생 생활을 해 주었습니다. 우리가 눈이 어두웠습니다. 방금 하나님께서는 저에게도 총명을 주셨습니다."

그리하여 전무후무한 낙제 기록을 세운 최봉석 조사가 졸업했다.

최 조사는 1913년 8월 목사로 안수 받은 후 그동안 시무하던 벽동교회에서 1년 더 목회하다가 노회 파송으로 1914년부터 만주 선교에 전념했다. 넓은 만주 벌판을 걸어 다니며 복음을 전했다. 12년 동안 복음을 전하며 28개 교회를 세웠다. 때로는 굶기도 하고 때로는 몽둥이와 돌멩이로 맞아서 정신을 잃고 쓰러지기도 했는데, 주님의 음성을 듣고 다시 일어나 찬송가 〈예수님은 누구신가〉를 부르면서 걸어가곤 했다. 너무 배가 고파서 올챙이를 잡아먹기도 했고, 소똥에 들어 있는 콩알을 꺼내 먹기도 했다.

일본이 1925년 남산에 조선 신궁을 세웠을 때 그는 주님께 말했다

"내가 앞장서지요. 매는 몽땅 내가 맡아서 맞고, 순교도 내가 맡아서 하겠습니다."

최 목사는 1926년 평양으로 돌아와서 복음을 전했다. 평양 거리에는 이제 최 목사의 '예수 천당' 소리로 날이 밝게 되었다. 새벽 4시마다 들려오는 '예수 천당'의 외침은 천국으로 가는 길을 알리는 새벽 첫 닭의 울음소리였고, 나라를 잃은 백성의 멍든 가슴을 후련하게 하는 청량제였다.

하루는 일본인 연대장이 말을 타고 지나가는데, 최 목사가 "예수 천당!" 하고 소리를 질렀더니, 말이 뛰어올라 헌병대장이 말에서 떨어져 기절하는 일이 생겼다. 군인들이 웅성거릴 때, 최 목사는 "내가 기도하면 살아요."라고 말하고 기도하자, 헌병대장이 깨어나는 일이 있기도 했다.

길선주 목사는 다음과 같은 말로 그를 격려했다.

"최봉석 목사의 '예수 천당' 소리가 멈추는 날, 조선의 예루살렘인 평양이 망한다."

그는 불타는 심령으로 '예수 천당'을 외쳤는데, 그 소리에는 능력이 나타났다. 그 소리를 들은 사람들은 모두 예수를 믿게 되었다. 그래서 그를 가리켜 "최권능 목사"라고 불렀다.

하루는 머리 좋고 설교 잘하는 채필근 목사가 지나가는데 최 목사가 큰 소리로 "예수 천당" 하고 소리를 질렀다. 깜짝 놀란 채필근 목사와 그는 이렇게 대화했다.

"나, 채 목사요."

"목사는 목사지만 뻘지(벙어리) 목사요."

최 목사의 일화 중에는 갓 결혼한 새댁이 죽은 송아지를 살려 달라고 간청한 일도 있었다. 당시는 집안에 무슨 궂은 일이 생기면 새댁이 들어와서 그런 일이 생겼다고 믿는 미신이 팽배할 때였다. 최 목사는 사정이 하도 딱해서 하나님께 간절히 기도했더니 3일 만에 죽은 송아지가 살아나는 기적이 일어났다.

또 한번은 황해도 곡산에서 최 목사가 마을 신당을 부숴버렸다. 이 일로 마을 사람들이 달려들어 돌로 치려 했다. 이때 최 목사는 총회에서 전도상으로 받은 은메달을 꺼내들고서 말했다.

"나를 칠 수는 있으나, 총회에서 준 은메달을 받은 사람을 치면 되겠느냐?"

햇빛에 반짝이는 은메달을 보고 암행어사의 마패라 생각한 마을 사람들은 용서를 빌었다.

"잘못했습니다."

그러자 최 목사는 복음을 전했습니다.

"여러분이 예수를 믿어야 천당에 갑니다. 헛된 미신을 버려야 합니다."

그리고 그 미신을 믿는 동네에 교회를 세웠다.

최 목사는 일본의 신사 참배를 앞장서서 반대하다가 1939년 평양경찰서에 끌려가서 극심한 고문을 당했다. 기절하면 물을 끼얹었고 기절하면 또 물을 끼얹으며 고문을 계속 가했다. 그는 6년 동안 감옥에서 갖은 고문을 다 당했다. 고문을 심하게 하면 할수록 찬송가 〈예수 사랑하심은 거룩하신 말 일세〉를 큰 소리로 불러서 감옥 안의 사람들이 그 찬송을 모르는 사람이 없었다고 한다. 그는 감옥에서 기도하고 찬송하고 전도하는 일에 전념했다.

그래서 감방에 들어 온 사람들은 그의 전도로 예수를 믿고 그의 기도로 힘을 얻고 그의 찬송으로 위로를 받았다. 그리하여 감방이 예배당처럼 되었다. 마치 1899년 이승만이 개종한 한성감옥과 같이 비슷한 일이 재연되었다.

형사들이 신사 참배를 하지 않으면 죽이겠다고 고문할 때마다 최 목사는 이렇게 대답했다.

"내가 죽는 것은 영광이요. 나는 죽기 위해 오늘까지 당신들의 신을 경배하지 않고 살아왔소. 내가 죽으면 천당에 가오. 주님이 내 집을 예비하고 내가 오기를 기다리고 계시오."

하루는 형사가 몽둥이로 최 목사를 때리니까 그는 매를 맞을 때마다 "예수 천당, 예수 천당"이라고 소리를 질렀다. 매를 맞아 허리가 결리고 가슴이 막혀서 말을 못하게 되어도 숨이 터지는 동시에 "예-수 천-당"이라는 소리가 나왔다. 형사가 매를 멈추고 왜 이렇게 시끄러우냐고 물으니까 그는 대답했다.

"내 몸에는 예수가 꽉 차 있어서 나를 때리면 예수가 나온다."

최 목사는 때때로 감방에서 금식기도를 했는데 1944년 3월 1일부터 40일간 금식기도를 작정했다. 그런데 3월 1일 아내와 아들과 딸이 음식을 준비해 가지고 면회를 왔다. 그는 반갑게 가족을 맞았다. 보통 때에는 아내와 이렇게 대화해 간단히 면회를 마쳤다.

"항상 기뻐하라."

"쉬지 말고 기도하라."

그러나 그날의 면회는 길어졌다.

"내가 금식기도를 작정한 것을 알고 마귀가 맛있는 음식으로 시험하는군!"

"애들아, 집에 가서 날 위해 기도해야 한다. 금식기도 끝나는 4월 10일까지 누구도 면회 오지 말고 기도해다오. 미안하다. 땅 위에서 육신을 가진 사람들인데 내가 주님께 충성하다 보니 가정과 너희를 등한히했구나. 하하, 이것도 육신의 생각이지."

이렇게 말하더니 딸과 아내의 손을 붙잡고 눈물을 흘렸다.

"하나님께서 너희를 지켜 주시고 축복하실 것이다. 내가 하나님 품에 안기게 되고 너희도 나와 같이 저 낙원에 가서 즐거이 살게 될 때 그때 땅에서 못 받던 위로를 하늘나라에서 받자."

최 목사는 40일 금식을 마쳤을 때 극도로 쇠약해져 몸을 가눌 수 없게 되었다. 결국 4월 11일 병보석으로 평양기홀병원으로 옮겨졌다. 병원에 입원한 15일 동안 주치의 장기려 장로와 간호원과 가족의 간호를 받으며 찾아오는 교우들을 만났다.

그는 1944년 4월 25일 오후1시에 이렇게 말했다.

"하늘에서 전보가 왔구나, 나를 오라 하신다."

그는 찬송가 "고생과 수고가 다 지난 후 광명한 천국에 편히 쉴 때 주님을 모시고 나 살리니 영원히 빛나는 영광일세"를 다 부른 후 소천했다. 그의 나이 75세였다. 주기철 목사가 순교한 지 4일째 된 날이었다.

이 외에도 신사 참배에 반대해 옥중에서 투쟁한 인물은 많았다. 고홍봉, 주남선, 채정민, 손양원 목사, 최덕지, 이주원, 김린희, 김화준, 방계성, 손명복, 서정환, 이기태 전도사, 오윤선 장로, 김형락 영수, 안이숙, 박신근, 장두희, 양대록, 이광록, 김두석, 김영숙, 엄애나, 이술연, 김야모 성도 등이다.

제14장

8·15 해방과 대한민국 건국

1. 일본의 교회 탄압

1938년 2월 일본 총독부는 교회에 대한 시정 방침을 결정했다. 그 시정 명령 제3항은 당시 시국을 위해 도움이 되지 않는 내용인 설교, 찬송가, 기도문 등을 철저히 금지하거나 삭제하는 것이었다. 찬송가에 나타나 있는 하나님 나라의 통치, 종말론적 세계관, 해방을 의미하는 자구(字句)들을 일본의 국체(國體)와 천황제(天皇制) 이념에 도전하는 것으로 여겼다.

▲ 정인과 목사

이런 방침에 따라 장로교회는 1940년부터 찬송가와 각 출판물에서 일본의 국체(國體)에 배치되는 자구(字句)를 개정할 것을 선언했다. 1941년 10월 2일에는 총회 종교교육부 총무 정인과 목사가 「장로회보」의 "긴급통고"를 통해 『신편 찬송가』에서 '현 체제'에 부적합한 4장의 찬송가를 금지한다고 발표했다. 정인과 목사에 의한 찬송가 삭제, 수정은 지속적으로 이루어졌다. 1942년 9월 총회 종교교육부는 "찬미가는 근본적으로 수정해서 출판허가를 받아 인쇄 중"이라고 보고했고, 1943년 5월 삭제 수정된 찬송가를 출판했다.

감리교회도 1941년 12월 1일 「조선감리회보」에서 『신뎡 찬송가』 중 19장은 사용치 말고, 54장은 정정할 곳이 있으니 당분간 사용치 말고, 정정 부분을 알기까지 기다릴 것, 또한 우리 교회에서 부를 찬송가를 개정하여 출판허가를 신청 중이라고 공고했다. 이듬해 찬송가에서 전부 제거된 장이 22장, 장 가운데서 부분 제거된 절이 10절, 자구를 수정한 장이 47장에 걸쳐 삭제, 수정된 것이 86구절이나 되었다.[1]

일본은 1940년 '기독교에 대한 지도 방침'을 세워 9월 20일 새벽을 기해 '조선 기독교도 불온분자 일제 검거령'을 내려 신사 참배를 거부하는 교회 지도자들을 체포해 구금했다.

일본은 대동아 공영권을 획득하기 위해 미국과 싸움에서 승전 없이는 불가능함을 깨닫고 미국 하와이 진주만 공격을 계획했다. 이에 장애가 되는 선교사들을 1941년부터 국외로 추방했다. 외국 선교부에서도 자국 선교사의 신분이 위협을 당하고 함께 신앙생활하는 한국인의 목을 조르고 괴롭히자 스스로 철수하기도 했다. 1942년 8월 대구에서 사역하던 에드워드 아담스(Edward Adams, 한국 이름 안두화, 1895-1965) 선교사가 강제로 출국을 당함으로써 외국 선교사가 이 땅에서 다 떠나게 되었다.

일본은 1943년 9월부터 주일 오후, 삼일기도회 등 야간 집회를 금하고 예배당에서 근로 작업을 강요했으며 교회들을 강제로 군수 공장으로 징발했다.

---

1 이천진, 『찬송가 이야기』 (서울: 신앙과 지성사, 2016), 100.

1945년 4월부터 모든 교회가 폐쇄되었다. 그리고 7월 19일 한국 기독교는 일본 기독교 조선교단으로 흡수되고 말았다.

일본은 이런 당국 명령에 불복하는 5만 명의 기독교인을 1945년 8월 17일을 계기로 학살하려고 계획했다. 하나님께서는 그들의 간악한 궤계를 허락하지 않으셨고, 일본 히로히토(裕仁) 천황이 무조건 항복의 종전 조서를 1945년 8월 15일 정오에 떨리는 목소리로 방송했다.

하나님의 허락이 없이는 참새 한 마리도 땅에 떨어지지 않게 하시는 주권적인 섭리로 우리나라는 일본의 35년 압제로부터 해방의 기쁨을 누리게 되었다.

2. 카이로 선언과 8·15 해방

연합국이 한국의 독립 문제를 처음으로 합의한 때는 카이로 회담이다. 제2차 세계대전이 연합국의 승리로 예견되면서 1943년 11월 카이로에서 미국의 루스벨트 대통령, 영국의 처칠 수상, 중국의 장개석 총통이 모여 전후 처리에 관한 문제를 회담했다. 이 세 사람이 한국의 독립을 약속하는 역사적 카이로 선언을 선포했다.

> 한국민이 노예 상태에 놓여 있음을 유의하여 앞으로 적절한 과정을 통해 한국을 자유 독립국으로 할 것을 결의한다.

카이로 선언이 발표된 것은 그야말로 하나님의 선물이다. 루스벨트 대통령은 특별보좌관 홉킨스에게 카이로 선언문 작성을 지시했다.

한국독립 조항이 들어간 것은 이승만과 홉킨스가 독실한 그리스도인으로 서로 친분 관계에 있었기 때문이다(정일화). 특히 이승만의 저서 『일본내막기』(*Japan Inside Out*)에서 주장한 대로 일본이 1941년 12월 7일 미국 하와이 진주만을 공격하자 미국 정부의 한국에 대한 인식이 바뀌기 시작한 것도 한 역할을 했다.

더욱이 카이로 선언은 1945년 7월 26일 미국, 영국, 중국 수뇌들이 모여 일본에 대해 무조건적 항복을 요구하는 포츠담 회담으로 이어짐으로써 마침내 8월 15일 일본이 항복했다. 이로써 한국은 1945년 8월 15일 일본에게 빼앗긴 나라를 회복하는 해방의 기쁨을 누리게 되었다.

▲ 8·15 해방

3. 신탁 통치에 대한 교회의 입장

1945년 12월 28일 소련의 수도 모스크바 3상 회의에서 신탁 통치가 결정되었다는 소식이 전해졌다. 신탁 통치는 해방된 우리나라가 자치능력이 없으므로 미국, 소련, 영국, 중국 4개국이 5년간 신탁 통치를 한다는 것이다.

해방 정국에서 자유 대한민국 건국 과정의 최대 걸림돌은 미국의 좌우합작 정책이었다. 당시 한반도에 대한 미국의 외교 정책은 미국과 소련의 합의 아래 자유주의와 공산주의가 서로 손잡는 좌우합작을 추진한 것이다.

1945년 2월 얄타 회담에서 미국과 소련이 해방 후 한반도에 대한 신탁 통치에 합의한 일이 있었다. 소련의 스탈린이 미국의 루스벨트에게 이렇게 물었다.

"대일본전에 참전하면 해방 지역을 점령해도 좋은가?"

루스벨트는 이를 승락했다. 당시 국무부 차관 앨저 히스(Alger Hiss, 1904-1996)는 소련 공산당의 스파이로 미국의 대외 정책에 소련의 입장을 대변했다.

미국은 공산주의의 실체를 제대로 모르고 있었다. 당시 우리나라는 사회주의 50퍼센트, 공산주의 28퍼센트 그리고 자유주의 20퍼센트를 지지했다. 이런 위기 상태에서 자유민주주의와 기독교 입국론을 신념으로 한 이승만은 남한 일대를 순회하면서 신탁 통치 반대와 반공의 내용으로 유세했다.

반면에 좌익 사상을 가진 남로당 박헌영과 북한의 김일성은 소련의 지시로 신탁 통치에 찬성함으로써 정국이 어지러웠다. 국민은 좌우익으로 편이 나뉘지고 국론이 분열되었다. 이때 남북한 교회 지도자들은 대부분 신탁 통치에 반대했다.

이승만은 1946년 말 미국에서 1947년 4월까지 의회와 언론을 통해 한국의 조속한 독립만이 미국의 이익에 부합하며 소련을 비롯한 공산주의를 이롭게 하는 정책을 계속해서는 안 된다고 주장했다. 1947년 3월 12일 미국 트루먼 대통령의 외교 정책이 소련에 대한 유화, 협력에서 강경, 봉쇄로 바꾸는 전략을 발표했다. 이승만의 도미 외교를 통해 미국 내에서 반공 여론과 대한민국 건국에 대한 지지를 얻게 된 것은 하나님의 섭리 가운데 있는 일이다.

그리하여 1947년 9월 16일 미국은 한반도 문제를 유엔 총회에 넘기기로 했고, 1948년 2월 19일 유엔 소총회는 유엔 한국임시위원단이 "감시가 가능한 지역에서 선거를 실시할 것"을 결의했다. 마침내 1948년 5월 10일 자유 총선거가 실시되어 198명의 제헌 의원이 선출됐다.

4. 1948년 5월 31일 역사적 제헌국회

▲ 제헌국회

한민족 최초의 국회가 옛 중앙청 국회의사당에서 열렸다. 임시 의장으로 선출된 이승만 박사는 단상에서 감리교 목사이며 종로구에서 당선된 이윤영 국회 의원에게 기도를 부탁했다. 당시 이승만 의장은 이렇게 말했다.

"대한민국 독립민주국 제1차 회의를 여기서 열게 된 것을 우리가 하나님께 감사해야 할 것입니다. 종교, 사상, 무엇을 가지고 있든지, 누구나 오늘 이 일이 사람의 힘으로 된 것이라고 우리가 자랑할 수 없을 것입니다. 그러므로 하나님께 감사를 드리지 않을 수 없습니다. 나는 먼저 우리가 다 성심으로 일어서서 하나님께 감사 드릴 터인데 이윤영 의원 나오셔서 하나님께 기도를 올려 주시기 바랍니다."

이윤영 목사는 단상에서 5.10 총선거로 선출된 198명의 국회 의원들과 함께 기도를 올렸다. 가장 중요한 국가 사료인 수백만 쪽의 국회 속기록 제1면에 기록된 "하나님께 드리는 나라와 민족을 위한 기도문"의 내용은 이렇다.

이 우주와 만물을 창조하시고 인간의 역사를 섭리하시는 하나님이시여!
이 민족을 돌아보시고 이 땅에 축복하셔서 감사에 넘치는 오늘이 있게 하심을 주님께 저희들은 성심으로 감사하나이다. 오랜 시일 동안 이 민족의 고통과 호소를 들으시사 정의의 칼을 빼서 일제의 폭력을 굽히시고, 세계 만방의 양심을 움직이시고 우리 민족의 염원을 들으심으로 이 기쁜 역사적 환희의 날을 우리에게 주심은 하나님의 섭리가 세계 만방에 현시하신 것으로 믿나이다.
하나님이시여!
남북이 둘로 갈라진 이 민족의 어려운 고통과 수치를 신원하여 주시고 우리 민족 우리 동포가 손을 같이 잡고 웃으며 노래 부르는 날이 우리 앞에 속히 오기를 기도하나이다.
하나님이시여!

원치 않는 민생의 도탄이 길면 길수록 이 땅에 악마의 권세가 확대되나 하나님의 거룩하신 영광은 이 땅에 오지 않을 수 없을 줄 저희들은 생각하나이다. 원컨대, 우리 조선에 독립과 함께 남북통일을 주시옵고 또한 민생의 복락과 아울러 세계 평화를 허락하여 주시옵소서.

거룩하신 하나님의 뜻에 의지하여 저희들은 성스럽게 택함을 입어 글자 그대로 민족의 대표가 되었습니다. 그러하오나 우리의 책임이 중차대한 것을 우리가 느끼고 우리 자신이 진실로 무력한 것을 생각할 때 지와 인과 용과 모든 덕의 근원되시는 하나님께 이런 요소를 저희들이 간구하나이다.

이제 국회가 성립되어서 우리 민족의 염원을 모든 세계 만방이 주시하고, 기다리는 우리의 모든 문제가 원만히 해결되기를, 또한 이로부터 우리의 완전 자주 독립이 이 땅에 오며, 자손 만대에 빛나고 푸르른 역사를 저희들이 정하는 이 사업을 완수하게 하여 주시옵소서.

이 회의를 사회하시는 의장과 우리 모든 의원에게 건강을 주시옵고, 여기서 양심의 정의와 위신을 가지고 이 업무를 완수하게 도와주시옵기를 기도하나이다. 역사의 첫걸음을 걷는 오늘 환희와 감격에 넘치는 이 민족적 기쁨과 영광과 감사를 다 하나님께 올리나이다.

이 모든 말씀을 주 예수 그리스도 이름 받들어 기도하나이다. 아멘.

이렇게 우리나라는 하나님께 기도를 올림으로써 세워진 나라이다. 제헌국회를 열면서 기도했던 '선진 한국', '통일 한국', '선교 한국' 세 가지 건국 비전은 모두 다 기독교 신앙에 그 뿌리를 두고 있다.

5. 1948년 8월 15일 대한민국 건국

1948년 7월 17일 제헌헌법을 제정해 대한민국의 정체성과 대한민국이 나아갈 국가의 방향과 목표를 분명히 제시하는 국가의 기본법을 공포했다. 제헌헌법의 내용은 1789년 미국 수정헌법과 1919년 독일의 바이마르 헌법에 기초로 한 것인데, 성경의 내용과 90퍼센트가 일치한다. 이는 자유민주주의 체제와 자유시장경제를 골격으로 한다.

1948년 7월 24일 이승만은 대통령 취임식에서 하나님과 동포 앞에서 대통령으로서 직무를 다할 것을 하나님 앞에 맹세하면서 성경(聖經)에 손을 얹고 선서했다. 1948년 8월 15일은 대한민국이 건국된 날이다. 이 날 대한민국 건국 행사에서 이승만 대통령은 기념사를 했다.

그는 기념사에서 북한 대표들이 참석하지 못한 데 대해 아쉬움을 표시했다. 자유민주주의를 지향하고 있는 새 나라 대한민국은 평민의 자유가 보장되는 평등한 나라가 될 것이라고 강조했다. 그에 따라 양반과 상놈, 부자와 가난한 자, 남자와 여자, 남한 출신과 북한 출신이 모두 동등한 기회와 권리를 가지고 법 앞에서 평등하게 보호받게 될 것을 강조했다.

6. 교회 재건의 기본 원칙

신사 참배를 끝까지 거부하면서 옥중에서 온갖 고문을 겪다가 살아남은 20여 명의 성도는 8·15해방이 되자 바로 평양 산정현교회에 모여 약 2개월간 머물면서 한국 교회의 재건을 놓고 기도하며 숙의했다. 그리고 1945년 9월 20일 아래와 같은 교회 재건의 기본 원칙을 세웠다.

첫째, 교회의 지도자(목사, 장로)들은 모두 신사에 참배했으니 권징의 길을 취하여 통회 정화한 후 교역에 나설 것

둘째, 권징은 자책, 혹은 자숙의 방법으로 하되 목사는 최소한 2개월간 휴직하고 통회 자복할 것

셋째, 목사와 장로의 휴직 중에는 집사나 혹은 평신도가 예배를 인도할 것

넷째, 교회 재건의 기본 원칙을 전국 각 노회 또는 지교회에 전달하여 일제히 이를 실행케 할 것

다섯째, 교역자를 양성할 신학교를 복구 재건할 것

이런 출옥성도의 발표에 신사 참배를 결의했던 장본인 홍택기 목사 측은 현실 교회를 유지하기 위해 고생했다며 교회 재건 원칙을 맹렬히 반대했다. 그러나 이 재건 원칙에 찬동했으나 이를 실행한 교회가 많지 않았다. 결국, 출옥성도와 기성교회 교역자들의 간격에 융합이 안 되어 양분되고 말았다.

7. 교회의 재건

이에 호응한 북한 교회는 평북노회 주최로 평북 6노회 교역자 퇴수회를 열고 1945년 11월 14일부터 한 주간 선천 월곡동교회에 모여 참회의 기간을 가졌다. 재건 원칙이 발표되자 약 200명 교역자가 2개월 자숙 기간을 가졌다. 또한, 38선이 쉽게 열리지 않을 것 같으니 38선이 열릴 때까지 이북 5도 연합노회를 조직해 시국에 대처하는 교회 단체를 구성할 것

을 결의했다.

　남한 장로교회는 경남노회를 필두로 1946년 봄까지 여러 노회가 다 환원 복구했고, 그 해 6월 서울 승동교회에서 남부총회가 열렸다. 1947년 4월 대구 제일교회에서 모인 제2회 남부총회는 전기 제1회 총회를 일정 말기 (1942년) 해체되었던 31회 총회를 계승한 장로회 제32회 총회라 결정했다.

　감리교회는 재건 중앙위원회를 조직해 동, 서, 중 3부 연회를 조직하고 1946년 1월 14일 동문교회에서 연합회를 소집해 이규갑을 감독으로 선출하고 감리교 재건과 신학교 설립을 결정했다.

　그러나 일제 시대에 교권을 남용하고 부덕한 교직자들은 따로 모여 감리교 부흥위원회를 조직하고 강태희를 감독으로 선출했다. 그리하여 감리교회는 재건과 동시에 재건파와 부흥파로 양립되어 질시하는 상태에 빠졌다.

　성결교도 재건을 서둘렀다. 1945년 9월 10일 70명의 총회원이 모인 중에서 박현명을 새 총리로 선출하고 교단 명칭을 기독교대한성결교라 했다. 그리고 신학교를 개교하여 교명을 서울신학교(지금의 서울신학대학교)라 개명했으며, 교단 기관지「활천」을 복간했다.

　구세군도 1946년 10월 재건하여 황종률 정령을 서기장으로 임명했다. 다음 해 4월 로드씨가 다시 와서 사령관에 취임했고 같은 해 가을 사관학교를 재개했다.

　침례교회도 1946년 2월 9일 충남 부여 칠산교회에서 재건회의를 개최하고, 같은 해 9월 총회제로 바꾸고 감독 정치는 회중 정치로, 안사는 목사로, 감노는 장로로, 파송제로 하던 교역자를 청빙제로 바꾸었다. 1949년 충남 강경에서 총회를 개최하고 동아기독교를 대한기독교침례회로 변경했다.

1959년에는 기독교한국침례회와 한국기독교침례회로 분리되었다. 1968년 한국침례회연맹이라는 통합 교단이 출범했다. 그 후 1976년 교단명을 다시 기독교한국침례회로 변경하여 오늘에 이르고 있다.

제15장

공산 세력의 교회 핍박

1. 공산당의 북한교회 핍박

 북한은 8·15 해방이 되면서 조만식 장로가 주축이 되어 건국 준비위원회 (약칭 건준이라 함)가 조직되었다. 건준은 1945년 8월 15일부터 9월 7일까지 국내 치안 유지와 일본인들의 안전한 귀환을 보장하기 위한 조직이었다. 위원장은 대부분 교회 목사와 장로들이 취임해 행정 사무와 치안을 유지했다.

 소련군이 진주하고, 1945년 9월 20일 소련 스탈린은 북한 김일성 (본명: 김성주)에게 '단독 정부를 수립하라'는 지령을 내렸다. 공산당 조

▲ 북조선임시인민위원회 성립 경축 대회 (1946.2.8.)

직인 북조선임시인민위원회를 1946년 2월 8일 결성하고 소련의 지원을 받은 김일성을 위원장으로 추대했다. 이때부터 김일성이 실질적으로 북한 지역을 통치하는 역할을 했다. 1947년 2월 북조선인민위원회로 개편되면서 북한은 공산주의 체제로 바꾸고, 1948년 9월 9일 조선 민주주의 인민공화국을 세웠다.

공산주의는 하나님을 부인하는 유물론 사상이다. 칼 마르크스는 종교가 인민의 아편이라고 말했고, 레닌은 기독교와 전쟁해야 한다고 주장했다. 이것이 유물론의 ABC이고 막시즘의 결론이다. 따라서 공산주의는 기독교와 공존할 수 없다.

공산당은 교세가 가장 강한 평안북도 용천군의 용암포제일교회를 유신론(有神論)의 상징이니 헐어버리겠다는 계획으로 민족 진영의 정당 기독교 사회민주당 용암포 지부 결성식장에 난입해 강제로 해산을 시켰다. 그리고 그 여세를 몰아 용암포제일교회를 헐기 시작했는데, 갑자기 뇌성벽력이 나며 소나기가 쏟아져 부득이 철수했다. 이 광경을 본 주민들은 이것이 하나님의 징계라고 여겼다.

그리고 재건을 허락하지 않아 담임 이기혁 목사는 평양에 와서 소련어에 능통한 김덕영 권사를 앞세워 소련군 사령관과 교섭해 교회를 재건했다.

또 1945년 11월 18일 용암포에서 공산당 주도로 인민위원회가 공산당을 환영하는 군중 대회를 열었다. 그런데 연단에 올라간 학생 대표가 주최측 계획과 달리 축하 연설이 아니라 공산당의 행패를 규탄했다. 이에 당황한 주최측이 무력으로 제압하는 과정에서 평안교회 홍석황 장로 한 명이 사망하고 학생과 주민이 크게 부상을 입었다.

사건 발생 직후 신의주 학생자치대는 공산당과 소련군 현지 사령관에게 사건 처리를 요구했지만 거절당했다. 이런 소련 군정의 압제와 공산주의에 대한 반감이 신의주 일대에 퍼져 나갔다.

공산당의 용암포 만행 사건이 용암포에서 약 20킬로미터 떨어진 신의주에 알려지면서 6개 남녀중학교를 중심으로 약 5천 명의 학생이 "공산당을 몰아내자", "소련군 물러가라"를 외쳤다.

반공·반소를 외친 1945년 11월 23일 사건을 "신의주 반공 학생의거"라 부른다. 이로 인해 공산당 세력이 무차별적으로 기관총 사격을 해서 피살된 사람이 23명, 중경상자가 700여 명, 투옥된 사람이 무려 2,000여 명이었다. 투옥된 사람들은 시베리아로 끌려가기도 했다.

2. 박해에 대처하는 5도 연합노회

북한 지역에서 교회 박해가 일어나자 이는 앞으로 전체 교회가 당할 징조라 여겨 박해에 대처할 연합 기구가 필요하다고 판단했다. 김진수 목사를 중심으로 김화식 목사와 함께 평양노회가 주동이 되어 38선이 열릴 때까지 1945년 12월 평양 장대현교회에서 이북 5도 연합노회를 조직했다. 김진수 목사를 노회장, 김철훈 목사를 서기로 선임하고 교회 수호 활동을 펼쳤다.

3. 3·1절 기념 행사 사건

교회는 8·15 해방 후 처음 맞는 3·1 독립 만세 운동 기념식을 준비했다. 한편 공산 세력은 이를 금지하고 북조선임시인민위원회가 3·1절 기념 행사를 단독으로 행사를 치르려 했다. 평양 교역자회(회장: 한상동 목사)는 교회가 중심이 되어 3·1절 연합 기념 행사를 결정하자, 준비 위원 60여 명이 검속되는 상황 속에서도 남은 교역자들이 장대현교회에서 1만여 명의 신자가 모인 가운데 기념 예배를 드렸다. 김길수 목사가 사회를 보고 황은균 목사는 신탁 없는 독립, 신앙의 자유를 설교했다.

황 목사가 하단하자 대기 중이던 평양 내무서 차에 실려 갔다. 이것을 바라본 5천여 군중은 일제히 그 자리에 엎드려 3일간의 금식을 선포하고, 금식기도에 들어갔다. 남은 5천여 군중은 그 자리에 일어서서 태극기를 흔들며 독립 만세를 부르고, 찬송가 "믿는 사람들은 군병같으니 앞에 가신 주를 따라갑시다…"를 부르며 시가를 행진했다. 반면에 평양 역전에서 거행된 김일성 공산당의 기념 행사는 수류탄 투척 사건으로 엉망이 되었다.

4. 성수주일(聖守主日)과 11·3 대의원 선거

북한의 인민정부 수립을 위한 인민위원회 대의원선거를 1946년 11월 3일 주일로 공고했다. 이에 대하여 이북 5도 연합노회는 아래와 같은 결의문을 북조선임시인민위원회에 보내 주일에 선거하는 것을 정면으로 반대했다.

북한의 2천 교회와 30만 신도는 신앙의 수호와 교회 발전을 위해 다음 5조항의 교회행정 원칙과 신앙생활의 규범을 결정 실시 중에 있는 바 이를 귀 위원회에 통보하는 바입니다.

1. 성수주일을 생명으로 하는 교회는 주일에는 예배 이외의 여하한 행사에도 참여하지 않는다.
2. 교회의 신성을 확보하는 일은 교회의 당연한 의무요 권리이다. 예배당은 예배 이외의 여하한 경우에도 이를 사용함을 금한다.
3. 정치와 종교는 엄격히 이를 분리한다.
4. 현직 교직자로서 정계에 종사할 경우에는 교직을 사면하여야 한다.
5. 교회는 신앙과 집회의 자유를 확보한다.

5. 기독교도연맹의 교회 탄압

1948년 9월 9일 공산주의 정권이 수립되면서 북한 교회가 중대한 시련을 겪게 되었다. 북한 공산 정권은 1946년 교회가 3·1절 기념 행사를 단독으로 강행하고, 그 해 11월 3일 주일 북한인민위원회 대의원 선거를 반대한 것을 보고 탄압만으로는 교회를 휘어잡지 못한다는 것을 알게 되었다. 그래서 이번에는 회유책을 썼다.

김일성은 전직 목사였던 외종조부 강양욱을 앞세워 1948년 11월 28일 북조선 기독교도연맹(基督敎徒聯盟, 지금의 조선그리스도련맹의 전신임)을 조직케 하고, 전(前) 산동성 선교사 박상순을 위원장으로 추대해 포섭 공작에 나섰다.

1948년에는 공산 정권이 교회 재산을 국유화한다는 법령으로 교회당 소유권을 강탈했다. 이에 예배당을 예배 장소로 사용하기 위해서는 임대료를 내야 하는 수난을 겪었다. 그러나 이에 불응하여 교회를 지킨 교역자도 있었다.

1949년에는 기독교도연맹이 각 교회 간판 밑에 ○○교회 기독교도연맹 지회라는 간판을 함께 걸라고 강요했다. 이때 동 연맹은 이북 5도 연합노회를 없애려고 노회장 김진수 목사와 중견 목사인 김인준 목사 등을 검거했다.

1950년 4월 초 기독교도연맹은 이북 5도 연합노회를 무시하고 별도로 장로교 총회를 조직하여 총회장 김익두, 부회장 김응순, 서기 조택수 목사로 선임했다. 총회는 다음의 안건을 결의했다.

"이제부터 현직 교역자로서 5월까지 기독교도연맹에 가입치 않은 자는 강단에 설 수 없다."

▲ 김익두 목사

이때 교회 지도자 김익두 목사는 종교의 자유를 인정해 준다는 말에 김일성의 공산 정권 수립을 도와주었으나 공산주의 실체를 알고 난 후 반대했다. 그는 1950년 10월 14일 유엔군이 북진해 황해도 신천에 들어오기 직전 공산군에게 총살을 당했다.

사태가 이에 이르자 많은 교회가 굴복했지만 평양 산정현교회 김철훈 목사, 신현교회 이유택 목사, 고정교회 장성도 목사, 장대현교회 문신규 목사, 신암교회 김길수 목사는 일절 거부하다가 6·25 전쟁 직전에 연행되어 소식이 끊어졌다. 한편 평양 산정현교회를 몰수하려는 공산당 정권에 대항하다가 유계준 장로는 1950년 6월 24일 총살당했다.

그리고 6·25 전쟁이 일어난 주일까지 연맹에 가입하지 않고 강단을 지킨 목사는 평양 시내에서 산정현교회 정일선 목사, 명촌교회 백성덕 목사, 창광산교회 계창주 목사, 신흥리교회 김용진 목사로 이들은 신앙의 절개를 지켰다. 그중 계창주 목사와 김용진 목사는 동란 시 월남해 남한에서 목회를 계속했다.

그리고 공산 정권이 교회를 박해함으로 이에 대처하기 위해 1945년 9월 이유필이 주도하고 윤하영 목사와 한경직 목사가 참여해 공산당이 잘못된 원리로 주민들을 이끄는 것을 보면서 바른 원리로 인도하기 위해 기독교 사회민주당(당수: 이유필)을 만들어 교회를 수호하고자 했다.

1947년에는 미·소 공동위원회가 한국민은 자치 능력이 없다는 이유를 들어 한국을 신탁 통치하기로 결정한 일에 대해, 신탁 통치 반대를 위해 기독교자유당을 창당하려 했다. 그러나 그 해 6월 8일 김화식, 김관주, 황봉찬 목사를 위시한 교역자 40여 명이 구금되어 무산되었다. 이때에 구속된 인사 대부분의 행방이 거의 묘연했다. 구속 인사 중 한 사람이던 황봉찬 목사는 자유당 사건의 3년형 만기가 1950년 6월 24일이므로 석방되어 평양 후퇴 때 월남해 서울 동대문구 회기동 산정현교회에서 목회했다.

6. 남한 교회의 수난

1945년 8월 16일 오전 9시 여운형의 강력한 요구로 일제하에서 공산주의 활동을 하다가 수감된 1만여 명의 사상범들이 일시에 석방되면서 남한 사회는 순간에 좌익으로 기울어졌다. 1925년 4월 17일 조선공산당을 창당한 박헌영은 해방이 되자마자 이승만, 김구 등 해외 독립 운동가들이

▲ 박헌영

귀국하기 전에, 1945년 9월 6일 전국에 147개 인민위원회를 조직하고 조선인민공화국을 선포했다. 박헌영이 일본인 명의의 적산가옥(敵産家屋)과 토지(土地) 등을 강제 몰수하여 무상분배의 토지개혁을 시행한다고 국민들을 선동하자 남한 국민의 78 퍼센트가 이를 지지했다. 또한, 박헌영과 남로당은 남한 전역에서 무장폭동을 일으켜 나라를 무정부상태로 만들어 갔다.

1946년 10월 1일 대구에서 경찰과 시민 사이의 충돌로 시작된 대규모 유혈 사건이 일어났다. 남조선노동당의 남한 적화공작의 일환으로 대구지구 철도 종업원들의 총파업에서 시작해 일반 시민들이 합세해서 일으킨 폭동이다. 좌익 세력들은 경찰서의 무기를 탈취하고 유치장을 부수어 투옥되었던 좌익 사범들을 석방시켰다.

또한, 무장 폭도들은 경찰과 우익 인사와 그 가족들을 너무나 잔인한 방법으로 학살하고 집에 불을 질렀다. 대구 폭동으로 인한 피해는 경찰관 사망 39명, 부상 31명, 민간인 사망 44명, 부상 56명, 그리고 30억 원 정도의 국가 재산 소실(燒失)이 발생했다는 기록이 있다(박갑동).

다른 자료에 의하면 이보다 훨씬 더 피해가 심각했다고 한다. 9개의 경찰서가 점거되고 300여 명의 경찰과 그 가족이 살해되었다. 대구의 10월 폭동은 38선 이북에 있는 소련군의 자금지원과 남로당 박헌영의 배후조종으로 진행되었음이 밝혀졌다.

이 사건은 현직 목사이며 남로당계 기독교민주동맹 대구시동맹 위원장인 최문식과 조선공산당 대구시당 위원장 손기영, 그리고 조선노동조합 전국평의회(전평) 경북도평의원회 위원장 윤장혁, 남로당 간부 간첩 이석 등이 배후 조종자로 주동하여 일으킨 것이다.

그리고 대구에서는 1948년 11월 2일 대구 대명동 주둔 6연대 친북좌파들의 무장반란 사건이 일어났다. 이 반란 사건의 배후 조종자에 목사인 남로당 이재복 군사부 총책이 들어 있었다.

그래서 1948년 12월 14일 대구 서문교회의 제45회 경북노회는 개회 즉시 개회선언만 했다. 여수, 순천 반란 사건의 민족적 죄의 책임과 대구 반란 사건의 총 지휘자가 목사였다는 죄의 책임을 노회가 짊어지고, 국가 평화를 위한 3일간의 금식기도를 선포하고 기도에 들어갔다.

이에 앞서 경북노회 제45회 회기를 기하여 당시 장로교가 인정한 조선 신학교 김재준 교수의 신정통주의 신학 사조로 인한 물의로 본래의 평양신학교를 계승하는 보수 정통신학교를 설립하자는 교역자들의 모임을 갖고자 전국 27개 노회에 초청한 목회자 1인씩도 함께 회동했다가 이 3일간 금식기도에 동참했다.

금식기도회 3일째 되는 새벽기도를 감부열(Archibald Campbell, 1890-1977) 선교사가 인도했다.

"나는 여러분 못지 않게 한국을 사랑합니다. … 나의 한국 여수, 순천에 반란이 일어났고, 바로 내가 사는 대구에서 목사가 반란을 일으켰으니 나의 기도가 부족한 죄, 내 죄 때문에 한국이 징계를 받고 있으니 …. 하나님이여, 내 죄를 용서해 주십시오. 여러분도 내 죄 사함을 위해 기도해 주십시오."

그는 이렇게 말하며 가슴을 두드리고 큰소리로 흐느껴 울었다.

이때 모든 노회원이 "하나님이여 내 죄를 사하여 주옵소서" 하며 마룻바닥을 두들기고 발을 구르며 회개했다. 그 큰 울음소리는 마치 하늘에서 뇌성벽력이 터지듯 했다. 그들은 눈이 붓도록 통회하고 자복했다.

공산주의자로 변절한 붉은 목사 최문식과 이재복은 나라를 얼마나 어지럽혔는가!

최문식은 후에 6·25 때 서울에서 수많은 목회자를 죽인 장본인이기도 했고, 많은 목사와 교인을 납북해 가기도 했다.

한편 14연대의 여순 반란 사건이 1948년 10월 19일에 일어나서 일주일 동안, 민족 진영의 인사와 기독교인 약 3,500여 명이 학살당하는 일이 벌어졌다. 여순 반란 사건의 배후 조종자는 남로당 특별 공작 책임자 및 군부 적화 최고 책임자이자 교회 목사였던 이재복이었다. 이재복은 대구 6연대 반란 사건도 조종했다.

이때에 신사 참배 거부로 1940년 9월 25일부터 1945년 8월 15일 해방이 될 때까지 옥고를 치르고 8월 17일 나온 손양원 목사는 여수 나병원인 애양원으로 돌아왔다. 손 목사는 순천 친구 나덕환 목사에게 의뢰하여 큰 아들 동인과 둘째 아들 동신을 순천사범학교와 순천중학교에 입학시켰다.

기독학생회에서 활동한 동인 형제와 나제민은 교내에서도 신탁 통치에 찬성하는 공산주의를 비판하는 연설을 하여 공산 학생들의 미움을 사게 되었다.

▲ 손양원 목사

순천에 공산 세력이 들어오자 공산 학생 열 명 정도가 총을 들고 와서 기독 학생 나제민을 잡으려고 나덕환 목사가 시무하는 승주교회에 쳐들어왔다. 그들은 바닥과 천장에 총을 난사하고 나서 나제민 어머니에게 "나제민을 내놓으라"고 했다. 나제민은 이미 숨어 피한 상태였다. 나제민을 찾지 못하자 폭도들은 주일예배를 드리고 자취집에서 쉬고 있는 동인, 동신 형제를 구타하고 순천경찰서로 끌고 갔다. 10월 21일에 동인, 동신 형제는 자기들을 죽이려는 공산당 학생들에게 말했다.

▲ 손동인, 손동신(왼쪽부터)

"너희들은 내 목숨을 뺏을 수는 있지만 내 속에 든 신앙은 뺏을 수 없다. 너희들은 이 악한 짓을 하지 말고 예수를 믿어야 한다."

그리고 그들은 총살당했다. 그 후 폭도는 여수 애양원의 손양원 목사를 잡으러 갔으나 손 목사는 마침 외출 중이어서 변을 피할 수 있었다.

그 후 여수, 순천 반란이 국군의 진격으로 진압되어 공산당 폭도는 모두 검거되었는데 그중에 동인, 동신 형제를 죽인 안재선도 있었다. 그는 이미 사형선고를 받은 상태였다.

손 목사는 두 아들의 죽음으로 인한 충격으로 이틀 동안 병상에 누웠다가 "믿는 것을 실천해야 한다"고 하면서 일어나 가족들에게 자기 아들들을 죽인 안재선을 용서하고 양아들로 삼겠다고 말했다.

"용서하면 됐지, 아들로 삼는다는 말이 무슨 말이냐?"

가족들은 이렇게 말하며 반대했다. 손 목사는 이렇게 말했다.

"용서만 가지고는 안 된다. 성경에 '원수를 사랑하라' 했으니 아들을 삼아야 되지 않겠냐?"

손 목사는 순천의 나덕환 목사에게 이렇게 부탁했다.

"이 사람 총에 맞아 죽으면 분명히 지옥 갈텐데 내 아들은 이미 죽어 천국에 갔다. 이 지옥 갈 아들을 살려서 양자를 삼는다면 이 아들을 통해서 천하보다 귀한 한 영혼을 구하기도 할 것이고, 이 사람으로 인해 많은 영혼을 살릴 것이니 어떻게 해서든지 살려오라."

계엄사의 취조관은 나덕환 목사에게 다음과 같이 말하며 거절했다.

"당신이 무슨 관계냐?"

손 목사는 딸 동희를 보내 계엄사 취조관에게 살려 달라고 간청했다. 그때 이미 안재선은 사형장으로 가고 있었는데, 그가 타고 가던 트럭에 펑크가 나서 이를 수리하느라 시간이 지체되었다. 이에 사형 집행 시간도 지체되어 안재선은 목에 줄을 매기 직전에 극적으로 목숨을 건졌다.

이 또한 하나님의 섭리가 아닌가!

손 목사는 두 아들의 영결식에서 다음과 같이 말했다.

"내 느낀 바, 은혜 받은 감사의 조건을 들어 답사를 대신 하겠습니다."

그리고 다음의 아홉 가지 감사를 하나님께 드렸다.

> **첫째**, 나 같은 죄인의 혈통에서 순교의 자식이 나오게 하시니 감사합니다.
> **둘째**, 허다한 많은 성도 중에서 어찌 이런 보배를 하필 내게 맡겨 주셨으니 감사합니다.
> **셋째**, 삼남삼녀 중에서 가장 아름다운 두 아들 장자와 차자를 바치게 된 축복을 하나님께 감사합니다.
> **넷째**, 한 아들의 순교도 귀하다 하거늘, 하물며 두 아들이 순교하게 됨을 하나님께 감사합니다.
> **다섯째**, 예수 믿다가 누워 죽는 것도 큰 복이라 하거늘 하물며 전도하다가 총살 순교 당함에 하나님께 감사합니다.
> **여섯째**, 미국 유학 가려고 준비하던 내 아들이 미국보다 더 좋은 천국에 갔으니 내 마음 안심되어 하나님께 감사합니다.
> **일곱째**, 나의 사랑하는 두 아들을 총살한 원수를 회개시켜 내 아들 삼고자

하는 사랑의 마음을 주신 하나님께 감사합니다.

여덟째, 내 두 아들의 순교로 말미암아 무수한 천국의 아들들이 생길 것이 믿어지니 우리 아버지 하나님께 감사합니다.

아홉째, 이 같은 역경 중에서도 이상 여덟 가지 진리와 하나님의 사랑을 찾은 기쁜 마음, 여유 있는 믿음을 주신 우리 주 예수 그리스도께 감사합니다.

끝으로 손 목사는 이렇게 마무리했다.

나에게 분수에 넘치는 과분한 큰 복을 내려 주신 하나님께 모든 영광을 돌립니다. 이 일들이 옛날 내 아버지, 어머니가 새벽마다 부르짖던 수십 년간의 눈물로 이루어진 기도의 결정이요, 나의 사랑하는 한센병자 형제자매들이 23년간 나와 내 가족을 위해 기도해 준 그 성의의 열매로 믿어 의심치 않으며 여러분께도 감사드립니다.

손 목사는 아들들의 장례식을 마친 후에 미국에 사는 여동생이 보내 준 돈 1만 달러를 감사 헌금으로 봉헌했다. 이 헌금은 아들 동인이의 미국 유학을 위해 준비한 돈이었다.

1950년 6·25 전쟁으로 공산군이 쳐들어 왔을 때, 그의 친구들이 찾아와서 피난을 떠나자고 강권했다. 그때 손 목사는 이렇게 말하며 피신하지 않았다.

"당신들이나 피난을 가시오. 나는 기왕 감옥에서 죽었을 사람이오. 하나님께서 8·15 해방을 주셔서 이렇게 다시 살아서 풀려난 것도 감사한데 내 어찌 다시 피신하겠는가. 그러니 당신들이나 가시오."

이 사실을 들은 애양원의 나환우들은 손 목사를 강제로 섬으로 피난 가는 배에 태웠다. 그러나 손 목사는 교인들에게 이렇게 말하면서 피난을 가지 않았다.

"당신들은 나를 이렇게 만들지 마시오. 이것은 나를 위함이 아니고 나를 도리어 비겁한 자로 만드는 것이오."

또 다시 애양원의 장로들이 손 목사를 강제로 부산 가는 피난선에 태워 함께 송별 예배를 드렸는데, 마지막 찬송을 부른 후, 손 목사는 갑자기 배에서 뛰어내렸다. 그리고 교인들에게 말했다.

"이 난국에 가장 급한 일이 무엇이겠는가?

양 먹이던 목자가 내 양떼와 신앙을 지켜야지. 더구나 자기 힘으로 걸을 수 없는 중환자들, 이 불쌍한 양 떼를 버리고 나 혼자 살겠다고 어디로 도망을 가겠는가. 죽어도 같이 죽고 살아도 같이 살아야 하리라.

이 세상의 어디에 피난처가 있단 말인가?

주님의 사랑의 울타리 외에는 피난처가 없다."

그리고 그는 피신하기를 거절했다.

애양원은 공산군이 닥치기 1주일 전부터 부흥 집회를 열었다. 하루 세 번 성도가 함께 모여서 부흥회를 했고, 마지막 날 토요일에는 모든 성도가 금식하며 철야기도를 했다. 부흥회 마지막 날에 손 목사는 "네가 죽도록 충성하라 그리하면 내가 생명의 면류관을 네게 주리라"라는 요한계시록 2:10을 본문 말씀으로 '순교에 대해서' 설교했다.

"때가 왔다. 순교를 각오하라!

우리가 이제껏 예수님의 이름으로 대접 받았으니 이제는 예수님의 이름으로 순교할 때다. 잘 살려고 노력 말고 잘 죽기를 원하라."

그는 평소에 정말 가족처럼 사랑했던 나환자 성도들에게 이 말씀을 '유언처럼' 남겼다.

1950년 9월 13일에 공산군이 애양원에 들어와서 손 목사를 이리저리 찾다가 못 찾고 되돌아가다가 애양원 어느 집사의 밀고로 교회 지하 교육관에서 발견했다. 손 목사가 기도하다가 공산군에게 끌려 나가니 애양원 나환자 성도들이 따라오며 울었다. 그때 손 목사는 다음의 말을 남기고 갔다(애양원 한센인 권홍이 성도의 증언).

"나를 위해 울지 말고 여러분 자신을 위해 울라!"

손 목사는 여수경찰서에 끌려가 15일 동안 뭇매를 맞았다. 공산당을 악선전했다, 미국의 앞잡이 노릇을 했다는 이런저런 이유로 뭇매를 맞았다. 9월 28일에는 유엔군의 인천 상륙 작전이 승리해 전세가 역전됨으로써 공산군들이 도망치는 상황이었다. 공산군은 다른 수감자들과 함께 손 목사를 끌고 여수 미평의 큰 과수원이 있는 골짜기로 끌고 가서 총살시켰다. 그의 나이 49세에 순교했다.

손 목사의 양아들 안재선은 손 목사의 모교 진주 고려고등성경학교에 보내졌다. 안재선은 졸업 후에 부산의 한 작은 교회에서 전도사로 잠시 봉직했다. 안재선은 손 목사의 순교 이후 방황하며 신앙을 떠나 살다가 후두암에 걸려 죽게 될 처지가 되고서야 손 목사의 막내아들 손동일 목사의 전도로 하나님께 돌아왔다.

한편 오빠들을 죽인 안재선을 마음으로 용서하지 못한 손동희 권사에게 안재선이 죽기 15일 전에 찾아왔다. 그때 안재선은 손동희 권사에게 이렇게 말했다.

"동희야 나는 죽으면 천국 간다. 내가 죽어 천국 가면 너의 두 오빠께 무릎 꿇고 사죄하겠다."

손 권사는 그를 용서했다.

그리고 안재선은 죽을 때 자기의 아들 안경선의 손을 붙잡고 "주의 종의 길을 가라"는 유언을 남겼다. 그의 나이 49세였다. 그래서 아버지의 유언을 따라 안경선은 신학교를 마친 후 현재 목사로 손양원기념관장으로 봉사하고 있다.

손양원 목사가 예수 그리스도의 용서와 사랑으로 자신의 아들들을 죽인 자를 받아들임으로써 하나님의 선한 역사가 이루어지고 있는 것이다.

제16장

6·25 전쟁과 교회의 구국 운동

1. 6·25 전쟁 발발

1950년 6월 25일 주일 새벽 3시에 평양 대동강변 토마스 선교사가 죽임을 당했던 쑥섬에서 남산현교회의 송정근 목사와 반공 민족주의 지도자이며 조선민주당 당수인 산정현교회의 조만식 장로의 총살을 시작으로, 오전 4시에 김일성과 스탈린의 공산군은 "폭풍 224"란 작전명으로 38선 군사 분계선을 넘어 기습적으로 남침했다. 남침한 지 3일 만에 서울이 점령당했다.

목회자 중에 피난을 가지 않은 이들은 서울 근교에 은신하거나 상인 행세를 하면서 지냈다. 경동교회 교인이었던 김욱과 감리교 김창준 목사(3·1운동 민족 대표 33인 중 한 사람이었고 후일 북한에서 최고인민회의 부의장과 서기장을 지낸 인물임)는 종로 중앙기독교청년회관에 '기독교 민주 동맹'이란 간판을 걸고 7월 10일에 김일성 입경 환영식을 한다고 대대적으로 떠들어댔다. 보다 심각했던 것은 장로교 전직 목사였던 최문식의 소행이었다.

7월 15일 경에 대구 폭동 사건의 배후 조종자였던 전직 목사 최문식은 종로 기독교서회 빌딩에 자리를 잡고 교역자들을 색출하기 시작했다. 8월 21일 승동교회에서 기독교 궐기 대회를 열고 김일성 괴뢰정부를 지지하고 남북통일선언문을 발표했다.

그리고 그 대회에 참석했던 교역자들을 검거했는데 그 이유가 궐기 대회가 무성의하고 형식적이었기 때문이란다. 궐기 대회에 불참한 목회자들도 검거했다. 이 검거 선풍으로 9·28 서울 수복 직전까지 약 60여 명의 교역자가 검속되거나 옥사했거나 피살되었다. 그중에 전인선, 김윤실 목사와, 김예진 목사, 김응락 장로가 있다.

또한, 공산당은 장로교의 송창근, 남궁혁, 김영주, 감리교의 양주삼, 성결교의 김유연, 구세군의 김삼석 등 기독교 대표자를 강제로 입북시킨 후, 이들의 생사 여부와 행방을 알 수 없도록 했다.

2. 대한기독교구국회

1950년 7월 4일 대전 제일교회 당회실에 기독교계 지도자 한경직, 김창덕, 김성준 목사와 신인관, 김규환 장로가 모여 전시 상황에서 구국 운동을 전개하기로 합의하고 '대한기독교구국회'를 조직했다. 이 구국회는 헌병 사령부와 국방부 정훈국에 예속시켜 피난민 신변 보호와 선무강연(宣撫講演)을 맡아 선무 방송, 일반인 선무 강연 등 다각적으로 구국활동을 전개했다. 또 기독교인 궐기 대회, 연합 예배, 교회 수습 등의 활동도 했다.

3. 8월 16일 구국기도회

1950년 8월 16일 임시 수도를 부산으로 옮긴 이승만 대통령은 풍전등화와 같았던 이 나라를 위해 당시 영남 지역의 목회자들을 긴급히 불러서 구국기도회를 가졌다. 당시 이 대통령은 목회자들에게 기도를 부탁했다.

> 지금 공산세력들이 당장이라도 낙동강 방어선을 뚫고 들어오기만 하면 대한민국이 공산화되는 것은 시간 문제입니다. … 지금 계속되는 장마와 악천후의 날씨 때문에 폭격기가 뜨지 못하고 있습니다. 그러니 하나님께서 좋은 날씨를 주시도록 기도해 주십시오.

목회자들은 하나님께 좋은 날씨를 주시도록 간절히 기도했다. 기도가 끝나자 놀랍게도 낙동강 방어선 상공의 하늘은 구름 한 점 없는 쾌청한 날씨로 변했다.

그 결과 일본 오키나와에 있던 B-29 폭격기 98대가 이륙할 수 있게 되었고 8월 16일 오전 11시 58분부터 12시 24분까지 불과 26분 동안 북한군 4개 사단과 기갑 부대가 대거 집결해 있었던 왜관 서북방 지역의 인민군 집결지에 무려 970톤의 폭탄을 퍼붓는 융단폭격이 감행되었다.

이때 투하된 폭탄으로 막대한 피해를 입은 공산군은 8월 16일 이후 하루 동안 움직이지 않았다. 절체절명의 낙동강 방어선 전투에서 대한민국을 구한 B-29 융단 폭격의 배경에는 구국기도회가 있었다.[1]

---

1 김재동, 『한국 근현대사 바로알기』 (서울: 복의 근원, 2018), 174.

▲ 백선엽 장군(가운데)

융단폭격 다음날인 8월 17일 유엔군은 미군 27연대를 경북 칠곡 다부동 전선에 급파했다. 이로써 백선엽(1920-2020) 1사단장은 미군과 연합 작전으로 다부동 전투에서 1개 사단 병력으로 인민군 3개 사단 병력과 싸워 승리함으로써 낙동강 방어선을 지켜 냈다.

1950년 8월 21일 백선엽 장군은 다부동전투 중에 부하 장병들을 향해 말했다.

"모두 앉아 내 말을 들어라. 그동안 잘 싸워 주어 고맙다. 그러나 우리는 더 후퇴할 장소가 없다. 더 밀리면 곧 망국이다. 우리가 더 갈 곳은 바다밖에 없다. 대한 남아로서 다시 싸우자. 내가 앞장서 싸우겠다. 만약 내가 후퇴하면 나를 먼저 쏴라."

그리고 그는 그의 생애에 겪은 가장 치열한 전투였던 다부동전투 현장 선두에서 싸웠다. 후일 그는 다부동전투 현장은 그야말로 생지옥과 같았다고 증언했다. 당시 함께 다부동전투에 참여한 미군 27연대장 존 H. 마이켈리스(John H. Michaelis) 대령은 감동의 전율을 온 몸으로 느꼈다며 이렇게 말했다.

"사단장이 앞장서는 하나님의 군대다."

4. 초량교회 구국기도회와 인천 상륙 작전 승리

1950년 4월 21일 대구제일교회에서 대한예수교장로회 제36회 총회가 개최되자마자, 조선신학교 측과 장로회신학교 측이 대립했다. 또 신사 참배를 거부하다가 투옥되어 8·15 해방으로 출옥한 목사들이 세운 고려신학교 측의 경남노회 총대와 이를 거북하게 여기는 친일파 목사들의 경남노회 측 총대 문제로 지독한 큰 싸움이 벌어져서 이를 제지하기 위해 카빈 소총을 든 무장 경찰들이 강단에서 "싸움을 중지하지 않으면 쏜다"고 하여 비상 정회로 겨우 사태가 수습되었다.

교회가 싸운 일이 있은 지 2개월여 만에 6·25 동족상잔의 비극이 일어난 것은 우연이 아니었다.

6·25 전쟁으로 인해 부산으로 피난 온 목회자들이 초량교회를 중심으로 구국기도회를 가졌다. 목회자들은 지금까지 지은 개인의 죄, 가정의 죄, 교

▲ 6·25 전쟁 중 전국 교회 목사, 장로 회개기도회

회의 죄, 과거에 신사 참배 한 우상 숭배의 죄를 있는 대로 다 털어놓으며 하나님께 기도했다. 예배당 마룻바닥이 눈물과 콧물로 범벅이 되었다.

"한 번만 살려 주세요!"

그렇게 회개기도를 하는 가운데 하나님께서 압록강까지 밀고 올라가는 환상을 보여 주셨다. 구국기도회 중에 기적이 일어났다. 1950년 8월 31일 왜관 전투에서 미군 72전차 부대가 철수하는 동안 코우마(Ernest R. Kouma) 중사가 전차 1대로 인민군 1개 대대병력(약 500명 정도)과 9시간 동안 싸워 250명을 사살하며 낙동강 방어선이 무너지지 않도록 했다. 이 전투가 벌어지는 시간에 초량교회에서 기도회가 있었다.

낙동강 방어선에서 대구 방어의 전략적 요충지인 영천을 빼앗겼으나 기도회 기간 중에 있었던 9월 5-13일 영천 전투에서 아군이 승리해 영천을 탈환함으로써 낙동강 방어선을 지켰다. 영천을 공산군에게 뺏겼을 때, "죽음으로써 사수하라"(Stand or Die)고 명령했던 미 8군 사령관 워커 장군은 정일권 육군 참모 총장에게 말했다.

"영천을 탈환하지 못했을 경우 미8군을 일본으로 철수할 수밖에 없다. 한국군 중에서 가장 믿고 있는 2개 사단을 골라둘 것, 지명도(地名度) 높은 각계각층 명사(名士) 10만 명의 리스트를 준비해 둘 것, 반공 단체의 지도층 및 경찰 간부들을 민간인 리스트에 포함시킬 것. 요인을 괌이나 하와이로 철수할 것이니 준비해 주시오. 그리고 이 일은 극비로 해 주시오."

이렇게 해외로 나가서 망명정부를 수립한다는 내용을 알려 주었다. 정일권 총장을 통해 이 사실을 들은 이승만 대통령은 격노하면서 강한 어조로 말했다.

"가려거든 떠나라고 하시오.
미군들은 왜 여기에 왔는가?

공산 침략군을 물리치고 정의와 자유를 위해 온 것이 아닌가!

그런데도 전황이 위태롭다고 해서 가고 싶다면 자기들끼리만 떠나라고 하시오!"

풍전등화 절체절명의 위기에 빠진 나라를 구하기 위해 대통령이 할 수 있는 것은 기도밖에 없었다. 이 대통령은 당시 부산에 있는 76명의 목사들과 함께 긴급히 경남도청에서 기도회를 열었다. 그때가 9월 5일 오후 6시였다. 구국기도회를 통해 하나님께서 나라를 지켜 주신 것이었다.

한편 8월 30일 낙동강 전선에서 치열한 공방전이 벌어지던 때 부산 초량교회에서 구국기도회가 시작되었다. 원래 한 주간만 하려던 것을 한 주간 더 하게 되었고 예정을 넘겨 진행된 기도회는 9월 15일에 마무리됐다. 김영재 박사의 저서 『박윤선』 101-103면에 보면 당시 초량교회에서 있었던 구국기도회를 다음과 같이 기록하고 있다.

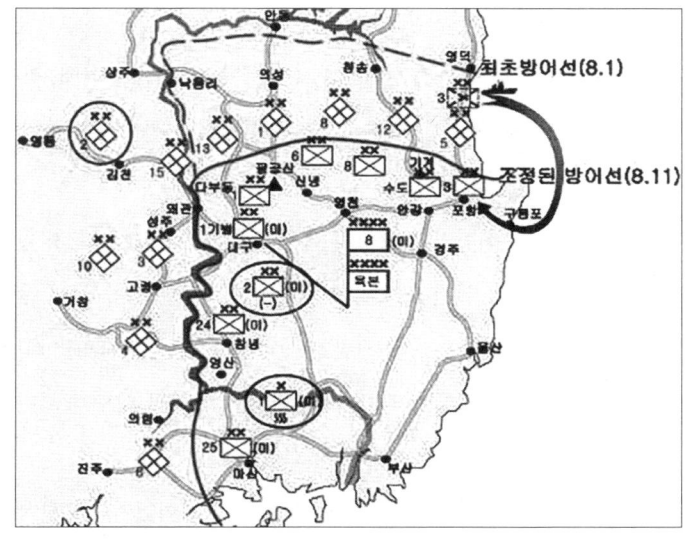

▲ 낙동강 방어선

이 일(인천 상륙 작전과 9·28 서울 수복)이 있기 얼마 전에 부산 초량교회에서 피난 온 교역자들의 구국기도회가 열렸다. 당시 한상동 목사가 담임으로 시무하고 있을 때였다. 초량교회에는 부산으로 피난 온 250여 명의 교역자가 경남 지사였던 양성봉 장로의 주선으로 머물고 있었다.

한 목사는 "전국에서 초교파적으로 내가 목회하는 교회에 수백 명이 모인 일이 우연한 일이 아니다. 소를 잡아 놓고 오라고 한들 이들이 오시겠나. 이것은 여기서 한국 교회의 영혼들을 책임질 목사님들이 회개 운동을 하라는 하나님의 음성이라"고 깨닫게 되었다.

한 목사는 고려신학교 교장인 박윤선 목사에게 '전국 피난민 교역자들을 위한 집회'를 열자고 하여 기도회를 하게 된 것이다. 강사로는 박형룡 목사와 김치선 목사 그리고 박윤선 목사가 매일 새벽기도회와 낮 성경 공부와 저녁 집회를 인도했다. 재정은 종군 기자 겸 선교사로 한국을 찾은 월드비전 설립자 밥 피어스가 지원했다. 그리고 광복동에 있는 남교회의 이명유 집사가 트럭에 쌀을 가득 싣고 왔다.

기도회 첫날 한상동 목사는 신명기 11장을 본문으로 신사 참배, 광복 후 교권 다툼, 한국 교회가 범한 죄를 회개해야 하나님의 자비를 얻을 수 있다고 설교했다.

당시 대표적 보수 신학자인 박형룡 목사는 11차례 설교했다. 이들 설교문은 『박형룡 박사 저작 전집』 8권에 남아 있다. 박형룡 목사는 "우상 앞에 머리를 숙인 것은 하나님께 용서받기 어려운 큰 죄악"이라며 "해방 후 신앙의 자유가 회복됐을 때도 죄에 대한 반성과 통회의 태도가 희미해 사분오열됐고 교회의 혼란은 심해졌다"며 회개를 촉구했다.

손양원 목사도 9월 13일 기도회에서 설교할 예정이었지만, "한국에 미친 화벌의 원인"이라는 설교 제목만 남긴 채 공산군에게 붙잡혀 오지 못했다.

성령께서 큰 은혜로 역사하셔서 집회에 모여든 교역자들이 자신들을 되돌아보고 죄를 회개하고 통회하며 자복했다. 가슴을 치며 하나님의 용서와 자비를 비는 기도가 연일 계속되어 집회는 한 주간 더 연장되었다. 회개하는 중에 뼈아프게 뉘우친 죄목은 일제의 강압에 굴종하여 신사 참배를 함으로써 하나님의 첫 계명을 범한 죄였다.

박윤선 목사는 집회 셋째 날 새벽 설교에서 한부선 선교사가 증언한 말을 소개했다. 즉 한부선(Bruce F. Hunt, 1903-1992) 선교사가 신사 참배를 얼마나 끈기 있게 반대했으며, 그 일로 말미암아 얼마나 고난당했는지를 자세하게 얘기했다. 한부선 선교사는 1938년 제27회 장로회 석상에서 여러 다른 선교사들과 함께 신사 참배 결의에 반대를 표명했을 뿐 아니라, 자신의 사역지인 만주에서도 신사 참배를 반대함으로 말미암아 감옥생활을 하다가 포로로 교환되어 본국으로 송환되었다.

설교하던 박윤선 목사는 성령의 도우심으로 자기 자신이 신사 참배를 한 죄인이라고 고백하며 회개했다. 이 간증을 들은 교역자들은 한 사람씩 회개하는 기도를 하여 집회 분위기는 더욱 뜨거워졌다.

초량교회 역사 위원장을 역임한 곽원섭 장로는 다음과 같이 증언했다. "목사님들은 6·25 동란을 '우리가 범한 죄에 대한 진노의 칼'이라며 잘못을 고백하고 회개하도록 요청했다. 기도회 사흘째 되는 날에는 교회 전체가 울음바다가 되었다."

훗날 박윤선 목사는 고백했다.

"유엔군이 승리하여 서울을 수복하게 되고 공산군이 38선 이북으로 물러가게 된 사실이 이처럼 교역자들이 자복하고 통회하는 일이 있은 후에 있게 된 데 대하여 하나님께 감사와 찬송을 드린다."

이처럼 교역자들이 기도회를 마치는 9월 15일 인천 상륙 작전이 성공했다는 신문 호외(號外)가 부산 전역에 배포되었다. 군사학적으로 성공할 확률이 5,000분의 1이라는 인천 상륙 작전이 성공한 것이다. 미국 워싱턴의 국방부와 합동참모본부, 실제로 상륙 작전을 수행할 해병대 사령관조차 반대했던 인천 상륙 작전이 성공한 것이다. 그리고 상륙 작전을 위해 어마어마한 폭탄을 투하함으로써 불에 탄 인천에 그 다음날 9월 16일 하루 종일 비가 억수같이 내려 뜨거운 열기가 식어서 상륙할 수 있었다.

이것이 하나님의 도우심이 아니고 무엇이겠는가!

▲ 맥아더 장군

이 전투를 승리로 이끌어 낸 유엔군 총사령관 맥아더 장군은 1950년 6월 29일 노량진 한강변 400미터 떨어진 고지에서 40분 동안 한강 방어선을 시찰하는 동안에도 소련제 전투기 야크기가 공중에 날아다니는 상황 속에서 한국군의 지휘 체계가 무너진 것을 보며 전쟁 수행 방법을 구상했다. 그러던 중 '캐나다 퀘백 전투 상륙 작전'을 떠올렸다.

그는 회고록에 '캐나다 퀘백 전투 상륙 작전'(1759. 9. 13.)이 생각난 것이 "하나님의 계시가 떨어진 것"이라고 기록했다. 그는 도쿄로 돌아가 알몬드 참모장에게 상륙 작전을 지시하고 서재에서 퀘벡 전투에 관한 책 읽었다.

그리고 그는 치밀하게 준비해 적의 보급로를 끊어 버리며 반격할 기회를 찾던 중에 목회자들의 구국기도회가 있었다. 군사적 인천 상륙 작전보다 먼저 '영적 인천 상륙 작전'이 이루어진 것이다.

전쟁 역사에 길이 빛날 인천 상륙 작전으로 공산군은 낙동강 전선에서 퇴각하기 시작해 전세가 역전되었다. 이로써 89일간 적화된 서울이 9월 28일 다시 자유를 찾게 되었다. 당시 맥아더 장군은 9월 29일 12시 수도 서울의 환도식에서 이렇게 선언했다.

"오늘의 승리는 하나님의 도우심이 없었다면 불가능했을 것입니다."

이승만 대통령도 맥아더 장군의 손을 잡고 감격의 눈물을 흘리며 말했다.

"대한민국을 되찾게 도와주신 하나님께 감사드립니다."

5. 크리스마스의 기적

1950년 11월 27일부터 12월 11일까지 함경남도 개마고원의 장진호에 포위되어 있던 미 10군단은 15일 동안 흥남항까지 장장 128킬로미터에 이르는 중공군의 포위망을 뚫고 후퇴했다. 장병들은 영하 40도까지 내려가는 살인적 추위와 폭설 속에서 후퇴했다. 영하 40도는 바늘로 얼굴을 찌르는 것 같은 통증이 심한 추위였다. 그런 가운데 해발 1,200미터에 있는 황초령 '수문교' 다리를 중공군이 끊어 놓았다. 기도밖에 할 수 없는 상황이었다. 캄캄한 밤에 한 별이 나타났다. 그때가 12월 7일 밤 9시 37분경이었다.

당시 참전용사 미 해병 1사단 리차드 캐리 예비역 중장은 이렇게 증언했다.

"'아들들아, 내가 너희와 함께한다'는 하나님의 음성으로 들렸다. 부교(浮橋)를 투하하기로 한 그날 밤, 고토리 상공이 활짝 열리고 아주 밝고 잘 보이는 별 하나가 뜬 걸 우리는 보았다. 그것은 우리가 항공 지원을 받아 부교를 얻을 것이고, 그곳에서 벗어날 수 있다는 것을 의미했다."

그 후 비행기가 부품들을 공수해 다리를 연결하게 되었다. 그 복구된 수문교 위로 철수하는 기적을 체험했다. 마침내 12월 11일 밤 9시 흥남항으로 철수를 완료했다. 미군은 장진호 전투와 철수 속에서 미군 역사상 최악의 전투로 기록될 만큼 희생이 컸다.

하지만 미군들의 고귀한 희생으로 인해 중공군을 막을 수 있었다. 무엇보다도 민간인 98,100명이 공산군에게 학살되지 않고 흥남 철수 작전을 통해 살아날 수 있었다. 이 민간인 가운데 80퍼센트가 기독교인이었다.

▲ 현봉학 고문

원래 민간인은 배에 승선할 수 없었다. 하지만 에드워드 알몬드(Edward Almond) 10군단장의 민사부 고문 현봉학과 참모 부장 에드워드 포니 대령의 설득으로 민간인이 승선했다.

이 두 사람은 그리스도인이었다. 이들은 민간인의 처참한 희생을 두고 볼 수 없었다. 또한, 국군 1군단장 김백일 장군이 유엔군 10군단장 알몬드 장군의 철수하라는 명령을 어겨가면서까지 피난민들을 구하는 인류애를 보였다. 정원을 수없이 초과하여 14,000여 명의 피난민을 싣고 항해했던 메레디스 빅토리호 레너드 라루 선장은 이렇게 증언했다.

내가 운전하지 않았다. 하나님의 손이 나로 운전하게 했다.

1950년 12월 20일부터 25일까지 철수했는데 배에서 5명의 신생아가 태어났다. 이를 "크리스마스의 기적"이라 부른다.

6. 대한기독교연합 전시비상대책위원회

1951년 1월 9일 부산 중앙교회에서 기독교계 대표들이 모여서 대한기독교연합 전시비상대책위원회를 조직했다. 당시 부산은 피난민들로 가득 찼다. 게다가 이북에서 월남한 사람들까지 합쳐 전국 교회가 부산에 집결하게 되었다. 위원회에서는 민간 외교 사절로 한경직 목사와 유형기 목사를 미국에 파견해 한국 전쟁 완수와 한국 원조에 대한 교섭과 여론을 환기시켜 교회의 피난 생활을 도왔다.

전쟁 기간이 장기화되면서 상이군인이 수없이 발생하게 되자 교회는 상이군인들의 생활을 후원하며 복음을 전했다.

한편 6·25 전쟁을 통해 복음 선교에 크게 공헌한 일 가운데 빼놓을 수 없는 것은 군목 제도의 창설이다. 8·15 해방 후 미국 군사 고문단의 지도 하에 훈련을 받던 병사들에게 장로교회의 차태화 목사와 감부열 선교사를 보내 신앙 지도를 하게 한 것이 한국 군목 제도의 효시이다.

그 후 한국 전쟁이 한창이던 1950년 9월 감부열 선교사가 일본에 갔을 때 미군 극동사령부 군종참모로 있던 I. H. 벤넷(I. H. Bennett) 대령을 만나 군목 제도의 필요성을 말했다. 벤넷은 맥아더 사령관에게 보고해 긍정적 답을 받아 냈다. 이후 한국 교회도 이승만 대통령에게 군목 제도 설치를 요청했다. 1950년 12월 21일 이승만 대통령의 특령으로 군목 제도 실시, 1951년 2월 7일 공포해 오늘에 이르고 있다.

군목 제도를 통해 군인이란 특수한 신분을 가지고 사선을 넘나드는 수많은 젊은이가 예수 그리스도의 복음을 믿게 되었다. 특히 6·25 전쟁 과정에서 많은 전쟁 포로가 발생했다. 그런데 이 포로 문제는 1951년 7월부터 시작된 휴전 협정 체결 회담 과정에서 가장 어려운 문제로 등장했다.

미국은 민주주의의 우월성을 나타내고자 북한 인민군과 중공군 포로들에게 자유민주주의에 대한 정신 교육을 하면서 기독교의 전도 활동을 어느 정도 허용했다. 이 과정에서 남한에서 공산군에 잡혀 북한군의 포로 용병이 되었거나 중공군의 포로 용병이 된 사람과 공산주의를 싫어해 북한이나 중국으로 돌아가기를 거부하는 반공 포로가 생겨났다. 반공 포로들을 어떻게 처리할 것인지가 민감한 협상의 주제였다.

미국은 1953년 5월 반공 포로 송환을 중립국 관리 아래 두자고 제안하며 정전 협정을 서둘렀다. 휴전을 반대하던 이승만 대통령은 한국 정부를 무시하고 휴전을 밀고 나가는 미국 아이젠하워 대통령에 대항해 1953년 6월 18일 일방적으로 반공 포로를 석방했다. 미국 정부는 발칵 뒤집혔고 이승만을 제거하려는 계획까지 세웠다가 포기하고, 한국에 대한 미국의 안보 방위를 확실히 보장하는 '한미상호방위조약'을 체결했다. 이 조약으로 지금까지 초강대국 미국의 협력을 받아 한국은 자유민주주의 나라로 살아오고 있다.

1965년부터 전군 신자화 운동이 일어났고, 지금도 논산훈련소 연무대 교회에서는 매년 한꺼번에 3, 4천 명의 기독교 복음을 받아들인 젊은이들이 세례를 받는 놀라운 일이 일어나고 있다.

제17장

전란을 극복하는 교회

1. 교회의 피해

6·25 전쟁을 통해 받은 대한민국의 피해는 참으로 엄청났다. 국군·민간인·납북자 피해가 159만 8,929명인데, 사망·학살·부상·납치·행방불명의 민간인 피해자가 99만 968명이었다. 북한 피해자가 252만여 명으로 알려졌다. 미군 전사·실종이 10만 1,111명, 유엔군 전사·실종·부상이 1만 6,183명이다. 중공군의 전사·실종·부상이 39만 명에서 90만여 명으로 추정하고 있다.

거기에 피난민, 고아, 행방불명, 이산가족을 합치면 총 1,000만 명의 인명 피해가 생겼다. 이것은 제2차 세계 대전 6백만 명의 사상자와 비교한다면 대참극임이 틀림없다.

교회의 피해 상황도 교역자만 358여 명이나 순교했고, 파손된 예배당이 890여 곳이었다. 북한 교회는 360여 곳이 피해를 입었으며, 교역자 60여 명이 총살당했다. 납치되거나 순교한 이는 다 기록되지 않은 현실이어서 희생자가 얼마나 되는지 정확히 알 수 없다. 북한 지역의 자료를 입수치 못해 그들의 거룩한 피의 흔적을 남기지 못함이 안타까울 뿐이다. 교회가 받은 아픔과 고난은 다 표명할 수 없다.

8·15 해방 후 북한 교회는 한국 전체의 80퍼센트에 해당하는 2,944개였었다. 6·25 전쟁 후 1958년 9월 9일에 북한의 모든 교회는 공산당 세력에 의해 폐쇄되었다. 지금의 봉수교회와 칠골교회는 정치적 목적으로 세워 놓고 외국인들이 올 때만 문을 열고 있다. 북한에서는 공식적 신앙의 자유가 허락되지 않고, 다만 비밀리에 숨어서 예배를 드리는 지하교회가 존재할 뿐이다.

남한 교회에서 6·25 전쟁으로 인한 순교자는 1,000여 명이었다. 그중 호남 지역의 교회가 많은 피해를 입은 이유는 8·15 해방 이후 좌·우익의 대결이 극심한 곳이었기 때문이다. 특히 전남 영광군은 194명의 순교자가 나왔다. 이는 영광 염산면이 고향인 남로당 총책 김상룡의 좌익 활동으로 인해 공산주의자가 많았기 때문이다. 김상룡은 일제 때 일본군 소위였고 1948년 제주도 4·3 반란 사건의 주모자였으며, 6·25 전쟁 때 인민군 연대장으로 활동했다.

6·25 전쟁 중에는 공산군들이 예배당을 인민위원회 사무실로 쓰고 교인들을 붙잡아다가 단지 예수를 믿는다는 이유로 구타 등 갖은 방법으로 고문하며 박해했다. 영광 염산교회에서는 담임 김방호 목사를 포함 8명의 가족 중 7명과 허상 장로를 포함한 77명의 성도가 순교해 한국 교회 역사상 가장 많은 순교자가 나왔다.

그들은 죽창에 찔려 죽거나, 목에 돌을 매단 채 바다에 수장되거나, 몽둥이에 맞아 죽거나, 칼에 목 베임을 당하거나, 구덩이에 생매장 당하면서도 찬송가 〈내 주를 가까이 하게 함은〉을 부르면서 천국 소망으로 믿음을 지켰다.

김방호 목사가 순교하는 날에 하늘에서 밝은 빛이 비춰자 공산당들이 "저놈이 천당 가나 보다"라고 소리를 쳤다고 당시 35세의 고몽룡 성도는 증언하고 있다.[1]

김만호 장로의 딸 4명이 순교할 때의 일이다. 15세의 큰딸 옥자가 세 살배기 동생 미자를 등에 업고 끌려갈 때 어린 미자가 등 뒤에서 울기 시작했다. 이때 옥자는 우는 동생을 향해 "울지 마라, 우리는 지금 천국 가고 있단다. 천국 가니까 울지 마라, 울지 마라"라고 달랬다.[2] 바닷가 수문통 순교 현장에서도 옥자는 이렇게 기도했다.

▲ 염산교회 77인 순교기념비

"하나님!
우리를 천국 보내 주시니 감사합니다.
저 아저씨들 용서해 주세요!"

그리고 순순히 죽음을 맞이했다. 이때 공산군이 대검으로 옥자와 등에 업힌 미자의 목을 쳐서 바다에 던져 버렸다. 물이 빠져나간 후에 세 살배기 미자는 언니 등에 업힌 채였고 둘 다 목이 잘려 나간 상태로 발견되었다. 마을 사람들은 눈물을 흘리며 두 자매를 양지 바른 산에 묻어 주었다. 현재 염산교회는 대한예수교장로회 순교사적지 제1호로 지정되어 있다.

---

1 「크리스챤 신문」 1987.4.25.
2 임준석, 『천국소망 순교신앙』(서울: 쿰란출판사, 2016), 63.

▲ 큰북재 순교지

1908년 유진벨 선교사가 세운 영광 염산 야월교회는 일제 때에는 손양원 목사의 영향을 받아 신사 참배에 반대했다. 6·25 전쟁 때에는 교인 65인 모두가 순교했고, 그중 60명은 큰북재 모래 구덩이에 생매장당했고 나머지 5명은 돌을 매달아 수문에 빠뜨려 죽임을 당했다. 그들 가운데는 어린이도 있었고 심지어 임산부도 포함되어 있었다. 그들은 〈주와 같이 같이 가려네〉 찬송을 불렀다고 한다. 당시 무인도로 피신했던 교회 평신도 지도자인 최판섭 집사는 교우들이 집단적으로 잡혀 있는 창고로 돌아와서 연약한 교우들의 믿음을 도와주며 순교의 길에 참여했다.[3]

야월교회에서는 성도들이 인민군의 손이 아니라 공산 세력을 추종하는 좌익 주민들에게 희생되었는데, 이 사실이 우리를 더욱 슬프게 한다.

마을의 유지였던 조양현 영수(현재 교회의 안수집사나 권사에 해당하는 직분임)의 혜택을 입은 사람들 가운데 일부는 6·25 전쟁이 나서 세상이 뒤집혔다고 좋아했다. 좌익 성향의 주민이 조양현 영수와 그 가족을 죽이고 그의 집을 빼앗고 몇 개월에 걸쳐 교인들을 찾아내 학살했다. 그들은 은혜를 원수로 갚았다. 그래서 온 교인이 순교한 후 야월도에는 예수 믿는 사람이 하나도 없게 되었다.

그러나 지금 가해자들의 후손이 야월교회에 출석해 신앙생활을 하고 있으니 이 또한 하나님의 섭리가 아니겠는가!

---

[3] 신영걸, 『야월도의 순교자들』 (서울: 보이스사, 2012), 354.

그밖에 영광 백수읍교회에서 34명, 묘량교회에서 9명, 법성교회에서 6명, 영광대교회에서 2명이 순교했다.

전북 군산 옥구읍 원당교회에서는 홍산식 영수 등 교인 31명이 새끼줄로 결박당한 후 죽창에 찔려 방공호 속에 갇혔다. 해성교회의 설립자 정연행 전도사 등 7명이 순교했다. 정 전도사는 6·25 전쟁 중 공산 치하에서도 교회를 지키다가 잡혀가 행방불명되었다. 나중에 그는 구타로 인해 온몸이 성한 곳 없이 피투성이가 되어 죽은 채로 발견되었다.

조봉익 집사는 가정 예배를 드리다가 같이 피난 온 교인이 신고해 순교했다. 후일에 신고한 그 청년이 신학을 공부해 목사가 되었다고 한다. 이 또한 하나님의 섭리 아래 있는 것이다. 신관교회의 김종대 장로가 순교했다.

전북 김제군 만경면에 있는 만경교회에서는 공산군의 삼엄한 감시와 핍박이 한창일 때 교회 청년 송진구, 최정렬 등이 중심이 되어 마을 청년들과 함께 반공 혁명단을 조직해 인민위원회 내무서 폭파를 계획했으나 거사 전날 단원 중 밀고자가 있어 발각되었다. 이 사건으로 주목받은 만경교회는 많은 희생을 당했다. 공산군은 김종한 목사와 강성진 영수를 우물에 던져 익사시켰고, 송은숙 집사 등 11명은 집단 사살했다.

김제 금산면 금산교회가 있는 금산리 마을은 6·25 전쟁 때 불바다가 되었지만 'ㄱ'자 예배당이 있는 금산교회는 불타지 않아 지금까지 보존되어 있다. 교인 김윤철, 조기남은 죽임을 당했다. 죽산면 대창교회에서는 안덕윤 목사 외 40명이 순교했고, 군북면 상가리교회, 외부리교회 그리고 복수면 수영리교회에서도 순교자가 나왔다.

고창군 공음면 덕암교회의 이광년 전도사, 김영해 집사 등 25명은 예수 믿는다는 이유로 죽창으로 죽임을 당했다. 정읍 두암 마을에 있는 두

암리교회는 김용은 목사의 일가 23명이 순교한 집단 순교지이다. 부안군 백산면 평교교회의 오병길 전도사와 그의 두 아들도 순교했다.

전북 완주군 봉동읍 제내리교회에서도 교인 50명을 소방서 창고에 감금했는데, 인천 상륙 작전으로 인민군이 퇴각하면서 창고 문을 열고 닥치는 대로 총격을 난사해 21명이 죽임을 당했다.

전주중앙교회, 이리제일교회, 완주 제내리교회, 정읍 영생교회, 삼례 후정교회, 신태인 제일교회 등에서 순교자가 나왔다.

전남 신안군 증동리교회에서는 11여 개의 교회를 세워 복음 전도에 힘썼던 문준경(1891-1950) 여전도사가 순교했다. 공산당원이 죽창으로 찔러 죽이려 할 때 문준경 전도사는 다음과 같은 말을 들었다.

"이 반동 간나 문준경은 새끼 많이 깐 씨암탉이다."

이것은 문 전도사가 진리교회, 대초리교회 등 많은 교회를 세우고 사람들을 전도해서 많은 하나님의 자녀를 낳았기 때문이다. 문 전도사는 순교할 때 이렇게 기도했다.

"주여! 저들을 용서하소서. 이 계집 종의 영혼을 받으소서."

문 전도사를 통해 세워진 임자도 진리교회에서는 이판일 장로와 그의 동생 이판성 집사의 가족 13명을 한 구덩이에 생매장한 것을 비롯해, 그 교회에서만 총 48명의 성도가 몽둥이에 맞고 손발이 묶여 모래사장에 생매장당했다. 그들 모두 순교했다.

▲ 문준경 전도사

이는 당시 공산주의 사상에 물든 좌익 세력의 동네 이웃들의 소행이었다. 그러나 후에 국군이 들어와 치안이 안정되었을 때 자기 아버지와 친족을 다 죽인 것을 알면서도 보복하지 않고 뺨 한 대도 치지 않고 용서해 준 이판일 장로의 아들 이인재 집사는 훗날 목사가 되어 원수의 후손을 섬겼다.

그리고 이인재 목사의 아들 이성균 목사가 현재 진리교회 담임으로 대를 이어 섬기고 있다. 문 전도사의 용서와 사랑의 열매가 맺어진 것이라 하겠다. 더욱이 지금 전남 신안군 지역은 전체 주민의 90퍼센트가 기독교인이다.

충남 논산 병촌교회는 16세대 66명이 한꺼번에 흙구덩이를 파고 쇠스랑과 삽과 몽둥이로 죽임을 당한 후 매장되었다. 이 처참한 상황에서도 정수일 집사는 시부모와 3남 1녀의 자녀 그리고 시동생과 어린 조카 등 11명이 몰살당하는 가운데서도 개인적 신앙을 굽히지 않고, 오히려 가족과 나라를 위해 기도하면서 순교했다. 순교한 사람은 여자 39명, 남자 27명이어서 구약과 신약의 성경 숫자와 동일하다.

충남 강경침례교회의 이종덕(1884-1950) 목사는 6·25 당시에 교회를 지키기 위해 피난가지 않고, 오히려 '목사'라는 글자가 크게 적힌 명함을 들고 인민위원회 내무서를 찾아가 전도했다. 이 목사는 9·28 서울 수복으로 퇴각하던 공산군에 체포되었다. 이에 죽음을 직감한 이 목사는 아내에게 자신의 손목에 차고 있던 시계를 건네주면서, "하늘에서 만납시다"라는 말을 남기고 금강변 갈대밭에 끌려가서 총살당해 순교했다.

강원 철원교회는 장로교의 아트커 G. 웰번(Artker G. Welbon) 선교사가 1905년에 세웠으나, 1907년 장로교와 감리교의 선교 지역 분할 당시 철원이 감리교 선교 지역이 됨에 따라 감리교 소속이 되었다. 일제치하에서는 신사 참배에 반대하다가 순교한 강종근 목사와 함께 교인들은 순교의 정신으로 교회를 지켰다.

6·25 전쟁 때 북한 노동당사와 지리적으로 가까이 있던 교회는 폭격을 받아 다 파괴되어 흔적만 남아 있다. 전시에 이곳을 중심으로 기독교 청년 학생들이 반공 투쟁을 벌이기도 했고, 인민군의 병원으로 사용되기도 했다. 교회 지하는 취조실로 양민들을 고문하고 학살한 장소로도 사용된 아픈 현실을 가지고 있다.

  철원 장흥교회의 서기훈 목사는 1950년 12월 31일 교회 청년들이 퇴각하는 공산군을 사살한 책임을 물어 정치 보위부에 검거되어 1951년 1월 8일 70세 나이로 순교했다.

  서울 후암교회의 김예진(1898-1950) 목사는 6·25가 발발하자 북한 인민군에게 색출되어 공산당에 협조할 것을 강요받았으나 거부했다. 이에 공산당은 "이 놈은 민족반역자요 딸을 미국 놈에게 팔아먹은 자다"라는 패를 가슴과 등에 달고 사형장으로 끌고 가 총살했다.

  영락교회 김응락(1906-1950) 장로는 1950년 6월 4일 350평의 석조 예배당을 건축하던 중 6·25를 만났다. 유엔군의 인천 상륙 작전으로 공산군이 교회를 떠났다는 소식을 전해 들은 김 장로는 교회를 지키겠다는 일념으로 교회를 찾았다가 남아 있던 공산군에게 잡혔다. 이때 같은 교회의 교인인 김만 청년을 만나 같이 붙잡혔으나, 김응락 장로는 김만을 탈출시키고 자신만 총살당했다.

  서울 마포 동막교회 조경의 장로는 경영하던 약국에 치료받으러 찾아온 인민군 장교에게 복음을 전한 것으로 인해 공산군에게 피랍되어 순교했다.

2. 교회 재건 활동

1952년 1월 14일 한국기독교연합회의 주도 아래 각 교파에서 재건연구위원회가 조직되었다. 서울에서 시무하던 교역자들을 초청해 각기 자기 교회로 돌아가 재건할 것을 약속받고 서울에 주재하는 교역자의 생활비는 각 교단 선교부가 부담키로 했다.

한국 교회 재건 사업 계획은 기독교세계봉사회 총무 보트 박사, 국제선교협의회 러스 목사, 기독교국제연합위원회 놀리 박사 등 기독교 세계 기구의 3대표의 내한으로 더욱 활기를 띄게 되었다.

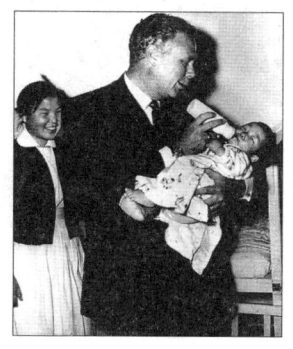
▲ 피어스 목사

미국의 장로교회 선교부는 1953년부터 2년 동안에 35만 달러를 지원했고, 다시 1955년에는 1백만 달러를 지원했다. 감리교회에서는 1953년 교회재건비로 150만 달러를 지원했고, 성결교회에서도 1953년 1월에 재건비로 30만 달러를 지원해 한국 교회 재건을 크게 뒷받침했다.

각 교단은 교회가 6·25 전쟁으로 교회의 유형적 문화재를 다 잃어버렸지만 무엇보다 내실을 기하도록 신앙 부흥 운동을 서둘렀다. 한국 교회의 부흥 운동 소식을 들은 부흥사 밥 피어스(Bob Pierce, 선명회와 월드비전 설립자) 목사는 전후 5차례나 내한했다. 특히 1955년 여름에는 자신이 비용 5만 달러를 부담해 서울 영락교회에서 교역자 부흥회를 열고, 대구, 부산 등지에서도 부흥회를 열어 약 2만 명의 결신자를 얻는 놀라운 성과를 거두었다.

▲ 빌리 그레함 목사

한편 빌리 그레함 목사는 6·25 전쟁이 발발하자 바로 미국 트루먼 대통령에게 다음의 내용으로 전보를 쳤다.

"수백만 명의 기독교인들이 이 위험한 순간에 하나님께서 당신에게 지혜를 주시기를 기도하고 있습니다. 강력하게 공산주의자들을 적대하라고 요구합니다. 인구 비례 상 다른 어느 곳보다 한국에 기독교인들이 많습니다. 그들이 쓰러지도록 내버려 둘 수 없는 일입니다."

또한, 그는 유명한 라디오 방송 설교가로서 전파를 통해 호소했다.

"트루먼 대통령이 한국을 도와야 합니다."

그는 6·25 전쟁 중인 1952년 12월 부산에서 부흥회를 열었고, 1956년 2월에도 내한해 서울에서 부흥회를 열어 수천 명의 결신자를 얻었다. 빌리 그레함의 아내 루스 벨 그레함(Ruth Bell Graham)은 평양에서 고등학교까지 공부했던 선교사의 딸로 다음과 같이 미국 교회와 신자들에게 호소했다.

"한국을 북한의 침략으로부터 구해야 합니다."

3. 교육 사업

6·25 전쟁 당시 연세대학교는 괴뢰군의 중요 군사 기지로 사용되어 많은 피해를 입었다. 서울 수복 후 미국 북장로회 선교부는 5개년 계획으로 총 예산 150만 달러의 9할을 교육 기관 확충비로 사용해서 지도자 양성에 주력했다.

이화여자대학교도 6·25 전쟁 시 부산에서 수업하다가 수복 후 대강당을 신축하고 도서관, 박물관, 한국문화연구원, 대학보건소, 이대 부속 동대문병원, 부속 초·중·고등학교, 기숙사, 이대학보사 등을 건립하여 여성교육에 큰 몫을 차지했다.

한국 최초의 대학 평양의 숭실대학교는 1897년 10월 10일 미국 북장로회 선교사 윌리엄 M. 배위량(William M. Baird, 1861-1931)이 설립한 학교인데 1938년 신사 참배 거부로 자진 폐교했다. 숭실대 출신 동문이 학교 재건을 모색하다가 1954년 5월 9일 영락교회 부속 건물을 임시 교사(校舍)로 하고 학장에 한경직 목사를 선임해 5개 학과 모집 정원 200명으로 개교식을 거행했다. 1956년에 현재의 서울 동작구 상도동으로 이전했다.

미국 남장로회 선교부는 호남 지방에 대학 설립의 필요성을 느껴 1953년부터 윌리엄 A. 린튼(William A. Linton, 한국 이름 인돈, 1891-1960), 김기수(Keith R. Crim, 내한 선교 기간 1952-1966), 유화례(Miss Frorence E. Root, 1893-1996), 존 V. N. 타마자(John V. N. Talmage, 1884-1964) 선교사를 대학 설립을 위한 연구위원회 위원으로 위촉했다.

순천, 전주, 목포 등에 대학을 세우려다가 갈등이 없는 대전에 세우기로 결정했다. 1956년에 기독교 대학인 대전기독학관을 설립했다. 1971년 숭실대학과 통합해 숭전대학교로 개편되었다가 1983년 한남대학교로 독립해 오늘에 이르고 있다.

대구 계명대학교는 미국 북장로회 주한 선교부가 기독교 신앙에 기초를 둔 국가 사회의 지도적 인물을 양성하기 위해 설립한, 평양의 숭실, 서울의 연세와 같은 고등 교육기관을 설립코자 하여 세워진 학교이다.

대구 경북 지역의 교회 지도를 위한 고급 인재 양성을 위해 1953년 6월 미국 북장로회 주한 선교부 대표 에드워드 아담스 선교사, 최재화 목사,

강인구 목사 등 교회 지도자들이 대학 설립 준비위원회를 구성하고, 1954년 미국 북장로회 주한 선교부에서 계명기독학관을 세웠다.

1956년에 계명기독대학으로 개편하여 초대 학장으로 감부열(Archibald Campbell) 선교사가 취임했다. 1962년 계명대학으로 변경하고, 1973년 종합대학교로 개편했다. 1980년 의과대학 부속 동산의료원이 개원했다. 동산의료원은 1899년 미국 예수교북장로회 대한선교회 유지 재단의 기독교 선교를 위한 단과 병원으로 설립되었었다.

4. 문화 사업

대한성서공회는 1895년 영국성서공회가 서울에 한국 지부를 공식으로 개설했다. 성서공회의 한글 최초 공인역 『신약전서』가 완역된 것은 1900년이었고, 『구약전서』는 1910년에 번역을 완성하고 1911년에 출간했다.

1926년에 『선한문관주 성경전서』를 발행했고, 1938년 『개역 성경전서』를 발행했으며, 1956년에 『개역한글판 성경전서』를 발행했다. 1967년에는 『새 번역 신약성서』, 1993년 『표준번역 성경전서』, 1998년 『개역개정판 성경전서』를 출간했다.

대한기독교서회는 1890년 문서 선교를 위해 설립된 한국 교회 최초의 연합 기관이다. 1895년 『찬미가』를 발간한 이래 한국 교회에 필요한 수많은 종류의 찬송가를 발간했다. 1967년에는 한국찬송가위원회와 함께 『개편 찬송가』를 간행했다.

그 후 한국 선교 100주년이 되기 전에 다시 하나의 찬송가를 만들어야 한다는 여망에 따라 1981년 한국찬송가공회가 조직되어 만든 『통일 찬송가』

를 1983년에 발행했다. 그리고 한국인이 작사·작곡한 찬송가 126곡이 수록된 『21세기 찬송가』를 2006년에 발행했다.

그 외에 기독교교육협회, 기독교 신문, 기독교계 잡지, 기독교계 출판사, 기독교방송국, 극동방송국, 교회학교음악협회, 필그림성가단, 오라토리오합창단, 기독교박물관, 기독교미술가협회, 한국교회음악협회 등을 통해 문화 사역이 이루어지고 있다.

5. 오순절 운동

6·25 전쟁으로 인해 질병과 굶주림과 범죄와 폭력으로 소망을 잃은 절망적 상황 속에서 오순절 계통의 기독교 대한 하나님의 성회(약칭: 기하성) 교단이 1953년 4월 8일 창립되었다. 아서 B. 체스넛(Arthur B. Chesnut)이 총회장으로 선출되었으며, 교역자 양성 기관인 순복음신학원(지금의 한세대학교 전신임)이 시작되었다. 이때부터 한국의 오순절 운동은 미국 하나님의 성회의 지원 아래 발전하게 되었다. 특히 1959년 미국 하나님의 성회는 한국을 특별 전도 지역으로 설정해 본격적으로 지원했다.

이에 따라 순복음부흥회관이 세워지고 대대적인 부흥 집회가 계속되었다. 처음에는 선교사가 주도했으나 곧이어 조용기 목사가 책임자가 되고 오순절 운동의 중심이 되었다. 조용기 목사는 성령의 능력을 통한 성공적인 삶에 초점을 두는 번영신학의 메시지를 전하였고, 순복음교회는 외형적으로 크게 성장했다.

제18장

장로교단 분립과 신학교

1. 독노회(독립노회)

이북 5도 연합노회는 1945년 12월 평양 장대현교회에서 조직되어 "전 교회는 신사 참배의 죄과를 통회하고 교직자는 2개월간 근신할 것"이라는 교회 재건 원칙을 결정했다.

그러나 이와 같은 재건 원칙이 전국 장로교회에 똑같이 실시되지 못하고 이를 받아들여 신사 참배한 죄를 회개하려는 측과 거부한 측으로 나눠지게 되었다.

지금까지 기존 교회 내에서 교회 재건 운동을 추진하려고 했던 이기선 목사를 중심으로 한 출옥성도들은 독자적 노선을 걷게 되었다. 그리하여 이기선 목사가 제시한 재건 원칙을 실행한 교회를 중심으로 1948년 5월 독노회를 조직했다. 이는 이북 5도 연합노회와 아무 관련 없이 독자적으로 설립 운영되었다는 의미에서 독노회(독립노회)로 불리게 되었다.

그러나 공산당의 압박으로 수난을 당하다가, 6·25 전쟁 때 이기선 목사가 순교함으로 독노회의 전통이 사실상 단절된 것으로 볼 수 있다.

2. 고신(高神) 교단

8·15 해방과 함께 출옥성도들은 한국 교회의 존경의 대상이 되었으나 일본의 탄압에 무릎을 꿇었던 교역자들은 멸시의 대상이 되었다. 경남 노회는 본래 순교자 주기철 목사를 위시한 최상림, 손양원, 한상동, 주남선, 이약신 목사 등 출옥성도를 배출한 노회로 해방 후 앞장서서 교회의 재건을 서둘렀다.

▲ 주남선 목사

1945년 9월 18일 재건노회가 조직될 때 결의한 것은 목사, 전도사, 장로는 일제히 자숙의 자세로 일단 교회를 사직할 것과, 자숙 기간이 종료되면 교회는 교직자에 대한 시무 투표를 시행해 그 진퇴를 결정할 것 등의 안건을 통과시켰다.

그러나 이에 해당되는 유력한 대상자들은 교묘한 방법으로 자숙의 안건을 사실상 휴지화시켰다. 뒤늦게 깨달은 노회원들은 1946년 7월 9일 제47회 정기노회에서 임원진의 총 사퇴를 요구하고 출옥성도 주남선(1888-1951) 목사를 회장으로 추대했다. 이에 불응한 김길창 목사를 위시한 10여 명의 목사들은 다음과 같이 주장했다.

"신사 참배는 이미 우리 양심으로 해결한 것인데 지금 해방이 되었다고 하여 죄로 운운함은 비양심적이다."

더 나아가 1946년 12월 3일 진주에서 모인 제48회 노회에서는 신사 참배가 죄냐 아니냐의 문제로 토의한 끝에 아무 결론도 못 내리고 앞으로는 다시 신사 참배 문제를 거론하지 못하도록 결의하고 말았다.

해방 후 출옥성도 한상동 목사는 조선신학교가 김재준 교수 같은 자유주의 신학 노선을 따르는 교수에 의해 움직여지는 것을 보고 이에 맞설 순수한 개혁주의 정통 보수 신학을 가르치는 신학교를 세우고자 했다. 1946년 9월 20일 박윤선 목사를 교장으로 고려신학교가 부산에서 개교하고 경남노회의 인정을 받았다.

그러나 고려신학교는 처음부터 경남노회 지도자들과 원활한 관계를 가지지 못했다. 박윤선 목사는 미국 웨스트민스터신학교 출신으로 성경의 진리를 가감 없이 받아들인 그레샴 메이첸(Gresham Machen)파 함일돈, 최이슨, 마두언 선교사들과 제휴하고, 더욱이 신사 참배에 반대하여 제명처분을 받았던 한부선(韓富善, Bruce F. Hunt, 1903-1992) 선교사와 손잡았기 때문에 신사 참배를 한 기성교회와의 관계가 좋지 않았다. 이로 인해 1946년 12월 3일 제48회 경남노회에서는 고려신학교 인정 취소를 결의했고 신학생 추천도 취소했다.

그렇게 되자 고려신학교 설립자 한상동 목사는 다음과 같이 선언했다. "불순한 태도를 고침 없이 그대로 나아가는 경남노회가 바로 설 때까지 탈퇴한다."

이 선언은 교회에 큰 파문을 일으켰다. 경남노회 소속 68교회가 제48회 노회의 결의에 항거하고, 한상동 목사를 지지하는 성명서를 발표했다. 경남노회는 사태를 수습하기 위해 1947년 3월 10일 구포에서 임시 노회를 소집하고 노회장 김길창 목사 이하 임원 전원을 권고 사직케 하고 신사 참배, 국기 배례에 대한 죄과를 통회하며 출옥성도들이 제안한 교회 재건 방향을 재확인했다.

한편 만주 동북신학교를 세워 후진을 양성하던 보수 정통 신학자 박형룡 교수가 귀국했다. 박형룡 교수는 한상동 목사와 신학교가 전국 교회의 지지를 얻을 것, 메이첸파 선교사만 아니라 북장로회, 남장로회, 호주 장로회, 캐나다 장로회 선교부와 합작할 것 등의 조건으로 1947년 10월 14일에 고려신학교 교장으로 취임했다.

하지만 메이첸파 선교사들과 다른 선교부와의 신앙 노선 차이가 좁혀지지 못했다. 또한, 고신 측은 박형룡 교수에게 기존 교회와의 결별까지 권고하게 되어 박 교수는 1948년 고려신학교를 그만두었다.

그러자 일부 교역자들이 1948년 7월 "고려신학교의 소위 신성파에 대하여"라는 성명서를 발표하면서 임시 노회 소집을 요구했다. 1948년 9월 21일 부산 항서교회에서 모인 제49회 경남노회는 고려신학교 인정 취소를 결의, 그 해 12월 제50회 노회에서 이를 재확인했다.

지금까지 고신 측 문제는 경남노회 안에서의 문제였다. 그런데 장로교 총회 차원의 문제로 비화될 조짐을 보이자 1949년 4월에 회집된 제35회 총회에서 고려신학교와 총회가 관계없다고 결의했다. 1950년 4월 경남노회는 출옥성도를 거북하게 여기는 친일 목사들의 세력이 점차 확대되고 고려신학교 신학생 추천을 반대해 오다가 5개로 나눠졌다.

같은 해 4월 21일 대구제일교회에서 개회된 제36회 총회에서 경남노회 총대의 문제와 조선신학교와 장로회신학교의 병합 문제로 총회석상에서 난투극이 벌어져 카빈 소총으로 무장한 경찰들이 진압해 총회가 정회되는 불상사가 일어났다. 그 일이 있은 후 2개월이 지나 6·25 전쟁이 터졌다. 게다가 6·25 전쟁 중인 1951년 5월 25일 부산 중앙교회에서 속개된 제36회 총회에서 결국 경건 재건파인 고려신학교 측 총대의 총회 회의장 입장이 봉쇄되었다.

1951년 9월 8일 총회는 한상동 목사가 시무하는 초량교회의 명도(明渡)를 요구했다. 이에 대하여 한상동 목사는 초량교회 교인의 90퍼센트가 자신의 입장을 지지함에도 모든 것을 버리고 그 교회를 나와 1951년 10월

14일 주영문 장로 집 뜰에서 삼일교회를 시작했다. 결국, 신사 참배한 목회자들과 신사 참배에 반대했던 목회자들이 나눠진 것이다.

6·25 전쟁 중인 1952년 4월 29일 제37회 총회에서 총회와 고려신학교와 그 관계자들(경남노회)은 하등의 관계가 없다고 선언했고, 1952년 9월 11일 경남 진주 성남교회에서 고신 측 교단이 분립되었다.

경남노회 측은 그들의 과거를 합리화하고 참된 회개를 하지 못한 잘못이 있으며, 고신 측은 종전에 주창하던 신앙의 순수성은 약화되고 참회와 신앙생활의 증거가 없어도 고신 측 교회에 가입만 하면 성자(聖者) 취급의 문호가 열리는 결과가 초래되어 기회주의자들이 이것을 이용할 여지를 주었다.

고신 측은 1976년 제24회 총회에서 "신자 간의 불법 법정(세상 법정) 고소가 가능하다"는 결의를 하자, 이에 항의하여 반고소(反告訴) 고려 측이 또 다시 분립되었다. 이것이 대한예수교장로회 고려 측 교단이다. 고려 측은 2014년 1월 20일 개혁 고려로 분립되었다. 기존의 고려 측은 2015년 9월 15일 총회에서 고신 측으로 통합하고, 개혁 고려 측은 교단 이름을 2014년 제64회 총회에서 다시 고려로 사용하기로 결정했다.

3. 예장과 기장 분립(分立)

　대한예수교장로회(예장)와 대한기독교장로회(기장)가 나눠진 계기는 성경관과 신앙 노선의 차이에서 나온다. 1930년대 당시 신학적 대결로 유명했던 이들로는 평양신학교의 박형룡 목사와 숭인상업학교의 김재준 목사였다.

　김재준 목사는 『이사야 임마누엘 예언 연구』에서 '성경축자영감설'(聖經逐字靈感說)을 반박하고, 선교사들이 신사 참배 반대 입장을 천명하는 것은 한국 장로교회의 주체 의식을 방해한 것이라고 공격했다. 그러나 박형룡 목사는 '성경 축자영감설'은 사도적 전통의 바른 신앙을 그대로 보수하는 신학이라 믿고 '성경무오설'과 '축자무오설'에 든든히 서서 성경에 대한 비판적 해설을 단호하게 정죄했다.

　감리교 유형기 목사 편집으로 내놓은 『아빙돈(Abingdon) 단권 성경 주석』에 대한 정통성 시비가 문제되어 한국 장로교회의 신학적 갈등이 표면화되었다. 주석 번역에 참여한 김재준, 송창근 목사는 잘못이 없다고 했으나, 한경직, 채필근 목사는 용서를 구하는 문제가 일어났다. 총회 분열까지 염려됐으나 신사 참배 등 외부의 박해로 위기를 모면했다.

4. 조선신학교

　1938년 9월 20일 신사 참배 문제로 평양신학교는 문을 닫았다. 아무리 일제 탄압 아래라도 교회가 있는 이상 교역자를 양성해야 하므로 신학교 재건이 필요했다. 서울에서는 1940년 4월 19일 승동교회에서 '조선신학교'

를 채필근, 김영주, 함태영, 이정로 목사가 교수진이 되어 시작했다. 한국인의 손으로 세워진 최초의 신학교라는 점이 한국교회사에 기록될 일이다.

한편 평양에서는 1939년 9월 총회에서 조선신학교 직영 청원을 물리치고 친일적 '평양신학교'를 11월 동덕학교 교사를 빌어 시작했으나 당국의 인가를 얻기 위해 채필근 목사를 교장으로 초청했다. 채 목사가 평양신학교로 옮긴 후, 조선신학교는 송창근, 김재준, 윤인구 목사를 교수로 초빙했다. 자유주의적 신학 사상으로 평양신학교에 발을 붙이지 못했던 김재준 교수는 이렇게 해서 신학 교육의 기회를 얻은 것이다.

해방이 되자 조선신학교는 1946년 남부 총회에서 직영 신학교로 결정되었다. 고등비평을 성경 해석에 도입하고 '성경유오설'을 주장한 김재준 교수의 강의가 문제되었다. 이에 신학생 손치호, 정규오, 김준곤 등 51명이 1947년 4월 18일 대구에서 모인 제33회 총회에 김재준 교수의 자유주의 신학 사상이 문제가 있다는 진정서를 제출했다.

이에 대해 총회에서 선정한 8인의 심사 위원의 활동을 통해 조선신학교 처단의 이유가 되지 않는다는 입장을 냈다. 이에 진정서를 낸 51명 대부분의 신학생이 학년말 시험을 거부했다. 분규가 멎지 않았다. 1948년 4월 20일 제34회기 총회장 이자익 목사는 문제가 된 김재준 교수를 1년간 미주에 유학시키고 박형룡, 명신홍, 김진홍, 심문태, 서고도, 로라복, 위인사 등으로 교수진을 구성하자는 절충안을 통과시켰다.

이때 극도로 흥분한 조선신학교 측의 학생들이 소란을 피우고 총회장에 달려드는 일이 벌어지기도 했다. 교수진 개편 절충안은 조

▲ 김재준 목사

선신학교 측의 맹렬한 반대로 불가능하게 되었다.

5. 장로회신학교 재건

조선신학교의 개혁이 불가능하다고 판단한 신학교대책위원회는 1948년 5월 20일 창동교회에서 모여 장로회신학교 설립을 가결하고, 이사장에 이승로 목사, 교장에 박형룡 목사를 선임했다. 결국, 조선신학교에서 나온 51인이 주축이 되어 같은 해 6월 남산공원 조선 신궁의 터였던 자리에 세워진 성도교회당을 임시 교사로 정하고 역사적으로 개교했다.

1949년 4월 19일 제35회 총회는 장로회신학교를 총회 직영 신학교로 가결했다.

조선신학교와 장로회신학교를 합치는 문제로 많은 모임을 가지다가 1950년 4월 21일 대구제일교회에서 개최된 제36회 총회는 다툼이 벌어져 교회 안에 무장 경찰이 들어와 강대상에서 사태를 수습하는 부끄러운 일이 일어나 비상 정회를 했다. 2개월 후 6·25 전쟁이 발발해 모이지 못했다. 1951년 5월 25일 피난지 부산 중앙교회에서 모인 제36회 총회 속회 직전에 양 신학교 직영을 취소하고 총회 직영의 새 신학교를 대구에 세우자는 안건을 상정했다. 이 안건은 53대 3이란 다수결로 가결되었다.

장로회신학교는 총회의 결의에 순응해 학교를 폐쇄하고 새로 설립하는 학교에 합류했으나, 조선신학교는 이에 불응했다. 그리하여 대한예수교장로회 총회신학교는 1951년 9월 18일 대구에서 교장에 감부열 선교사, 박형룡, 한경직, 계일승, 명신홍, 김치선을 교수로 개교했다. 학제를 예과 2년, 본과 3년, 별과 3년으로 지정했다.

6. 예장과 기장 분립(分立)

1953년 4월 25일 대구 서문교회에서 회집된 제38회 총회는 제37회 총회가 경기노회에 명한 김재준 목사의 면직을 이행하지 않으므로 재판국에 위임해 이를 보고하게 했다.

재판국장 이길, 총회장 명신홍은 다음과 같이 선고했다.

"목사 김재준씨는 제36회 총회 결의를 무시하고 성경유오설을 계속 주장했음으로 권징조례 제6장 42조에 의하여 목사직을 파면하고 그 직분을 주 예수 이름과 직권으로 금한다."

이로써 김재준 목사의 8년 동안의 신학적 물의와 시비 그리고 장로교 보수 신앙 수호 운동은 일단락되었다.

이렇게 되자 1953년 6월 10일 서울 조선신학교 강당에서 전북, 군산, 김제, 충남, 경서, 경북, 목포, 충북, 제주 등 9개 노회 대표 47명이 모여 '대한기독교장로회'(1961년 5월 한국기독교장로회로 개칭)를 조직하고 초대 총회장으로 김세열 목사를 선출했다. 이렇게 하여 기장 교단이 만들어졌다.

기장 총회는 세계교회협의회(World Council of Churches, 약칭: WCC)에 협조하여 에큐메니컬(Ecumenical) 운동을 적극 추진하며 국내에서도 한국기독교교회협의회(NCCK)와 제휴 협력하겠다는 태도를 분명히 밝혔다.

김재준, 김세열 목사 등이 '대한기독교장로회'(기장)로 분리되어 나가자 1953년 7월 1일 총회장 명신홍 목사, 서기 안광국 목사는 성명서를 내고 대한민국 안에 대한예수교장로회(예장)는 오직 하나밖에 없다고 천명했다.

한편 예수교장로회 총회신학교에서는 1953년 8월 6일 감부열 교장이 안식년으로 귀국해 사임하고, 9월 2일 박형룡 교수가 그 후임으로 대구 서문교회에서 취임했다. 박형룡 교장은 취임 인사에서 "교회의 신학적 자의식(自意識)"이라는 강연을 하면서, 신학 교육의 목표와 과제를 한국 교회 신학 사상의 확립에 있다고 밝혔다.

한국 교회 신학의 수립이란 결코 우리가 어떤 신학 체계를 창작함이 아니라 사도적 전통의 바른 신앙을 그대로 보수하는 신학, 우리 교회가 70년 전 창립 시에 받은 그 신학을 우리 교회의 영구한 소유로 확보함을 이르는 것이라고 발표했다. 그 후 1953년 10월 서울 남산 교사(校舍)로 복귀했다.

7. 합동과 통합 교단 분립

1959년 9월 14일 대전중앙교회에서 제44회 예장 총회를 개회했는데, 에큐메니컬 운동의 모체인 세계교회협의회(WCC) 탈퇴 문제, 총회신학교 기지 매입 교섭비 3천만 환(圜)을 박호근에게 사기당한 사건으로 책임지고 교장직을 사임한 보수 신학의 대표자 박형룡 교수를 구명하기 위한 총회 주도권을 차지하려는 문제 그리고 경기노회에서 제출한 두 개의 총대 명단 문제로 분위기가 어수선했다.

에큐메니컬 운동(Ecumenical Movement) 즉 기독교의 전 세계적 연합 운동에 대하여 1956년 제41회 총회는 대한예수교장로회 안에 에큐메니컬 연구위원회를 발족시켜 지지 위원으로 한경직, 전필순, 유호준, 안광국 목사, 반대 위원으로 박형룡, 박병훈, 황은균, 정규오 목사 등을 위촉해 연구한 후 총회에 보고하게 했다. 에큐메니컬 연구위원회는 1957년 제42회 총회에서 "친선과 협조를 위한 에큐메니컬 운동에 계속 참가하는 것이 좋다"라는 태도를 밝혔다. 1958년 제43회 총회에서는 찬반양론이 격렬해 동연구위원회는 "보고할 수 없습니다"라는 한마디로 보고 아닌 보고를 할 정도로 시끄러웠다.

제43회 총회에 WCC 탈퇴 건의서를 제출했으나, 총회 서기 김상권 목사는 이를 접수만 하고 본회의 석상에 안건으로 내지 않아 다루지 못했다. 그러자 WCC 지지자인 유호준 목사 등은 WCC 탈퇴 건의서에 대한 답변서를 발표하는 등 서로 격론이 벌어지는 상황에서 제44회 총회가 열린 것이다.

또한 경기노회 총대권 문제는 WCC 반대파가 3분의 2가 되는 총대 명단과 WCC 지지파 일색으로 선정된 총대 명단 두 가지를 총회에 제출한 사건이다. 이것은 내용적으로 보면 박형룡 교수를 지지하는 측과 WCC를 지지하는 측과의 격돌이 일어나 결국 비상 정회(停會)를 했다.

WCC파에서는 박형룡 교수의 총회신학교 교장으로서의 '3천만 환 유용 사건'을 들먹이면서 공격했고, 박형룡 교수를 지지하는 측은 WCC 에큐메니컬 운동의 용공성(공산주의와의 타협)을 그리고 그 운동의 신학적 좌경을 규탄했다.

1959년 11월 24일 제44회 속개된 총회에서 결의한 대로 승동교회에 모여 WCC 영구 탈퇴, 에큐메니컬 운동과 미국 교회연합회와의 단교를 선언했다. 이것이 승동교회에 모인 박형룡 교수의 보수 신학 노선을 따르는 교단인 합동(合同) 측이다. 합동은 박형룡 목사를 지지하는 측이 고려신학파와 합동하기로 결정된 데서 붙여진 이름이다.

오늘날 서울 동작구 사당동에 소재한 총신대학교가 합동 측의 대표적 교단 신학교이다. 합동 교단에 있던 고신 측 교회들은 1962년 10월 17일자로 다시 나가서 오늘의 고신 측 교단으로 남아 있다.

한편 WCC를 지지하는 목회자들은 1959년 11월 24일 서울 연동교회에 모여 총회를 속개하고 이창규 목사를 총회장으로 추대해 총회가 나뉘었다.

그런데 교계의 중립적인 사람들이 화해를 주선하여 박형룡 목사의 3000만 환 유용 사건은 감독을 잘못해서 일어난 일이기에 서로 양보해서 문제를 해결하자면서 1960년 새문안교회에서 합동 측에 속해 있는 일부 목사들과 북장로회, 남장로회, 호주 장로회 선교부 소속의 선교사들이 모여 통합 총회를 했다. 여기서 통합(統合)이란 말이 나온 것이다.

오늘날 서울 광진구 광진동에 소재한 장로회신학대학교가 통합 측의 대표적 교단 신학교이다. 통합측은 1960년 2월 27일 연동교회에서 총회를 회집하고 WCC에서 일시적으로 탈퇴했다가 1969년 다시 가입했다. 통합 측은 "예수님 이외에도 구원이 있다"는 WCC 제네바 본부의 입장을 알면서도 지금도 활동을 하고 있다. 2013년 10월 30일부터 11월 8일까지 부산에서 열린 WCC 제10차 대회는 통합 측 김삼환 목사와 한국기독교교회협의회의 김영주 총무가 주도했다.

8. 합동 교단의 분립

합동 교단은 오늘날 100여 개 정도의 교단으로 나뉘져 복음 사역을 감당하고 있다. 그중에 몇 교단을 간단히 살펴보고자 한다. 동신(東神), 대신, 백석, 합신, 개혁, 보수, 호헌, 국제합동, 합동중앙, 합동진리, 개혁총연, 개혁정통, 합동개신, 예장, 합동연합, 선교, 브니엘, 웨신, 개혁총회, 합동한신, 합선, 피어선, 개혁합동, 성합, 성장, 근본, 합동개혁, 합동총신, 고려개혁, 개혁예음, 정통보수, 합동장신, 합동국제, 합동연대, 성서, 개혁혁신, 합동한국, 예장개혁, 대한보수, 복음주의, 합동예장 등이다.

9. 합동동신 교단

대한예수교 장로회 합동동신 총회는 1948년 5월 평양 산정현교회에서 조직된 독노회에 근거하고 있다. 1950년 6·25 전쟁으로 월남한 교인들이 남한 지역에서 산정현교회를 설립하면서 그 정신적 전통을 계승하려 했다. 1951년 3월 이일화, 장기려 등 뜻있는 분들이 부산 대청동에 천막교회로 산정현교회를 설립해 혁신복구파의 정신을 이었으며, 이후 서울로 환도하여 1959년 2월 후암동과 회현동에 산정현교회를 설립했다.

1965년 김찬길, 정대신, 남중현 목사는 라보드 박사와 함께 후암동에서 동아신학교를 설립하여 운영하면서, 1967년까지는 독자적 교단 체제를 이루지 않고 합동측, 고신측, 통합측, 중립측 등 다른 교단에 소속되어 있으면서 횡적 유대 관계만 맺고 있었다. 그러던 중 라보드 박사 측과 신앙 노선의 차이로 함께하던 신학교 운영을 분리했다.

특히 1960년대에 방언의 은사를 받은 김찬길(1920-1994) 목사는 평양 장로회신학교 출신으로서 예장 합동측 노회장을 지낸 중진이었으나 이단 취급을 받자, 하나님이 주신 은사를 인정하며 성령 운동을 해 왔다. 1967년 4월 17일 정대신 목사를 중심으로 후암동 산정현교회에서 대한예수교 독노회를 재조직해 대한민국 문공부에 등록했다. 이때에 정대신 목사가 노회장이 되고 남중현 목사가 서기가 되었으며 김찬길 목사가 산파역을 했으며 김정덕 목사 등 다수가 회원이 되었다. 그 후 동신 교단은 건전한 보수 계열의 정통 장로 교단으로 계속 발전해 왔다.

1969년 동아신학교는 제1회 졸업생을 배출한 이후 오늘에 이르기까지 하나님의 신실한 사역자를 많이 배출했다. 동아신학교의 교육 이념은 여호와를 경외하는 하나님의 일꾼을 양성하는 것이다. 동아신학교는 선지

생도에게 유일하신 참 하나님과 그의 보내신 자 예수 그리스도를 알게 하고자 하는 교육 목표를 가지고 "오직 성경, 오직 예수, 오직 은혜, 오직 믿음, 오직 하나님께 영광"이라는 표어로 하나님 나라를 세워 가는 사람들을 양성하고 있다.

그리고 예수 그리스도의 사도적 전통(초대교회)의 바른 신앙을 그대로 보수하는 정통 신학을 추구하며, 하늘에 나는 참새 한 마리도 하나님의 허락이 없으면 땅에 떨어지지 않는다는 절대 주권을 믿고, 만물의 마지막 때 엘리야 선지자 같은 참되고 능력 있는 하나님의 종들을 양성하고 있다.

10. 대신과 백석 교단

'대신'은 원래 김치선 목사(1899-1968)가 설립한 대한신학교 졸업생을 중심으로 세워진 보수 교단이다. 김치선 목사는 1948년 남대문교회 담임 시절에 야간 장로교신학원을 설립했다. 이 학교는 1952년 대한신학교로 교명을 바꾸었다.

그리고 신학교를 바탕으로 1961년 대신총회의 전신인 대한예수교 성경장로회를 창립했다.

▲ 김치선 목사

대신총회는 세계교회협의회(WCC)에 반대해 회의장 밖에서 칼 매킨타이어(Carl McIntyre, 1906-2002) 목사가 1948년 8월 12일 설립한 국제기독교협의회(International Council of Christian Churches, 약칭: ICCC)의 노선을 따르는 '근본주의 보수 교단'이다. 그러나 1968년 대신 교단은 ICCC를 탈퇴했고, 교단 명칭을 성장 측으로 바꿨다가 1972년 다시 '대신'으로 교단 이름을 변경했다.

김치선 목사 사후 대신총회의 대한신학교는 아들인 김세창 목사가 운영했다. 이후 대한신학교는 대신대학을 거쳐 1995년 안양대학교로 명칭을 변경했다. '역사적 개혁 신학 노선'에서 벗어나기 시작해 총회와는 멀어지고 개인이 운영하는 학교가 되었다. 이때부터 대신총회는 교단 신학교를 설립하기 위해 '대한신학대학원대학교'를 세웠다. 이렇게 교단 내부적으로 나눠졌다.

그리고 백석 교단은 원래 예장합동정통이란 교단에서 나중에 설립자 장종현 목사의 아호인 '백석'을 따서 만든 교단이다. 교단 신학교는 1993년 설립한 기독신학교였고, 1996년 천안대학교로 개명하였으며, 2006년 백석대학교로 다시 교명을 변경했다. 백석총회 설립 초기 복음 교단과 은혜 교단과 연합 교단이 통합해 합동정통이 된 이후 개혁, 성경, 합동진리와 통합을 이루었다. 백석 측의 대표 장종현 목사는 원래 대한신학교 출신으로 양 교단을 합치는 데 적극적이었다.

마침내 대신 측과 백석 측은 2015년 9월 통합했다. 교단 명칭을 처음에는 '대신'으로 했다가 2018년에 '백석대신'으로 변경했고, 2019년에 다시 '백석'으로 그 명칭을 변경했다. 이에 대하여 대신 교단 출신들은 크게 통합 측과 수호 측이 나눠지면서 결국 통합 측은 백석교단으로 들어갔다. 그러나 수호 측은 '대신'교단을 복원했으나 교세가 약해졌다.

11. 합신 교단

합신 교단은 1981년 대한예수교장로회 합동 교단에서 교회의 개혁과 부흥을 염원하면서 분리되어 설립된 교단이다. 같은 해 합신 교단은 합동신학원(지금의 합동신학대학원대학교의 전신)을 총회신학교로 인준했다. 합신 교단의 신학은 개혁주의로 웨스트민스터 신앙고백서를 기본 교리로 채택하고 있다.

▲ 박윤선 목사

합동신학원의 초대 원장은 박윤선(1905-1988) 박사이다. 합동신학원은 1980년 즈음하여 발생한 교권 다툼 중에 개혁의 햇불을 밝혀 주님의 교회를 섬기는 진실한 하나님의 사람들을 양성하기 위해 1981년 설립되었다. 합신의 교육은 "바른 신학, 바른 교회, 바른 생활" 개혁주의 신학을 재확인하고, "그리스도만을 주인으로 섬기는 교회를 세우며, 교리와 윤리가 일치하는 경건 생활을 정착시키는 일"을 목적으로 한다.

제19장

한국 교회의 민족 복음화 운동

1. 복음화 운동의 전개

'한국은 복음화가 되어야 살 수 있다'는 운동이 1899년 한성감옥의 이승만의 기도로 시작되었다. 해방 직후 김치선 목사는 '300만 부흥 전도회'를 조직하고, 3천만 민족의 십분의 일에 해당하는 300만 국민이 하나님의 백성이 되어야 한다며 "2만 8천 동네에 가서 우물을 파라"고 권고했는데, 이 운동은 1953년 전쟁이 끝날 때까지 계속되었다.

한편, 6·25 동란 중 순교한 문준경 전도사의 영향을 받은 김준곤 목사는 민족 복음화를 위해 헌신했다. 그는 문준경 전도사가 사역했던 전남 신안군 일대의 기독교인 비율이 다른 지역에 비해 상당히 높았다. 특히 문 전도사가 순교한 증도 지역 주민 90퍼센트가 기독교인인 데서 민족 복음화가 가능하다는 소망을 가지게 되었다.

1900년에 세워진 망월교회는 노제민(1877-1954) 목사에 의해 설립된 교회이다. 노제민 목사의 헌신으로 강화군 하점면 망월3리의 이 작은 마을의 복음화 비율이 강화군 전 지역의 평균 기독교 복음화 비율인 35퍼센트보다 월등히 높은 90퍼센트 이상으로 되었다.

　1962년 대한예수교장로회 통합 총회장 이기혁 목사도 민족 복음화 운동을 총회 전도부에서 시작하게 했다. 복음화 운동의 필요성이 각 교파로 전파되던 1964년은 기독교 선교 80주년이 되는 해이기에 몇몇 교계 지도자는 복음화 운동을 본격적으로 전개하기로 합의했다. 당시 이화여대의 김활란 총장 명의로 초청장을 받은 각 교파의 75명은 모임에서 민족 복음화의 정초를 놓기 위해 힘썼다.

　1964년 12월 3일 민족복음화추진위원회가 창립되어 '3천만 명을 그리스도에게로'라는 표어 아래 활동했다. 1965년 6월 6-12일까지 동 위원회는 중국인 부흥사 조세관 목사를 강사로 초청해 서울에서 전도 집회를 열었다. 이후 부산, 대구, 논산, 광주, 인천 등지에서 전도 집회를 가졌다. 1965년 한 해 동안 2,239회에 달하는 집회가 있었고 그 집회에 무려 230만 명이 참석했으며, 그중에 4만 명이나 결신하는 성과를 이루었다.

　민족 복음화 운동은 교리 문제로 교단이 분립되는 상황에 있던 한국 교회에 교파를 초월해 하나로 뭉칠 수 있다는 가능성을 보여 주었다. 민족 복음화 운동 본부는 1965년 한 해로 이 운동을 일단 끝내지만 이 운동은 계속되는 것이 좋겠다고 해 협의회를 조직했다.

　1966년 3월에는 국가 조찬기도회를 조직해 하나님 나라를 구하고 민족의 복음화를 위해 대통령을 비롯한 국가 지도자들이 모여 기도해 한반도의 평화와 자유 통일과 세계 평화에 기여하고자 했다.

　또한, 1965년부터 전군 신자화 운동을 전개해 군대 복음화를 통해 민족 복음화를 이루는 통로가 되도록 매진했다. 참 군인 한신 장군은 1군 사령관으로 재직할 때 휘하 부대원들이 신앙을 갖도록 지속적으로 전도했다.

　한편 1972년 8월 민족 복음화 운동 이전에 한 도시만이라도 완전히 복음화하자는 '성시화 운동'이 춘천에서 시작되었다. 춘천 성시화 운동의 모델은 존 칼빈이 행했던 스위스 제네바에서의 운동이다. 성시화 운동은 전 교회가 복음을 전 시민에게 전한다는 전략으로 복음 전도와 함께 교회의 사회적 책임을 강조했다. 이 운동은 전국으로 확대되었다.

2. 초교파 대형 전도 대회

▲ 엑스플로(Explo) 74 전도 대회

1973년 5월 30일부터 6월 3일까지 빌리 그레함(1918-2018) 목사를 초청해 서울 여의도에서 초교파적으로 집회를 열었다. 전도 대회 첫날에 40만 명이 참석했고 차차로 참석자가 늘어나 마지막 날에는 120만 명이 모였다. 이 대회의 진행에 관해 빌리 그레함 목사는 자신의 생애에서 최대 인파가 모인 일로 놀랍게 여겼고, 세계 교회는 한국 교회의 잠재력 있는 뚜렷한 성장에 주목하기 시작했다.

1974년 8월 13-18일까지 엑스플로(Explo) 74 전도 대회가 서울 여의도 광장에서 열렸다. 이 전도 대회 주강사는 빌리 그레함 목사로 연 인원 658만 명이 참석한 한국 기독교 역사상 최대의 인파가 모인 집회로 기록되고 있다. 이 대회에서 약 32만 명이 결신하게 되는 큰 성과를 얻었다.

한국 대학생선교회(CCC) 대표 김준곤 목사(1925-2009)는 1972년 미국 달라스에서 열린 엑스플로(Explo) 72에 대표로 참석해 1974년 한국에서 30만 명이 모이는 엑스플로 74를 개최하겠다고 밝혔다. 1973년 8월 경기도 기독교 태화사회관에 한국 대학생선교회(CCC) 간사들이 모여 김준곤 목사에게 반대의 뜻을 밝혔을 때 그는 이렇게 말했다.

▲ 김준곤 목사

"민족 복음화는 저에게 지워진 십자가와 같은 것입니다. 1944년 5월부터 소련과 만주 국경에 피신해 살면서 매일 한 끼씩 금식하며 기도한 내용도 민족을 위한 것이었고, 6·25 당시 공산 치하에서 지낸 3개월 동안 가졌던 목표도 민족을 위한 것이었습니다."

간사들은 74개의 전도 대회 불가 항목을 들어 김 목사에게 반대했다. 김 목사는 간사들에게 물었다.

"여러분께 묻겠습니다.

민족 복음화는 하나님의 뜻입니까?

하나님의 뜻이 아닙니까?"

아무도 대답하지 못해서 김 목사가 한 사람씩 확인하자 그들은 "하나님의 뜻"이라고는 했지만 불가능하다고 생각했다.

김 목사와 간사들은 스가랴 말씀에 의지해 4박 5일 금식하며 기도했다.

> 이는 힘으로 되지 아니하며 능으로 되지 아니하고 오직 나의 신으로 되느니라(슥 4:6)

그렇게 그들은 기도한 후 각자 지역으로 흩어져 말씀에 의지해 '엑스플로 74'의 성공적 개최를 위해 준비했고 그 결과 많은 결신자를 얻었다.

이 대회가 진행되던 1974년 8월 15일에 서울 장충동 국립중앙극장에서 광복절 기념식이 열렸다. 당시 재일 한국인 문세광이 경축사를 읽고 있는 박정희 대통령을 저격하려다 실패하고 영부인 육영수 여사의 이마에 총을 쏴서 사망케 했다.

하나님께서 38선에 천군천사들이 지키고 있는 환상을 보여 주셨다. 이날 북한 김일성은 박 대통령을 암살한 후 전쟁을 일으키기로 계획했으나, 하나님께서 박 대통령을 지켜 주심으로써 나라의 위기를 지나가게 하셨다. 수많은 그리스도인이 아스팔트 바닥에서 나라와 민족을 위해 기도하던 중에 일어났던 일이다.

3. 오천만 민족을 그리스도에게로

1977년 8월 15일 민족 복음화 성회는 서울 여의도 광장에서 한국의 부흥사들이 주축이 되어 "민족 복음화를 위해, 한국인에 의해서, 오직 성령으로"라는 표어 아래 개최되었다. 이 대회는 1907년 평양에서 한국 교회에 임한 성령의 역사로 부흥이 있은 지 70년을 기념해 열렸다. 특히 외국인의 도움 없이 한국 사람들 자력으로 대규모 집회를 열었고, 마지막 날 참석자가 150만 명이 넘는 사상 최대의 인파를 기록했을 뿐만 아니라 2만 4천 명의 결신자를 얻었다는 데 의의가 있다.

한국 교회는 1980년 '세계 복음화 성회', 1984년 5월 '세계 기도 성회', 1984년 8월 '한국 기독교 100주년 기념 선교 대회', 1985년 8월 '100주년 기념 대회', 1985년 9월 '엑스플로 85 인공위성 세계 대회', 1994년 6월 '세계 기도 성회', 1995년 5월 '95 세계 선교 대회', 2007년 '한국 교회 대부흥 100주년 기념 대회'를 개최해 민족 복음화에 힘썼다.

4. 대형 전도 대회의 열매

대형 전도 대회를 계기로 한국 교회에서는 기도 운동과 전도 운동, 성령 운동이 폭발적으로 일어났고, 이를 통해 성장하고 부흥했다. 민족 복음화를 위한 대형 전도 대회는 교회의 교인 수가 늘어나는 양적 성장을 이루었다. 그 결과 20세기 세계 교회 역사에서 한국 교회의 성장률이 1위를 차지했다.

한국 교회의 전도 집회를 비롯해 각 분야 사역 활동의 목표가 대소를 막론하고 모든 민족을 하루속히 복음으로 구원해야 한다는 것에 있음을 부인한 사람은 없었다. 그러므로 '5천만 민족을 그리스도에게로' 인도해야 할 뿐만 아니라 북한에 있는 2천 5백만 동포를 복음으로 구원해야 할 사명도 우리 시대에 있는 것이다.

그러나 교회가 항상 그러하듯이 안으로 밖으로 마귀의 세력이 교회를 넘어뜨리려고 온갖 기만과 거짓과 술수를 부리고 있다. 대형 전도 집회의 영향으로 교회는 대형화를 추구하는 현상이 벌어졌다. 대형 교회들은 기업화 또는 사유화로 하나님의 뜻을 구하지 않고, 직계가족에게 대를 이어 담임 목사직을 세습하는 폐단을 낳기도 했다. 교인들은 지역에서 지역의 경계를 넘어 크고 웅장한 교회로 수평 이동했다. 소수의 대형 교회는 심지어 교인들이 교회 버스를 이용해 지방에서 서울로 출석할 수 있도록 했다. 대다수의 교회가 자립조차 어려운 기이한 현상이 나타났다.

그리스도의 몸인 교회는 유기적 공동체이다. 그리스도의 사랑 안에서 온 몸의 각 마디를 통해 도움을 입음으로 연락하고 상합하여 각각 지체의 분량대로 역사해 그 몸을 자라게 해야 한다. 그리고 교회는 범죄한 영혼을 지옥에서 구원해 천국으로 인도하는 사명을 감당해야 한다. 한 영혼이 온 천하보다 귀하기 때문이다.

교회는 기도하는 집이다. 우리의 씨름은 혈과 육에 관한 것이 아니요 정사와 권세와 이 어두움의 세상 주관자들과 하늘에 있는 악한 영들과의 영적 전투이다. 따라서 마귀의 궤계를 능히 대적하기 위해 하나님의 전신갑주를 입어야 한다. 악한 세력은 기도와 금식 외에는 다른 것으로 나갈 수 없다. 성령의 역사로만 악한 것과 싸워 이기는 것이다. 성령의 역사가 일어나기 위해서는 교회의 기도가 반드시 필요하다.

제20장

한국 교회의 위기

1. 한국 교회의 가장 큰 위기는 무엇인가?

  성경에서 이스라엘 백성이 유일하신 여호와 하나님 신앙으로 바로 설 때에는 나라가 흥했고, 바로 서지 못했을 때에는 나라가 망했다. 지금까지 한국교회사를 살펴보았다. 성경 말씀이 우리나라에서도 정확하게 이루어지고 있다. 하나님을 전심으로 찾을 때에는 복을 주셨다.

  그런데 교회가 성장하고 나라가 부요하게 되자 목회자와 신학자들이 변질되어 하나님의 계명을 떠나 우상 숭배자들과 연합해 신앙의 절개를 지키지 못하고 있다. 예수님만이 유일한 구원자임을 성경에서 명백하게 밝히고 있음에도 불구하고 모든 종교에도 구원이 있다는 종교다원주의의 영을 받아들여, 바알 신에게 입 맞추는 WCC와 WEA에 한국 교회의 교단과 단체가 가입해 배도의 길에 들어섰다.

2. 세계교회협의회(WCC)

▲ 기독교 지도자와 교황과 각 종교계의 만남

세계교회협의회(World Council of Churches, 약칭: WCC)는 1948년 창설된 교회 연합 기관이다. 프리메이슨인 지오프리 피셔는 WCC를 만드는 데 가장 크게 공헌하고 WCC의 초대 총장이 된 사람이다. 프리메이슨이 WCC의 설립을 추진했고, 지금도 영향을 주고 있다는 사실은 그들이 발행하는 잡지들 이외에도 『300인 위원회』(The Committee of 300), 『그림자 정부』(Deep State), 『WCC의 기원과 형성』(The Origin and Formation of the World Council of Churches) 같은 책에서도 밝히고 있다.

그들은 WCC가 프리메이슨의 하부조직이라고 기록했다. 프리메이슨은 궁극적으로 로마 가톨릭을 중심으로 종교 통합을 이루어 세계 단일 정부인 신세계질서(New World Order)를 이루어 적그리스도 체제를 이루려는 조직체이다.

한국 교회 안에는 WCC 지지 세력과 반대 세력이 첨예하게 대립하고 있다. 그런데 문제는 WCC 운동을 제대로 아는 사람도 별로 없을 뿐만 아니라 WCC를 논리적으로 반대하는 사람도 많지 않다는 것이다.

1948년 WCC 제1회 암스텔담 총회에 한국 교회 대표자를 파견해 달라는 요청을 받고 정부에 대회에 참가할 수 있도록 요청하자, 이승만 대통령은 WCC는 공산주의 코민테른의 하수인 용공 단체이므로 WCC 대회 참석을 거부했다.

교회 일치 운동인 에큐메니컬 운동(Ecumenicalism)을 지지하는 사람들은 주로 미국 남장로회 선교부와 호주 장로교 선교회와 미국 연합감리교회 선교부의 지시를 받고 있다.

한편 에큐메니컬 운동을 반대하는 사람들은 평양신학교 설립자인 사무엘 마펫(한국 이름 마포삼열) 목사의 신학과 신앙, 그리고 길선주, 이기선, 주기철, 손양원 목사의 신앙을 사수했다. 박형룡, 박윤선 목사를 중심으로 한 보수 정통 신학자들이 주류를 이루고 있다.

한국에서 가장 큰 교단을 이루고 있는 대한예수교장로회총회가 합동 측과 통합 측이 나눠진 것도 결국 WCC 가입이냐 탈퇴냐의 문제에 귀착한다. 한국 교회 안에서 지속적으로 에큐메니컬 운동이 확산되면서 끝내 2013년 우리나라에서 WCC 대회를 개최하기에 이르렀다.

3. WCC 제10차 부산 총회

2013년 10월 30일–11월 8일까지 한국 부산 벡스코에서 WCC 제10차 총회가 개최되었다. 총회 회원 141개국의 345개 기독교, 정교회, 로마 가톨릭, 불교, 유대교, 이슬람교, 천도교, 힌두교, 원불교 등 2,800명과 국내 참가자 4,700명 등 7,500여 명이 참가했다. WCC는 전 세계 5억 6천만 명을 대표하는 기관이라고 밝혔다.

부산 총회에서 WCC의 종교다원주의 문제가 심각하게 대두되었다. 다원화 사회에 다원주의를 따르고, 다른 종교를 존중한다는 명제 아래 '예수 그리스도만이 유일한 구원의 길'이라는 절대진리를 파괴하고 훼손시키는 통탄할 일이 자행되었다. WCC의 신학적 정체성을 바르게 파악하고, 그들이 발표하고 주장하는 문서들을 살펴보면 분명히 종교다원주의의 길을 활짝 열어 놓았고 종교혼합주의 또는 종교통합주의를 선언하고 있음을 알 수 있다.

4. WCC를 지지하는 신학자의 입장

자유주의 한 신학자는 "최근 한국 교회 내부의 WCC 비판 근거에 대한 역사적 고찰"이란 논문에서 다음과 같은 질문식 논지를 던져 그의 신학적 입장을 밝히고 있다.

첫째, WCC는 단일교회를 추구하는가?
둘째, WCC는 용공적인가?

셋째, WCC는 사회구원만을 주장하는가?
넷째, WCC는 정치 단체인가?
다섯째, WCC는 선교에 무관심한가?
여섯째, WCC는 다원주의를 표방하는가?
일곱째, WCC는 교회를 분열시켰는가?

그는 다음과 같이 주장했다.

> 한국에서 WCC 비판은 WCC 공식 문서나 학문적 주장에 기초한 신학적인 것이 아니라 50년대, 60년대에 시작된 이야기들이 확인 과정 없이 반복되거나 확대 생산된 것이다. 또한 WCC에 대한 비난은 신학적인 것보다 정치적인 것이 훨씬 더 크게 작용해서 나타났다. …
> WCC에 반대하는 신학 정체성을 가진 그리스도인들은 WCC 총회가 단순한 '이웃집 잔치'가 아니라 불쾌하고 위험하다고 생각하고 있다.…
> WCC에 대한 한국 교회 일각의 비난의 출처는 학문적 연구나 실제적 사실에 근거하기보다는 한국 장로교회의 분열과 미국 근본주의 단체인 반WCC 선전에 크게 작용했고, WCC 활동에 관해 진지하게 살펴보는 기회 없이 부정적 선입견을 교육해 왔다.

5. WCC와 종교다원주의

WCC는 세계 교회의 연합과 일치를 위해 종교다원주의를 따를 수밖에 없다. WCC 헌장이나 집행자들이 공식적으로 종교다원주의를 공공연하게 주창하지 않는다고 할지라도 총회와 각종 분과위원회에서 매우 급진적 종교다원주의 신학 사조를 따르고 있음을 알 수 있다(정준모 교수의 「기독신문」 2013년 8월 23일 'WCC의 종교다원주의 비판'이라는 기사를 참조함).

1) 종교다원주의에 눈을 뜬 WCC 제3차 1961년 뉴델리 총회

1961년 12월 인도 뉴델리에서 모인 회의에서는 러시아 정교회가 회원으로 되었다. 종교다원주의 운동은 1961년 뉴델리의 제3차 WCC 총회에서 인도 신학자 더바난단(P. Devanandan)에 의해 제기되었다. 이 총회는 타종교를 '다른 신앙'으로 표현하면서 하나님이 "다른 신앙을 통해서 말씀하시며, 성령이 역사하는 것을 긍정"했다.

이 총회에서 더바난단은 "증인으로 부르심을 받다"라는 제목의 강연을 했다. 이 강연에서 그는 비기독교적 종교들을 "성령의 창조자 사역"에 대한 응답이라고 해석하고 복음을 비기독교적인 철학적 신앙의 개념으로 해석해야 한다고 주장했다. 1971년 힌두교 배경을 가진 인도의 자유주의 신학자 스탠리 사마르타(Stanley Samartha)에 의해 계승되고 종교 혼합적인 방향으로 나아가게 되었다.

2) 종교다원주의에 문을 연 WCC 제4차 1968년 웁살라 총회

제4차 총회는 "보라 내가 만물을 새롭게 하노라"라는 주제로 1968년 7월 4일부터 20일까지 스웨덴의 웁살라에서 열렸다. WCC가 타종교와 대화를 구체적으로 실천하기 시작한 것은 1970년부터이다.

왜냐하면, WCC는 이때 처음으로 아잘톤(Ajaltoun) 회의에 참석한 기독교와 무관한 타종교인들(무슬림, 힌두교도, 불교도들)과 대화를 시도했으며, 이것을 "그리스도인들과 다른 살아 있는 신앙들의 사람들 간의 대화"라 불렀기 때문이다.

3) 종교다원주의에 박수치는 WCC 제5차 1975년 나이로비 총회

1975년 11월 23일부터 12월 10일까지 아프리카 케냐 나이로비에서 모인 총회에서 "예수 그리스도는 해방하고 연합하게 한다"라는 주제로 강연한 M. M. 토마스(M. M. Thomas)는 "그리스도 중심적 혼합주의"를 제안한다. 그는 그리스도 중심적 혼합주의에 대해 다음과 같이 자신의 입장을 밝혔다.

> [그리스도 중심적 혼합주의란] 종교 간 대화를 통해 수행되며, 문화와 종교가 서로 침투하는 '거짓된 혼합주의가 아니라, 비판적 사고를 통해 교리적 차이를 초월하고, 그리스도의 인간성을 기초로 한 그리스도 중심적 공동체를 형성하는 것'이다.

이 회의에는 286개 교파의 대표 747명이 모였다. 여기에는 로마 교황청이 파견한 16명의 천주교 사람들을 비롯한 불교, 힌두교, 이슬람교, 유대교 등 여러 종교인들이 참석했다.

4) 종교다원주의에 열광하는 WCC 제6차 1983년 밴쿠버 총회

캐나다 밴쿠버 제6차 총회는 1983년 7월 24일부터 8월 10일까지 "예수 그리스도는 세상의 생명"이라는 주제로 930명의 대표와 함께 15명의 타종교 대표자들이 참석했다. 캐나다 원주민, 불교도, 이슬람교도 그리고 유대주의자 등이 각자의 입장을 발표함으로 종교다원주의적 신론을 추구했다.

또한, WCC 출범 이후 처음으로 리마 성찬식 예식서를 따라 공동 성찬식을 거행했다. 특히 캐나다 인디언의 토템 제막식, 한국 무당의 강신굿도 행하는 범신론적 성찬식이 거행되었다.

5) 종교다원주의에 대한 신학적 입장을 선언하는 WCC

1990년 스위스 바알 선언(Baar Statement: Theological Perspective on Plurality)에서 이전까지 견지해 왔던 예수 구원의 유일성을 부인하는 WCC의 공식문서를 발표하기에 이르렀다. 그 내용은 다음과 같다.

> 종교다원성에 대한 우리의 신학적 이해는 태초부터 만물 가운데 임재하여 활동하시는 살아 계신 창조주 하나님에 대한 신앙에서 출발한다. 성경은 그분이 모든 나라와 민족의 하나님이시며 그 사랑과 은혜가 모든 인류를 포용한다고 증언하고 있다. 예컨대 노아와의 언약은 모든 피조물과의 언약으로 이어진다. 각각의 고유한 지혜와 이해의 전통에 따라 각 나라를 인도하는 하나님의 지혜와 정의는 명실공히 땅 끝까지 미친다. 하나님의 영광은 모든 피조물에 편재해 있다.

모든 시간 동안 전 세계 곳곳에 있는 사람들은 그들 안에서 역사하신 하나님의 임재에 대해 반응해 왔으며 살아 있는 하나님과의 만남에 대해 증언해 왔다. 그 증언들에는 구원, 깨달음, 거룩한 인도하심, 안식과 자유들을 담고 있다.

그러므로 우리는 이 같은 증언들에 지극히 진지한 태도로 임해야 할 것이며, 모든 나라와 민족 가운데 항상 하나님의 구원 역사가 항상 존재해 왔음을 자각한다. 기독교인인 우리의 증언은 '예수 그리스도를 통해 경험한 구원'에 언제나 집중하겠지만, 동시에 우리는 하나님의 구원의 능력을 제한할 수 없다(CWME, 산 안토니오, 1989).

우리는 타종교 속에 신비한 '구원'이 있는 것을 인정하며 반드시 타종교들과의 대화에 임해야 한다는 것을 분명히해 둔다. 우리와 다른 그들의 종교적 확신들을 존중하고, 하나님께서 성령을 통해서 그들 가운데 성취하시고 또 성취하실 일들을 존경하는 자세는 이제 무엇보다 필요한 조건이 되었다. 그러므로 종교 간 대화란 일방통행이 아니라 쌍방교차로인 셈이다. 우리는 개방적 정신으로 대화에 임하고, 자신의 종교적 확신을 신실하게 증언하는 타종교인들로부터 배울 자세를 가져야 한다. 진정한 대화는 쌍방의 지평을 넓혀 주면서, 각자를 통해 말씀하시는 하나님을 향한 더 깊은 회심으로 인도할 것이다.

또한, 우리는 타종교인들의 증언을 통해 지금까지 접하지 못했던 하나님의 신비를 다각도로 체험하게 될 것이다. 그러므로 대화를 통해서 신앙적인 삶의 깊이를 더할 수 있으리라는 것은 장황하게 부언할 필요가 없다.

이제 기독교는 모든 종교 가운데 하나일 뿐이라는 기독교 진리 상대주의를 표방하는 내용들로 가득 차 있다. 이 바알 선언문은 종교다원주의에 관한 WCC의 공식적 입장이다. WCC에 참여한다는 것은 하나님 앞에서 이 선언에 공식적으로 동의한다는 뜻이 된다.

6) 종교다원주의 영에 혼미된 WCC 제7차 1991년 캔버라 총회

1991년 호주 캔버라 총회에는 점술가, 심령술사, 마술사, 무당 등을 포함한 세계 15개 종교 대표자들이 참석했다. 개회식에서는 호주 원주민들의 전통 종교 의식이 있었다.

또한, 캔버라 총회에서 한국의 여성 신학자 정현경은 "오소서 성령이여, 온 우주를 새롭게 하소서"라는 주제 강연에서 초혼(招魂) 굿 향연을 벌였다. 그녀는 기독교의 성령과 한국의 무당의 악령과 일치시키려는 가증한 일을 했다. WCC는 이렇게 이방 종교를 포용하면서 종교단일화를 추진하려는 반기독교 세력의 정체를 드러냈다.

7) 종교다원주의를 위한 새 옷을 입는 2011년 제네바 선언문

2011년 6월 28일 스위스 제네바 선언문은 선교적 차원서 타종교와의 대화 원리에 관한 지침서를 발간했다. WCC는 전도를 위한 전도 전략의 원리는 있으나 신학적 일치가 없이, 비가시적 교회론을 배제한 채, 가시적 교회론 입장에서 다분히 포괄적 종교다원주의 색채를 띠고 있다.

8) 종교다원주의 실체를 드러낸 WCC 제10차 2013년 부산 총회

부산 총회는 용머리로 장식된 징을 침으로 시작을 알리고, 징소리와 함께 십자가와 성경 그리고 사당을 연상시키는 그림을 등장시켜 제사상처럼 차려진 제단 위에 올려지므로 시작했다. 예배가 진행되는 한편에서는 재를 뿌리는 무속적 퍼포먼스를 벌였다. 또 같은 장소에서 찬양과 억울한 영혼을 달래는 초혼제가 함께 진행되었다.

WCC 총회가 진행되는 기간에 동성애자를 위한 홍보 부스를 설치함으로써 하나님께서 가증히 여기시는 동성애를 WCC가 지지하는 입장을 잘 보여 주었다. 또 한편에서는 불교의 부처와 도교의 한울님과 성경의 예수님을 똑같이 우리를 구원하는 구세주로 가르치는 종교다원주의 입장을 분명히 했다.

요약하건대, WCC의 논란은 정치적 문제가 아니라 신학적 문제이다. WCC가 인본주의 신학 원리 속에 종교적 평화주의를 주창하면서 종교다원주의의 영에 사로잡혀 있다. 타종교 존중이라는 휴머니즘을 표방하면서 예수 그리스도의 유일 구원관을 파괴해 버렸다. 종교다원주의는 모든 종교는 같다고 주장하는 것이므로 교회가 절대 용납할 수 없는 신학적 적수이며 신앙적 배교이다.

이런 배교 단체를 한국으로 끌어들여서 하나님 앞에 온갖 가증한 일을 행한 한국 교회의 지도자들은 하나님의 심판이 기다리고 있는 것이다. 제10차 부산 WCC 총회는 한마디로 우상 숭배 잔치라 하겠다. '예수님 이외도 구원이 있다'는 종교다원주의는 성경의 절대진리를 정면으로 거역하는 사탄의 속임수 사상이다. 이와 같이 WCC는 이방 종교를 포용하는 모습을 드러내면서 종교단일화를 추구하는 반기독교 세력인 것이다.

한편 WCC 반대 초교파 연합 집회가 부산 벡스코에서 제10차 WCC 총회가 열리는 동안 벡스코 건물 밖 도로에서 수많은 그리스도인이 모여서 "양의 탈을 쓰고 배교, 배도를 일으키는 종교다원주의 WCC 물러가라"는 구호와 함께 열렸다. 이 집회에 반대하는 사람들은 다음과 같이 밝혔다.

> 전혀 복음적이지 않은 WCC 총회를 용납할 수 없다. 종교다원주의를 배격하며 오직 예수님만이 우리의 유일한 구원자임을 확인한다. 또한, 우리는 용공주의와 인본주의 등 복음에 반하는 모든 사상에 반대한다.

2013년 WCC 부산 총회를 기점으로 기독교와 로마 가톨릭과의 일치 운동이 급속하게 진행되었다. 2014년 5월 22일 서울 성공회 성당에서 '한국 그리스도교 신앙과 직제 협의회' 창립 총회를 열었다.

이것은 기독교에서도 교황, 추기경, 주교, 신부, 수녀 등을 공식적으로 그 신앙과 직제(Faith and Order)를 받아들이는 것이다. 더 이상 기독교와 로마 가톨릭은 서로 간에 적대적으로 대하지 않고 하나의 교회, 하나의 직제(성직 제도)로 하나의 교회가 되는 것이다.

더 나아가서 16세기 진리를 재발견해 진리를 지키기 위한 종교 개혁은 불필요한 일이었으며, 칼빈, 루터, 쯔빙글리, 낙스가 했던 위대한 종교 개혁은 역사적으로 폐기처분하고 다시 로마 가톨릭에 기독교가 흡수되는 것을 의미한다.

종교 개혁자들은 목숨을 걸고 로마 가톨릭의 영적 음행, 우상 숭배, 미신의 실체, 교황의 적그리스도 실체를 드러냈다. 그러한 종교 개혁자들을 오히려 잘못된 종교 지도자로 여기는 상황이 되는 것이다. 이런 배도와 배교를 주도하는 세력이 한국기독교교회협의회(NCCK)이다. 이 단체에 가입된 교단은 사악한 이교(異敎) 로마 가톨릭의 수장 교황에게 수없는 영혼을 바치는 끔찍한 일을 저지르고 있는 것이다.

6. 세계복음주의연맹(WEA) 지도자 서울 대회

▲ 2016년 WEA 지도자 서울 대회

세계복음주의연맹(World Evangelical Alliance, 약칭: WEA)은 WCC를 반대하고 성경의 절대적 권위와 예수 그리스도를 통한 구원을 고백하며 강조하는 '순수 복음주의' 연합기관이라고 자처한다. 세계 기독교 최대 연합체로 129국과 100개 이상의 국제 단체들이 참여해 네트워크를 형성하고 있으며, 세계 6억 2천만여 명의 기독교인을 대변한다고 알려졌다.

한국도 한국복음주의협의회가 회원으로 가입했으며, 2009년 6월 9일 한국기독교총연합회(한기총)가 가입해 활동하고 있다. 2016년 2월 24일-3월 4일까지 서울에서 한기총 주관으로 'WEA 세계 지도자 대회'를 열기도 했다.

그런데 WEA 홈페이지에 의하면, 그들은 1846년 8월 19일-9월 2일까지 런던 프리메이슨 홀에서 '복음주의연맹'(Evangelical Alliance, 약칭: EA)을 시작했다. 런던 그랜드 로지 프리메이슨 홀은 국제 프리메이슨의 본부로서 모든 메이슨 로지들의 어머니격이다. 영국 연합 그랜드 로지의 웹사이트도 1846년 세계 복음주의 공동체가 태동되기 위한 세계적 모임을 가졌던 곳이 바로 영국 프리메이슨 연합 그랜드 로지였다고 소개한다. 복음주의를 자처하며 WCC를 반대했던 WEA도 국제 프리메이슨 본부에서 태동했던 것이다.

복음주의연맹(EA)은 1951년 세계복음주의협회(WEF)로, 다시 2001년 세계복음주의연맹(WEA)으로 명칭을 변경했다. 세계복음주의연맹이 추구하는 핵심은 신학적 영역만 아니라 다른 신앙 공동체, 다른 조직의 복음주의자들, 여타 세계적 기구와의 협력과 연대를 통해서 사회 문제를 변혁시키고자 하는 것이다. 그러다 보니 누구와도 함께할 수 있다는 방향으로 자유주의자들이나 WCC와 로마 가톨릭 그리고 이 세상 사람들의 정치 단체나 사회 단체들까지도 포용하고 함께하는 포용주의를 추구해 정통 기독교의 근본 진리를 떠나게 된 것이다.

WEA는 2011년 WCC와 로마 가톨릭과 연합했다. WEA 신학위원장 슈머허는 2013년 제10차 WCC 부산 총회에 참석해 WEA는 WCC와 입장을 같이 한다고 발표했다. WEA는 순수복음주의 사상을 철저히 고수한 채 단지 타종교와 대화했을 뿐이라 변명하지만, 그들의 신학과 신학자들을 볼 때 오히려 프리메이슨의 종교다원주의나 자유주의 신학 사상과 일치한다.

WEA 복음주의의 대표자로 알려진 빌리 그레함 목사는 복음주의라고 자처하면서 자유주의와 종교다원주의를 지지했다.

> 복음주의는 자유주의 신학을 이단이라고 생각하지 않는다. … 이슬람 세계에서 온 백성이든 불교 세계에서 온 백성이든 기독교 세계에서 온 백성이든 믿지 않는 세계에서 온 백성이든 간에 … 난 그들이 구원받을 것이며 천국에서 우리와 함께 있을 것이라고 생각한다.

7. 한국 교회의 위기

WCC에 가입해 참가한 한국기독교교회협의회(NCCK)에 가입된 교단은 기독교대한감리회, 한국기독교장로회, 대한예수교장로회(통합), 대한성공회, 한국구세군, 기독교대한복음교회, 기독교대한하나님의 성회, 한국정교회 대교구, 기독교 한국루터회 등이다.

WEA에 가입한 한국기독교총연합회(한기총)에는 2021년 3월 현재 77여 개 교단과 18개 단체가 참여하고 있다.

우리나라 교회는 WCC 아니면 WEA에 거의 다 가입했다. WCC나 WEA에 소속되어 종교다원주의를 용인하는 교단이나 교회들을 보면, 지금은 사도 바울이 경고한 배도의 종말 시대에 있는 것이다. 성도를 생명의 길로 인도해야 할 사명이 있는 사역자들이 사망의 길로 이끌고 있는 것이다.

과연 그들은 하나님 앞에 어떻게 설 것인가!

"예수님 이외에도 구원이 있다"는 종교다원주의자들은 다음의 말씀을 거역하는 무서운 죄를 범한 것이다.

> 예수께서 가라사대 내가 곧 길이요 진리요 생명이니 나로 말미암지 않고는 아버지께로 올 자가 없느니라(요 14:6).

> 다른 이로서는 구원을 얻을 수 없나니 천하 인간에 구원을 얻을만한 다른 이름을 우리에게 주신 일이 없음이니라(행 4:12).

이것이야말로 성령을 훼방하는 죄, 용서 받지 못하는 죄를 범하고 있는 것이다. 예수 그리스도께서 재림하시면 불신자들이 받을 심판(審判)보다 배도한 사역자들이 받을 심판(審判)이 더 크다.

한국 교회의 교단과 단체는 WCC와 WEA에 참여한 것을 회개하고 탈퇴해야만 한다. 진정한 그리스도인은 이 악한 배도단체인 WCC와 WEA를 가증히 여기고, 저희 죄에 참여하지 말고 그들이 받을 재앙을 받지 말아야 한다.

제21장

한국 교회의 사명

> 인류의 모든 족속을 한 혈통으로 만드사 온 땅에 거하게 하시고 저희의 년대를 정하시며 거주의 경계를 한(정)하셨으니(행 17:26).

위의 사도행전 말씀은 우리 삶의 모든 것이 우연이 아니라 하나님의 섭리(攝理) 아래 있다는 것을 말한다.

노아 때 대홍수 심판 후 셈의 증손자인 에벨의 아들은 벨렉과 욕단이다. 벨렉의 자손이 아브라함, 이삭, 야곱 즉 이스라엘 유대 민족이고, 욕단의 자손이 우리 한민족이다. 예수 그리스도께서 아브라함의 자손으로 이 땅에 오셔서 천국 복음을 전파하셨다.

예수님의 십자가 죽으심과 부활로 죄와 죽음의 문제를 해결해 주셨다. 주님께서 승천하시기 전에 제자들에게 명령하셨다.

> 너희는 온 천하에 다니며 만민에게 복음을 전파하라(막 16:15).

제자들은 오순절 성령강림 후 말씀을 따라 복음 전파에 힘썼다.

> 예루살렘과 유대와 사마리아와 땅끝까지 이르러 내 증인이 되리라(행1:8).

　모든 민족에게 증거되기 위해 천국 복음이 전파되는 가운데 마침내 하나님의 때에 한민족에게도 전파되기에 이르렀다. 언약에 신실하신 하나님께서는 바른 길을 잃어버린 욕단계 한민족을 잊지 않으셨다. 잃어버린 한 마리 양과 같은 욕단의 자손 한민족에게 복음의 빛이 비춰졌다.
　나라는 점점 약해져서 일본에게 외교권과 국권을 상실했고, 백성들은 소망이 없는 상태에서 성령의 강력한 역사를 통해 복음의 능력이 나타나서 개개인의 심령이 부흥되고 교회가 성장하게 되었다. 교회의 회개 운동이 교회 밖으로 선한 영향력을 끼쳐 빛과 소금으로써 신앙과 삶의 일치를 통한 삶의 변화가 일어났다.
　특히 일제치하에서 교회가 3·1 독립 만세 운동과 신사 참배 거부를 주도함으로써 불의의 세력과 선한 싸움을 싸웠다. 8·15 해방이 되고 대한민국이 건국되는 과정에서도 기독교 입국론에 입각한 나라를 세우는 데 교회가 중요한 역할을 감당했다. 6·25 전쟁 속에서도 교회는 구국기도회를 통해 나라를 공산화로부터 구해냈다.
　나라의 발전과 민족의 복음화를 위해 교회는 열심을 다해 하나님께 주일 낮과 저녁 예배와 수요 예배뿐만 아니라 새벽기도회와 금요철야기도회 산기도 그리고 심령 부흥회를 개최하며 열심히 기도하고 열심히 전도했다. 70년대 이후에는 대형 전도 대회를 통해 민족 복음화와 세계 선교를 목표로 나아갔다.

이런 한국 교회에 하나님께서는 영적으로 수많은 영혼을 구원하셨고, 육적으로 개인의 자유와 인권이 보장되며 나라가 부요하게 되는 복을 허락하셨다. 세계 교회 역사에서 가장 짧은 선교 역사에 교회 성장률 1위와 제2차 세계 대전 후 독립한 나라 중에서 인구 5천만 이상의 나라인 동시에 국민 소득(GDP)이 1인당 3만 달러가 넘으면서도 민주화와 경제 강국을 이루며, 세계 선교를 위해 미국 다음으로 선교사를 많이 파송한 나라로 복을 받았다.

그러나 마귀 세력은 한국 교회를 무너뜨리기 위해 강력하게 공격을 하고 있다. WCC와 WEA 같은 종교다원주의 영을 가진 단체는 '예수님 이외에도 구원이 있다'는 사상으로 사람들을 미혹하고 있다. 이 단체는 모든 종교의 통합을 추구하는 것인데, 성경의 진리를 떠난 단일화는 배도인 것이다.

또한, 김일성을 신으로 믿는 주사파나, 동성애와 같은 악행을 합법화하는 차별금지법을 반대하는 기독교를 거짓된 선동을 통해 인권을 억압하는 기관으로 몰아가는 신마르크스주의(Neo Marxism)의 교회 파괴가 계속 일어나고 있다.

예수님만이 유일한 구원의 길이요 성경만이 유일한 진리일진대, 이를 부인하는 것은 명백한 배도 행위이다. 이것은 십계명의 제1계명을 정면으로 거역하는 배교 행위이다.

> 너는 나 외에 다른 신들을 네게 있게 말찌니라 (출 20:3; 신 5:7).

따라서 지금은 영적 전투가 치열하다. 한국 교회가 영적 싸움에서 이겨 민족 복음화와 세계 선교 특히 형제 국가 이스라엘 유대 민족의 회복을 위해 의의 병기로 사용되느냐, 아니면 배도를 통해 무너지느냐 하는 기로에 서 있다.

교회사를 통해 얻는 교훈은 다수의 거짓된 사람으로 교회가 존립되는 것이 아니라 소수의 진실한 하나님의 사람으로 한국 교회가 지켜져 왔다는 사실이다.

다시 한번 참된 회개의 영적 각성을 통해 참 교회가 일어나며 하나님이 인정하시는 의인이 세워져야 한다. 그럴 때 이 땅에서 교회가 구원의 방주 역할을 하며 하나님의 긍휼을 입을 것이고, 한국 교회는 마지막 시대에 열방을 향해 하나님 나라의 복음을 전파하며 다시 오실 주님의 길을 예비하는 사명을 감당하게 될 것이다.